工业转型与绿色低碳发展

——兼论湖南的实践与思考

Industrial Transition and Green Low Carbon Development:
Based on the Practice and Thinking of Hunan Province

◎熊　曦　著

中国矿业大学出版社
China University of Mining and Technology Press

本书的出版得到以下资助或支持:

1. 中南林业科技大学人文社会科学学术著作出版资助
2. 中南林业科技大学商学院工商管理省级重点学科资助
3. 湖南省自然科学基金项目《互联网环境下湖南制造业转型升级的动力机制及路径研究》(项目号:2017JJ3529)
4. 湖南省社科联智库课题《湖南着力加强工业实体经济发展的对策研究》(项目号:ZK2018014)
5. 湖南省社会科学基金项目《绿色化发展战略下湖南工业竞争力评价及转型策略研究》(项目号:15YBA411)
6. 湖南省社科基金重大招标课题《按照绿色化要求推进我省产业结构调整与布局的思路和对策研究》(项目号:15ZDA06)
7. 湖南省社会科学成果奖评审委员会课题《湖南部分行业结构性产能过剩的供给侧改革策略研究》(项目号:XSPYBZZ065)
8. 长沙市科技局科技计划项目《转型创新发展视角下提升长沙市工业竞争力的对策研究》(项目号:KH1601189)

熊　曦　男，汉族，湖南双峰人，博士，现为中南林业科技大学商学院国际商务系主任，副教授、硕士生导师，系湖南省121创新人才工程第三层次人选。主持国家社科基金项目一项，主持湖南省自然科学基金项目、湖南省社会科学基金项目、湖南省社科成果奖评审委员会课题、湖南省教育厅优秀青年项目、湖南省社科联智库课题各一项，还主持了长沙市科技局科技计划项目一项，学校重点课题两项等；同时，作为主力参与了湖南省社科基金重大项目、湖南省社科成果奖评审委员会重点课题、湖南省软科学研究计划重点项目等多项课题，还多次参加湖南省委政策研究室、湖南省人民政府参事室、民盟湖南省委、湖南省生态文明研究与促进会组织的课题调研并参与撰写调研报告，深受各级领导的好评。同时，在《管理世界》《财政研究》《经济地理》《财经理论与实践》《财经论丛》以及人大《复印报刊资料》等刊物上发表论文二十余篇，曾荣获国家级奖励三项，省级奖励五项，目前重点研究领域为工业化与城镇化、品牌营销、贸易经济等。

前　言

工业是实体经济的主体，是我国经济由高速增长阶段转向高质量发展新阶段的重要支撑，而工业转型升级与绿色低碳发展是做大做强和做优工业实体经济的重要途径，因而，加快工业转型升级与绿色低碳发展就成为发展新阶段推动地区经济高质量发展的重要举措。近年来，国家相关部门专门就工业转型升级和绿色低碳发展做了具体的规划、部署和实施，对于促进工业转型升级与绿色低碳发展起到了巨大的推动作用。

有鉴于此，我自进入中南林业科技大学商学院从事教学科研工作以来，一直围绕学校的学科特色对自己应该从事的研究方向进行了认真思考，结合自己博士阶段从事区域产业发展的相关研究，选择了工业化与城镇化这一研究方向，并着重从绿色低碳发展、高质量发展、创新转型发展等视角开展研究，主持了国家社科基金项目一项，以及湖南省自然科学基金项目、湖南省社会科学基金项目、湖南省社科成果奖评审委员会课题、湖南省社科联智库课题和长沙市科技局科技计划项目等课题，围绕课题开展了全面系统的研究，重点就湖南积极推动工业实体经济发展、产能过剩治理、培育新兴优势产业、推进工业供给侧结构性改革以及借力互联网发展等方面展开深入研究，或开展实证分析，或开展调查研究，亦或展开理论分析和案例探讨等，为更好地挖掘湖南工业优势，推动湖南工业转型升级与绿色低碳发展，全面提高湖南工业实体经济水平提供重要依据和决策参考，一些成果还获得了省级领导的肯定性批示。本书即是对相关研究的全面梳理，全书分为四个大的模块，即导论与基本理论篇、工业基础现状篇、绿色低碳发展实证篇、专题研究与政策建议篇，各篇下面又分为一些章节予以详细分析与阐述，共分为二十二章。尽管开展了全面系统的研究，但由于时间仓促，有些想开展的研究还正在思考当中，有些新的理念和方法也正在尝试着渗透到相关研究当中，本人将继续开展深入研究，本书存在的一些疏漏之处敬请各位专家多多指教。

本书出版之际，首先要感谢中南林业科技大学的各级领导和同事的关心和支持，为我努力从事学术科研和教学提供了良好的环境，让我更有机会发挥学术潜力，感谢他们对我的厚爱与大力支持，并感谢中南林业科技大学对本书的出版予以资助；其次，要感谢相关部门为我从事课题调研提供的机会和调研资料，同时，还要感谢学术路上给予我指导的专家教授或行业领导，如柳思维教授、周发源研究员、赵运林教授、廖小平教授、刘元教授、刘茂松教授、李松龄教授、欧阳峣教授、陈弘教授、刘友金教授、张亚斌教授、杨智教授、胡振华教授、游达明教授、熊勇清教授、魏晓研究员、尹少华教授、蒋兰香教授、项文化教授、黎鹏教授、刘解龙教授、贺正楚教授、王兆峰教授、朱玉林教授、曹虹剑教授、王欢芳教授、黄福华教授、李晖研究员、钟志平教授、程宝栋教授、魏敏教授以及张友明、刘平、周平、黎瑞、李辉乾、容贤标、曹科识、伍谦、廖建江、张琦、艾政清、黄渊基、林江平、王强、刘灵犀、彭培根等，当然，要感谢的专家教授或行业领导还远远不止这些，限于篇幅，虽没有一一列出，但感激之情和感恩之心一直存在我的心中。

同时，本书的出版也得到了我的学生段宜嘉、潘国豪、王祖睿、欧阳利、张为杰等的协助，或查找资料、或核对文字、或参与课题研究等，在此也表示感谢。最后要特别感谢默默支持我的家人，她们对我的支持是任何人不能替代的。总之，感谢所有鼓励、支持和帮助过我的人。

著者

2018 年 10 月

目　　录

第一篇　导论与基本理论

第二篇　工业基础现状

第三篇 绿色低碳发展实证研究

第四篇 专题研究与政策建议

第一篇

导论与基本理论

第一章

第1章 导　论

近年来，湖南省委省政府把推进新型工业化作为富民强省第一推动力，湖南工业取得了前所未有的发展，尤其是制造业成为湖南对外展示的一张新“名片”，工业对经济增长的贡献越来越大，工业名副其实地成为湖南富民强省第一推动力，成为湖南经济发展的骄傲，湖南工业崛起的现象开始引起理论界和实践界的广泛关注。然而，受当前经济下行趋势明显的影响，工业发展也遇到了一定的障碍。当前，站在创新转型和绿色发展的大背景下，湖南工业企业如何抓住创新转型和绿色发展的战略机遇，努力实现湖南从工业大省向工业强省转变，为谱写湖南工业发展的新篇章奠定坚实的物质基础。本书带着这个问题，围绕工业如何进行创新转型和绿色发展展开研究，既符合当前湖南经济发展的现实需要，又能为推进湖南工业强省战略提供决策参考。

1.1 背　景

近年来，党中央、国务院提出制造强国战略。2015年5月，国务院印发了《中国制造2025》的通知。2016年3月5日，国务院总理李克强在政府工作报告中提出：深入推进“中国制造+互联网”，实施一批智能制造示范项目，启动工业强基、绿色制造、高端装备等重大工程，更是为工业发展指明了方向。湖南作为中国传统的农业大省，可以说，“农业大省”一直是外界对湖南区域经济发展的第一认识。2006年以前，湖南工业增加值占GDP之比都低于全国平均水平，甚至比中部六省平均水平都要低。但经过十多年的快速发展，尤其是湖南省委省政府近年来把推进新型工业化作为富民强省第一推动力，湖南工业“短腿”开始转变成为工业“长腿”来支撑湖南经济社会发展，近年来工业对经济增长的贡献已超过50%，工业已成为湖南富民强省第一推动力，湖南工业发展的现象开始引起理论界和实践界的广泛关注。与此同时，湖南省委省政府相继出台《湖南省贯彻〈中国制造2025〉建设制造强省五年行动计划》和《湖南省实施“互联网+”三年行动计划》。为了更好地推动互联网技术在制造业领域的应用，促进工业经济的转型与升级，湖南省经信委还专门制定了实施“+互联网”行动、推进传统产业升级的工作方案，着力推进互联网与制造业的协同发展，制造业的信息化、智能化和服务化水平得到了一定的提升。且当前工业紧紧围绕转型发展这条主线进行纵深推进，目的就在于提高湖南工业竞争力。然而，众所周知，工业发展也存在很多问题，如一些传统制造企业借助互联网发展的定位不明确、发展战略还不够清晰、缺乏实质性的转型升级路径。如何抓住机遇，补足短板，努力实现湖南从工业大省向工业强省的转变，为实现湖南“三量齐升”和“四化两型”奠定坚实物质基础。带着这个问题展开研究，对加快推进“互联网+制造业”的科学发展、构建新的产业链、进一步提升湖南工业发展水平、形成湖南新的经济发展动力、实现湖南工业转型升级和绿色低碳发展具有重要理论和现实意义。

1.2 国内外文献综述

从全球范围看，工业竞争力的强弱决定了一个国家和地区的竞争力的高低。因此，工业竞争力的研究一直以来都是经济管理学术界和实践界关注的热点问题。

从国外研究看，对工业竞争力的研究主要体现在如下三个方面。

(1) 工业竞争力的早期理论研究。威廉·配第(1662)基于比较优势理论提出工业比农业发展更具比较优势。斯密(1776)基于专业化分工理论,提出工业专业化分工能较大地提高生产率。瓦尔拉斯(1874)和马歇尔(1890)重点论证了市场机制对优化资源工业配置、提升工业竞争力的影响。

(2) 分析工业竞争力与区域经济的关系研究。罗森斯坦(1943)提出工业是经济落后区域从根本上解决贫困问题的关键。库兹涅茨(1955)认为工业是一个区域资源配置的重要载体。费德曼(1985)论证了优先发展工业对区域经济长远发展的意义,即发展工业可以为农业、服务业提供资本。巴格其(1992)、钱纳里(1995)则定量分析了工业对国民经济增长和改善城乡二元经济结构的重要作用。

(3) 工业竞争力形成的内在机理研究。霍夫(2012)、匹克(2006)从市场需求的角度展开研究,结论为工业竞争力培育须依赖充分的外部需求;费雪(2011)、雷德曼(2008)从投资的角度展开研究,结论为工业竞争力塑造须依赖国家财政政策和货币政策;藤森(2010)、石井太一(2009)则认为工业竞争力塑造受民族文化、消费习惯、价值取向等多重因素的影响。

(4) 区域工业竞争力提升的具体案例研究。德国学者吕贝尔特(2003)认为德国民风严谨、准确、实干、稳重,为德国工业竞争力的世界地位提供了条件。英国学者肯普(2005)从历史的进程和工业发展的必然趋势出发,阐述了英国作为工业强国的历史必然性。美国学者罗伯斯(2007)、菲尔普(2010)认为地理位置、资源禀赋、国家政策等使美国成为世界首屈一指的工业强国。近年来,欧盟、美国、日本等许多发达经济体积极制定了一系列以低碳发展、创新驱动等为核心的政策措施,为其在新一轮全球制造业竞争中继续占据优势地位提供了坚强的保障。近年来,随着德国颁布《保障德国制造业的未来:关于实施"工业4.0"战略的建议》,宣告以物联网和制造业服务化为特征的第四次工业革命到来,这个阶段的典型特征就是互联网与制造业的深度融合。可以预计,互联网发展环境下,全球制造业必将迈入发展的新阶段,也将倒逼全球产业转型升级,促进全球制造业的可持续发展和跨越式发展。

从国内研究看，许多学者对工业竞争力做出了有益的探索，主要集中在以下几个方面：

（1）关于工业竞争力的成长路径研究。卫兴华（2003）基于可持续发展理论，认为工业竞争力提升需要把工业化和信息化结合起来，避免重复走过去高投入、高速度、低质量、低效益、高污染、高资源浪费的老路。曲格平（2004）、陈晓红（2008）也认为新阶段提升工业竞争力要走低碳、环保之路。曹立（2012）认为工业竞争力提升在于创新，如技术创新、结构创新和制度创新，从而为工业发展提供新的动力和活力。

（2）分析工业竞争力的影响因素。张培刚（1991）认为五种因素是工业竞争力最重要的影响因素，即人口、资源或物力、社会制度、生产技术、企业家的创新管理才能等。金碚（2000）认为新阶段产业重组和产业布局的重大调整是工业竞争力提升的关键动力因素。黄泰岩、王检贵（2000）和李绍飞（2012）认为技术的创新程度、产业的集聚程度、现代工业文明的氛围是工业竞争力的重要影响因素。陈佳贵、黄群慧（2005）结合美国、日本和德国制造业发展的经验，指出制定完善的国家鼓励政策对工业竞争力提升具有重要的影响。

（3）提出区域工业竞争力提升的对策建议。吕政（2010）、郑新立（2012）结合转型发展背景，指出工业竞争力提升要以扎扎实实发展先进制造业为基础，同时推进产业结构调整和升级。吴敬琏（2005）、杨明（2007）、伍青玉（2011）、纪陆（2012）从顶层设计和制度环境角度分析，认为区域工业竞争力提升需要着力推进工业发展制度环境建设，完善政策体系。李义平（2001）、江小涓（2002）、魏礼群（2003）、苗圩（2012）认为推进新型工业化建设是提升工业竞争力的必然选择。近年来，随着国家高度重视互联网与制造业的融合发展，互联网发展环境下的制造业转型升级也成为理论界研究的热点。如高广波、侯经川（2015）分析了新技术革命席卷全球对中国制造业产生的巨大的国际冲击和国内压力，结合我国制造业发展“工业 4.0”的实际需求，提出应该以互联网与制造业深度融合为行动导向。张志元、李兆友（2015）认为我国制造业转型升级的动力主要包括科学技术的发展、需求结构的升级、产业组织结构的改革和创新、全球经济梯度发展效应、国家战略的积极推动；制造业转型升级的战略取向应强调构建现代产业体系、推行制造业技术创新战略、践行低碳发展理念、倡导开放式创新系统，从而促进制造业转型发展取得成功。段淳林、闫济民（2015）认为“互联网＋”战略为数字化时代的制造业转型和升级提供了新的发展目标和方向；结合珠三角企业的实际情况，他们认为制造业企业需要创新发展模式，突破现阶段的发展困境，推动制造向创造转变、速度向质量转变、产品向品牌转变，实现产业升级和优化。童有好（2015）结合我国制造业服务化程度明显偏低的现状，提出亟须借助“互联网＋”契机，大力拓展与互联网融合的广度和深度，加强技术和服务支撑，创新商业模式，提升附加值，为实施“中国制造2025”、建设“制造强国”奠定坚实基础。闫敏、张令奇、陈爱玉（2016）分析了美国工业互联网发展取得的成效，为中国制造业与互联网融合发展提供了启示。朱蓉（2016）认为互联网与制造业融合发展推动着制造业的数字化、网络化、智能化发展，推动了制造业组织创新、结构升级、创新方式变革。因此，要以互联网思维来改造提升传统制造业，为区域经济培育新的增长点提供支撑。

综上可见，工业竞争力的研究已经有了一定的基础，但是也存在一些不足：一是工业竞争力强弱的标准还不统一，以至于对工业竞争力本身的内涵探讨还不够；二是工业竞争力研究撇开了区域特点进行研究，使得相关的研究对于提升区域竞争力不具指导性；三是工业竞争力的区域对比和定量研究还比较少，使得区域工业竞争力提升过程中可能因为缺乏可靠的经验而走弯路；四是对于省域范围内工业竞争力提升的研究不够系统和具体，在当前转型发展的背景下，这一问题显得十分重要，亟须理论指导。本研究将针对上述研究不足，结合工业转型发展背景下湖南工业发展实际展开具体研究，也凸显了研究的空间和创新性。

1.3 研究方法和思路

1.3.1 研究方法

本书将综合运用系统工程学、区域经济学、管理决策学、公共政策学、产业经济学、工商管理学等跨学科知识，利用多种研究方法展开研究。

在基本理论与国内外经验借鉴研究中，采用理论分析法、文献分析法对相关文献进行比对梳理。

在分析工业基础现状的研究中，采用统计分析法、实证研究法、数学建模法等方法，并利用竞争力相关理论，结合现实数据进行分析。

在剖析绿色低碳发展的相关研究中，运用脱钩分析法、DEA 分析法等方法，对相关区域绿色低碳发展水平进行综合比较与科学推理。

在专题研究与政策建议研究中，采用比较分析法和案例分析法、规范研究法等方法；同时，在提出推动湖南工业转型与绿色低碳发展的对策研究中，运用公共政策学相关理论进行规范研究。

1.3.2 技术路线

借助归纳和演绎的方法对现有关于工业转型与绿色低碳发展的相关理论研究进行归纳，在解读其基本理论与结合国内外经验借鉴的背景下，分析全国和湖南工业发展的基础，然后就湖南工业绿色低碳发展进行科学判断，并通过案例分析剖析工业转型与绿色低碳发展的路径和策略。其技术路线如图 1.1 所示。

1.3.3 研究方法

本研究主要通过系统调查湖南省内工业转型与绿色低碳发展的现实情况，运用相关理论和实证方法，就湖南省工业转型与绿色低碳发展开展全面系统的摸底调查，掌握其工业转型与绿色低碳发展的发力点和方向。因此，研究方法主要是统计分析和实证研究。

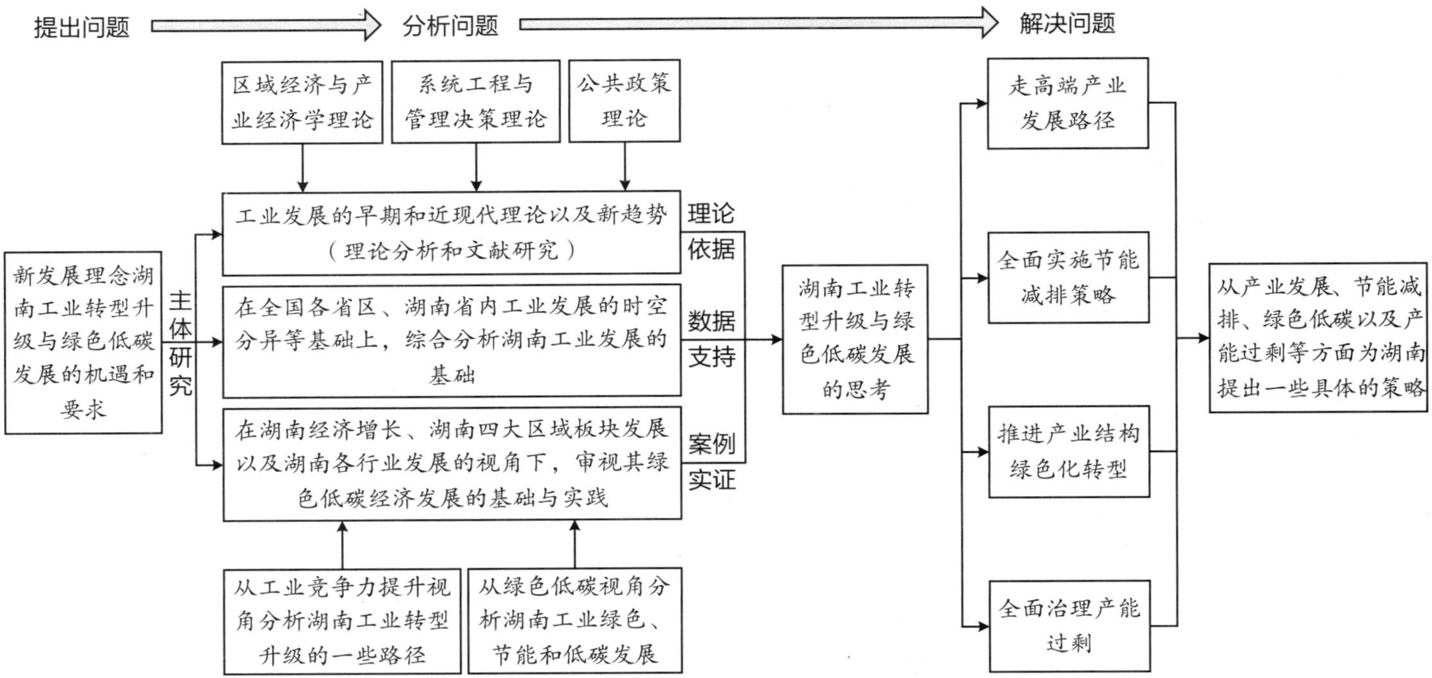

图 1.1　本书技术路线示意图

第2章　基本理论与国内外经验借鉴

2.1　基本理论

工业转型与绿色低碳发展的原动力来源于多个方面，有政府部门的推力，有工业行业企业对转型升级和绿色低碳发展的迫切需求，也有社会各界对工业转型与绿色低碳发展的促进。而促进工业转型与绿色发展的策略也应从政府、企业和社会三个层面综合发力，对此，笔者梳理了几个主要的关联理论进行分析。

2.1.1　政府营销理论

早在1985年，美国市场营销协会（AMA）就对市场营销赋予了新的定义，这个定义之新就体现在将市场营销活动的主体范围推广到除企业自身之外的公共机构和非营利性事业组织，其中就包括政府等公共机构。因而后续就出现了政府营销的相关研究。美国学者菲利普•科特勒是世界上首个提出政府营销概念的专家，他在他的著作《区域营销》中明确提出政府营销的概念，指出政府营销最直接的定义就是运用营销理念来推广各级政府管辖的区域，明确区域特色产业，对这些区域特色产业做一些营销，以树立区域形象、提升区域声誉，为本区域的社会、经济、文化的发展创造良好的环境，实现各利益主体的利益共享，推动消费者、企业、区域的科学发展，实现公众满意和社会全面发展。

菲利普•科特勒认为政府营销产生的重要原因是区域与区域之间的利益竞

争，如省与省之间的相互竞争、市与市之间的相互竞争等。竞争导致政府不得不打造自身的竞争优势，并予以宣传和推广，形成良好的外部形象。在这一过程中，各级政府充当着营销主体，在区域企业发展环境的营造上、在改善当地经济和生活质量上着手进行改善，以提高区域营销的实力，从而最大可能地提高当地政府的营销绩效。推广区域工业转型与绿色低碳发展，则主要是指政府机构运用营销原理和手段，在区域工业转型升级与企业绿色低碳发展的政策上提供服务，为树立区域工业发展形象，提高区域工业声誉而做出各项努力和推广等。这里强调三个重要的内容：一是政府营销的主体是政府机构，政府营销靠政府去推动和主导；二是政府营销的客体是区域的政策、服务优势等；三是政府营销的目标对象是公众。以此为基础，国内外一些著名的学者提出了基于政府营销的区域工业发展对策，系统概述如图 2-1 所示。

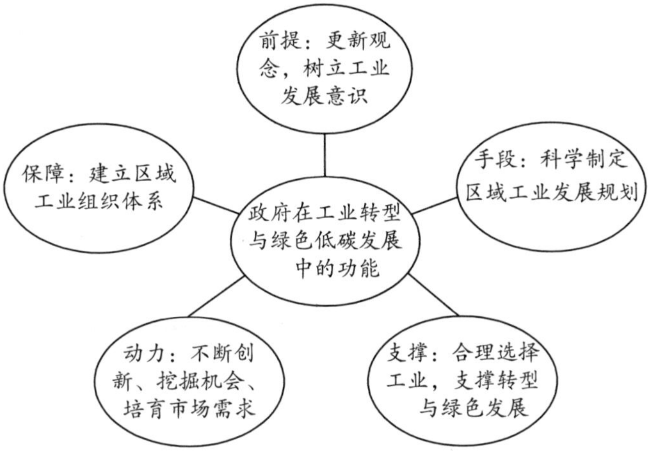

图 2-1　政府营销在工业转型与绿色低碳发展中的支持框架

从图 2-1 可以明显地看出政府在区域工业转型与绿色低碳发展过程中发挥的功能和作用是从培育工业发展意识和理念入手，将其融入区域工业发展过程当中，并从制度入手，建立组织保障措施，强力推行区域工业转型与绿色低碳发展观念。以此为基础，通过建立区域工业发展规划系统，基于区域产业竞争优势，不断培育市场需求并创新，以树立良好的区域工业形象，提升区域工业的知名度和美誉度。

2.1.2 外部经济理论

马歇尔对工业企业集聚的效应进行了研究，认为工业企业形成集聚，有利于形成共享带来的低成本优势；工业企业集聚也有利于产业链上各企业在生产过程中的各个阶段进行专业化分工，共享区域内的技术与信息，形成企业的合作和竞争机制，提高区域整体工业企业的竞争力。马歇尔还指出，形成区域工业集群的因素主要是：区域内协同的创新环境、企业群体、资源配置、市场、金融系统等。他指出，集群带来的好处在于技术和信息的共享、低成本等，同时，企业的集聚形成的协同创新氛围，有利于新知识、新技术、新创意的传播和推广。纵观马歇尔对工业产业集聚的研究，其最大贡献在于他认为一个区域要形成集聚，离不开协同创新的环境，以及由此形成的外部规模经济。这对于当前研究区域产业集聚仍然具有深远的影响，因为区域工业竞争力的培育也是充分利用区域工业发展环境和文化底蕴，为打造区域工业外部规模经济效应提供支撑，而培育工业竞争力也需要依赖产业集聚带来的各种优势。

近年来，区域产业集群的影响效应越来越大，很多研究产业集群的专家学者开始对产业集群的转型展开了研究，其中以安德森最为有名。安德森（Anderson，2004）提出了集群发展的五阶段模型，如图 2-2 所示，并着重指出区域产业集群的转型也伴随着集群的发展而逐步显现。

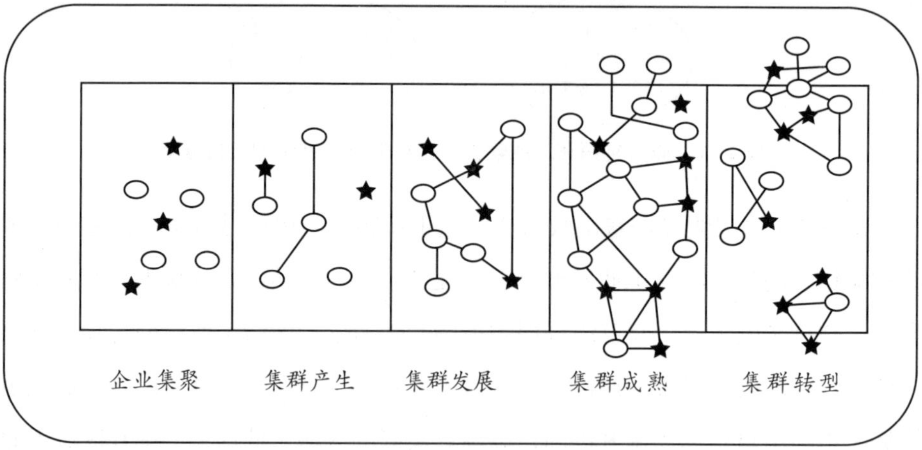

图 2–2 集群发展的五阶段模型

从集群演化和发展的趋势来看，随着集群的不断发展和完善，其吸引的企业越来越多，大企业的主导功能发挥着越来越大的效应，其辐射和拓展的能力越来越强。因而，安德森认为产业发展到了成熟阶段，必然要考虑区域产业转型和改造，以带动新一轮的产业发展和区域经济增长。

2.1.3　竞争力理论

2.1.3.1　核心竞争力理论

一般认为，核心竞争力是企业在特定的市场竞争环境下，利用企业所特有的资源（如原材料、产品专利、创新技术、人才团队等）方面的优势，通过生产、技术、运营、市场推广等一系列企业经营管理活动，形成企业独具的、不可复制的、难以模仿的持久竞争优势的能力。因此，针对企业核心竞争力的定位，不同的学者给出了不同的核心竞争力构成体系，比较有代表性的见表 2-1 中所列。

表 2-1　企业核心竞争力的构建与塑造的具体内容

理论视角	具体表现	企业核心竞争力构建与塑造的具体内容
从战略层面看企业的核心竞争力	企业的决策力	判断力：企业能否审时度势、驾驭全局
		创新力：企业是否具备敢于发起竞争、善于迎接挑战、不断创新的竞争能力
		文化力：企业能否博采众长、开拓进取
		亲和力：企业能否坚持质量为先、诚实守信的经营理念，赢得消费者的偏好
从要素层面看企业的核心竞争力	企业的要素竞争力	生产竞争力：企业的生产规模和生产效率竞争力
		技术创新竞争力：企业研发新产品和创新的能力
		市场营销竞争力：企业市场推广的优势以及市场的占有竞争力
		财务管理竞争力：企业运营管理的效率以及财务经营情况，具体体现在总资产报酬率、资本经营效率等方面

续表 2-1

理论视角	具体表现	企业核心竞争力构建与塑造的具体内容
从具体体现形式看企业的核心竞争力	企业的直接竞争力	流程竞争力：企业组织运行的效率和效益，效率越高，流程竞争力越强
		员工竞争力：员工具备与企业相适应的能力，如员工的意愿、耐心和牺牲精神越强，员工越具有竞争力，对企业的发展也越有利
		决策竞争力：企业管理各种要素充分发挥作用的能力，体现为财务管理效益、资本运作能力、劳动生产能力、信息的收集和处理能力等
		创新竞争力：包括市场创新能力、企业技术创新能力、管理创新能力等，一个企业能否在市场经济中站稳脚跟并且具有较强的竞争力，关键在于企业是否具有创新能力。创新可以使企业充满活力，可以使企业在市场经济大潮中立于不败之地
		环境竞争力：企业的环境不是一成不变的，它必将伴随着时代的进步和企业的发展而不断发展和创新。21 世纪企业竞争力将产生以企业环境为标志的变化，如企业文化是企业竞争力的基础，企业竞争力是企业文化的价值体现，两者相互补充、相互渗透
		价格竞争力：产品价格对产品销售量起到很大作用，特别是当消费者尚无品牌消费概念、对产品认知较少时，对品牌尚未建立的企业而言，价格与需求的弹性表现更为明显。企业对产品定价是为了实现企业特定的目标，在需求和供给复杂多变、竞争激烈的现代市场，定价的方法很多，企业应根据具体情况进行调整
		品牌竞争力：对一个企业来说，要想获得持续的发展，打造和不断提升品牌竞争力至为关键；品牌竞争力与企业的发展是相辅相成的关系，企业的良好经营与发展是打造品牌竞争力的基石，而品牌竞争力的提升则是企业持续盈利的动力源泉

续表 2-1

理论视角	具体表现	企业核心竞争力构建与塑造的具体内容
从具体体现形式看企业的核心竞争力	企业的直接竞争力	组织竞争力：一个企业的实力，不仅取决于营业额的多少，而且取决于企业的组织和管理水平，特别是企业的组织运营力和执行力；面对经济全球化背景下的跨国企业的竞争，提升企业的组织运营水平和竞争力就显得尤为迫切，因此，企业必须引入现代企业管理理论和创新市场观念，寻找有效途径提升组织的竞争力
		渠道竞争力：要想让产品尽快出现在客户的采购计划中，就必须尽快进入渠道销售，使自己的品牌在市场争夺战中更具竞争力。如果一个企业在同行中拥有渠道竞争优势，那么对企业发展的推动力是非常大的。一个公司通过对销售渠道的创造性应用，可以快速发展业务、降低销售成本，建立一个优秀的客户群体
		伙伴竞争力：在当前拉动式的生产模式下，消费者的需求显得尤为重要，为了满足消费者变化的需求，越来越多的企业采用 JIT 方法进行生产管理，企业与企业之间的竞争也转变成了供应链与供应链之间的竞争。因此构建适合本企业的供应链，选择适合本企业的合作伙伴已成为企业不得不思考的问题

上述企业核心竞争力构成和塑造的具体内容，对工业企业构建核心竞争力具有很好的启发作用。工业企业在打造核心竞争力的过程中，不仅要在企业决策上塑造竞争优势，而且在具体的要素竞争力塑造上更应该加强落实，努力打造各个流程的竞争力，以形成企业直接的竞争优势。而在工业转型升级与绿色低碳发展方面，尤其需要注重地区具有核心竞争力的企业和行业的发展，方能提高转型升级的效率。

2.1.3.2　竞争优势理论

迈克尔·波特（Porter，1990）撰写的专著《国家竞争优势》提出了产业竞争优势理论，阐述了四种决定区域产业优势的内在因素以及两种影响区域产业竞争力和影响力形成的外部力量。其中，四种决定区域产业优势的内在因素包括区域内企业战略、组织结构与竞争，区域要素条件和基础，区域市场需求条件，区域相关产业的支撑。两种影响区域产业竞争力和影响力的外部力量是产业发展机遇和政府扶持。在产业竞争优势理论中，波特根据区域竞争力影响因素描绘了竞争优势理论的“钻石”模型，如图 2-3 所示。

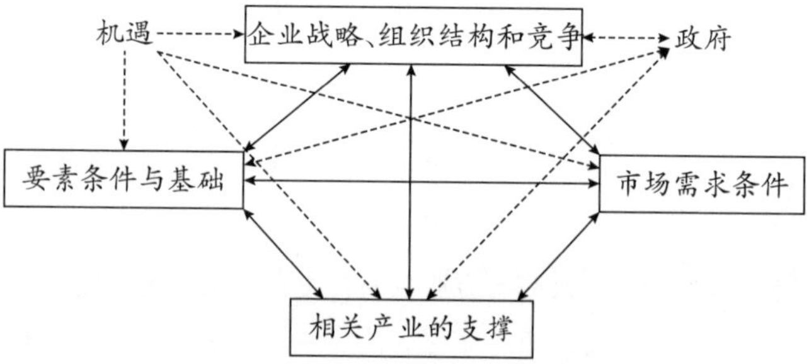

图 2–3　波特竞争优势理论的“钻石”模型

从图 2-3 可以看出，决定区域产业竞争力的首要因素是“相关产业的支撑”。一个区域在拟定区域竞争战略时，必须着重了解区域内产业的实力，要深入了解决定产业竞争力和影响力的重要因素。对此，波特进一步从产业的组织变革、价值链、经济效率和柔性方面对产业竞争优势形成的内在机理和动力展开了深入分析，提出区域产业竞争是一个系统工程，不仅包括了区域内产业间的上下游企业，还包括产业市场的需求者及政府和研发机构等在内的产业支撑体系，并就培育区域产业竞争力提出了相应的对策：首先，政府应为企业的发展打造良好的外在环境；其次，应提高该区域企业的生产率，并且强调企业和政府应该着力于明确创新方向和提高企业创新效率；最后是促进新企业的建立，为区域产业竞争力壮大提供支撑，从而扩大和加强产业本身。如产业内的企业通过产业内的生产力对产业外企业施加影响，产业内的企业通过低成本的技术创新为将来的发展奠定基础；产业环境有利于新企业的产生和规模及影响的扩大。

总之，波特的竞争优势理论具有非常重要的理论和实践意义。波特竞争优势理论强调国家和地区政府在产业竞争优势培育中的作用，这与区域工业转型与绿色低碳发展的意义和作用是相一致的。同时，其阐述的区域产业竞争优势的几个影响因素及相关对策对于区域工业转型与绿色低碳发展也具有重要的借鉴意义。

2.1.4　区域分工理论

任何社会生产活动和劳动的部门分工总是落实到一定地理空间上，而劳动地域分工则往往以各区域的部门结构差异表现出来，形成区域分工的格局，表现为部门间或企业间及企业内部分工。区域分工深化促进了生产制度的创新并由此推动区域产业结构的完善和区域经济的增长。

一般认为，区域分工的影响因素主要包括内生因素和外生因素，见表 2-2。外生因素是区域客观存在的自然的与历史的条件，它是区域分工的基本前提，如当地自然资源、产业基础或特色、历史文化沉淀。内生因素是一个时期某个具体的区域表现出来的自身优势决定的区域的内生比较优势，它包括产业发展的专业化水平、生产集中度、当地企业的生产率、产品市场化程度等。

表 2–2　区域分工模式比较

分工模式	旧区域分工	新区域分工
决定模式	外生比较优势（外生因素）	内生比较优势（内生因素）
定义	事前的资源禀赋条件的差别引起的生产率的差别	由选择不同的专业化方向的决策而造成的事后的生产率的差别
学说	李嘉图的比较成本优势理论，赫克歇尔—俄林的要素禀赋理论	杨小凯的新古典经济学和克鲁格曼的新贸易理论

对于区域分工的研究理论回顾要从亚当•斯密的绝对优势理论开始，亚当•斯密认为一个地区应该选择其具有绝对优势的产业进行专业化生产，并通过其优势产品去交换区域内不具备优势的产品，这样既可以降低产品的生产成本，也可以提高全社会的生产效率，高效的社会分工就形成了。亚当•斯密的绝对优势理论肯定了产业优势的重要性，但是忽略了其他建立产业优势的因素。而李嘉图的比较成本优势理论认为只要一个区域产品的生产效率比其他区

域高或者成本比其他区域低，那么这个区域就可以在该产品领域生产和发展，并在区域间进行交换，获取比较优势和利益。赫克歇尔—俄林定理则从资源禀赋出发，认为区域生产要素禀赋的差异是导致分工和贸易产生的重要因素，因而各区域应针对自身具有区域特色或者相当产业基础和发展潜力的产业去发展；分工和贸易不是古典学派认为的劳动生产率的差异产生的。

主流经济学的区域分工理论对一个区域分工的优势因素进行了全面的剖析，但都忽视了生产要素的空间流动。于是，新贸易理论学专家保罗•克鲁格曼提出"历史和偶然"也起决定作用，递增报酬则不断强化着既定的贸易格局，并提出政府应制定和实施适当的产业政策来创造和保持比较优势。

区域分工理论对区域工业转型与绿色低碳发展的重要理论价值在于，区域分工理论肯定了地区间比较优势的存在是基于区域差异，如产业基础的区域差异、地方政策的区域差异，因此在区域工业转型与绿色低碳发展过程中，要高度重视这些差异的来源，不断改进同类型竞争区域之间的政策差异、产业支撑条件差异等等，为培育区域产业竞争力提供尽可能多的政策支持和产业支撑，从而推动区域产业竞争力效应的发挥，使产业中的更多企业向区域内聚集，吸引其他区域要素的流入，提高区域产业的竞争优势。这为产业的规模扩张与技术升级提供了有力的支撑。

2.1.5 利益相关者理论

利益相关者理论的萌芽出现于多德（Dodd，1932）与伯利（Berle）关于公司社会责任的论战中。多德首次提出了"利益"一词并将其应用在公司社会责任当中，认为不仅股东，而且雇员、顾客和广大公众都在公司中有一种利益。至于"利益相关者"一词，则最早出现于斯坦福研究所 1963 年的一份备忘录中。斯坦福研究所的专家认为利益相关者是一个支持组织发展的"集团"，组织离开这个"集团"的支持就不复存在。后来，美国学者克拉克森将利益相关者分为包含股东、雇员、顾客、供应商、社区和政府等的一级利益相关者团体与包括大众传媒等的二级利益相关者团体。其后明确提出利益相关者管理理论的是弗里曼（Freeman），他于 1984 年出版了《战略管理：利益相关者管理的分析方法》一书，书中阐述了利益相关者的构成和内涵，对利益相关者进行了拓展和延伸，指出利益相关者是那些能够影响企业目标实现的任何个人和群体，包括与企业自身直接关联的雇员、债权人、供应商、股东、消费者等交易伙伴，也包括政府部门、本地社区居民、大众传播媒体等压力集团，甚至包括自然环境、历史文化等直接或间接影响企业经营活动的客体。而根据权利和义务对等的原理，若是利益相关者的权益得不到满足，最终必然危害到组织利益的实现。

利益相关者理论的研究是围绕着企业或某一组织来展开的，但是从其界定的影响范围和因素来看，对于区域工业转型与绿色低碳发展的利益主体责任承担来说，也是值得借鉴和应用的。这是由区域工业发展的相关特性决定的。首先，由于区域工业转型与绿色低碳发展参与主体多元，就应当明确地界定与之相关的主体有哪些，这些主体在区域工业转型与绿色低碳发展过程中能获得哪些利益，该如何去定位好自己的职能并付诸行动，进而依据定位去监督、考核其行为。其次，区域工业转型与绿色低碳发展的公共性导致了其利益共享需要众多主体参与。因而，必须协调好公共投入的利益共享机制，否则，未协调好利益相关者的利益会影响到利益相关者后期参与的积极性。最后是影响力，不同利益主体对于区域工业转型与绿色低碳发展的影响力大小不一，如企业一般起主导作用，其影响力较大。

综合上述理论思考和研究，可以将区域工业转型与绿色低碳发展的利益相关者分成以下几方面：一是企业。产业内的相关企业是区域工业转型与绿色低碳发展的直接受益者和主导者。二是政府。政府在区域工业转型与绿色低碳发展过程中，应该能够准确选择产业，并给予政策扶持和产业引导，监督相关主体的行为，为区域工业转型与绿色低碳发展提供公共服务。三是行业协会。行业协会是区域工业转型与绿色低碳发展创造的一个重要沟通平台，集合了行政和市场两种职能。四是社会各界。如参与区域工业转型与绿色低碳发展的高校、科研机构、消费者、其他相关人员和组织等，也是重要的参与主体。各利益相关者在区域工业转型与绿色低碳发展过程中所发挥的作用和获得的利益如图 2-4 所示。

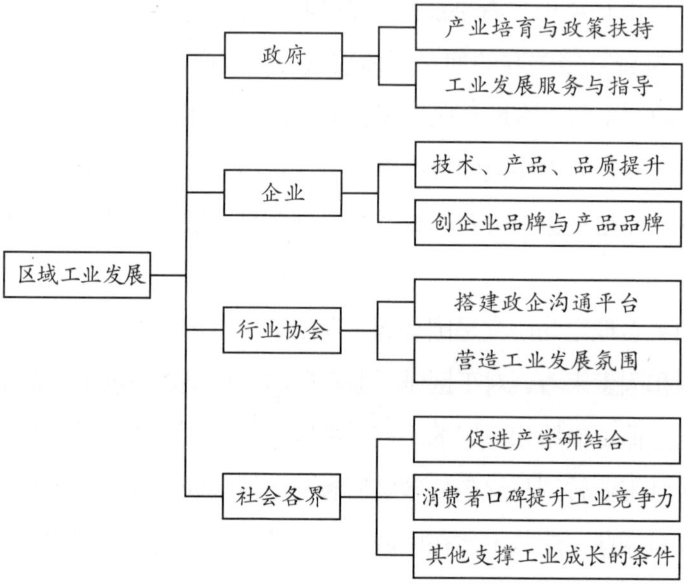

图 2–4　区域工业转型与绿色低碳发展的利益相关者示意图

2.1.6　创新理论

创新理论是由著名学者熊彼特（1912）在其撰写的《经济发展理论》一书中首先提出来的。在熊彼特看来，资本主义产生和经济的持续发展是因为破坏均衡而又恢复均衡的力量发生作用的结果，而“创新”正是推动资本主义经济持续发展的内在动力。由此，熊彼特从多方面多角度探索了创新的来源和策略。他的主要观点：一是认为企业家的职能是创新。从这种意义上来说，创新是一个经济范畴而不是一个技术范畴，如企业家将生产过程中所需生产要素的新组合引入生产体系之中，形成企业新的生产能力和生产优势，也是一种创新。并由此提出了创新的五种途径：引进新产品；实行新的企业组织形式；采用新技术或新方法；获得原料的新供给来源；开辟新市场。二是认为敢于冒风险把新发明最先引入组织中的人才是创新者，并认为创新型的企业家是有敏锐洞察力、有胆略、有能力去获取利益的人。而企业家敢于创新的动力来源于潜在的机会、企业家的愿望、企业家克服困难的精神和意志力、期待创新带来的愉悦感。三是强调企业家的素质、才能、文化素养、预见性、首创精神、冒险本性等品格对企业发展和社会进步的推动作用，并认为资本主义的本质特征是创新、新组合和经济发展。

而后，西方学者对熊彼特的创新理论进行了进一步的发展和完善，提出了技术创新理论和制度创新理论。

技术创新理论的主要代表学者有爱德温·曼斯菲尔德、戴维、莫尔顿·卡曼、理查德·列文、南赛·施瓦茨、格里列希斯等。其代表性观点有：一是戴维（1971）的技术创新与企业规模的“起始点”理论，认为企业规模达到一定程度后才能进行有效的技术创新，而这种规模就是使用新技术所花费的年均成本要少于使用新技术后所能节省的成本。二是卡曼、施瓦茨的技术创新与市场结构选择理论。他们提出了最有利于技术创新的市场结构类型，指出垄断竞争型的市场结构是最有利于技术创新的结构。三是曼斯菲尔德的新技术的推广和扩散理论。他提出了“模仿”“守成”“模仿比率”几个概念，进而指出，影响新技术推广速度即模仿率的基本经济因素有：模仿者采用新技术的预期经济收益率；采用新技术所需投资额的多少；资本供给的难易程度；模仿比率的大小。而格里列希斯认为新技术的推广和扩展既要受社会因素的影响，又要受经济因素的影响。

制度创新理论的主要学者有戴维斯和诺斯，他们合作出版的《制度变革和美国经济增长》（1971）一书提出了制度创新模型。书中指出促成制度创新的主要因素有：企业规模和市场规模、技术经济性、预期收益刚性等。而制度创新过程是一个时间相当长的过程，一般由五个阶段组成：第一阶段，有能预见到潜在市场经济利益的人；第二阶段，由这些发现潜在利益并决策创新的人提出制度创新方案；第三阶段，对已提出的各种创新方案进行比较和选择；第四阶段，寻找在制度创新过程中能支持或帮助创新决策者获得经济利益的组织和个人，如政府机构或民间组织和个人；第五阶段，通过决策者和支持者的协作努力，实施制度创新并将制度创新变成现实。同时，他们还提出了制度创新模型，分析了担任制度创新推动者和决策者的重要主体，并强调，在有个人、团体和政府三种不同层次的制度创新推动者的情况下，一般政府作为制度创新的推动者更有优势。

创新理论对于区域工业转型与绿色低碳发展具有十分重要的指导意义。区域工业转型与绿色低碳发展能够推动区域产业发展进入良性竞争阶段，这种推动的过程会促使区域内企业不断进行创新，激励企业通过创新产品去获得市场的认同。此外，区域工业转型与绿色低碳发展需要创新去实现竞争力的可持续性，使企业的知识、信息、技术、价值等适应瞬间变化的技术和市场环境。

2.1.7 资源能力理论

资源能力理论认为企业资源和能力是形成企业竞争力的两个关键性因素，而依靠资源形成企业竞争力的企业资源必须是独特的、稀有的或者有价值的以及不可模仿和替代的。同时，通过资源的充分开发与利用，加上企业各方面能力的发挥，真正实现企业竞争力的提升，打造企业的核心竞争力。

独特的和稀有的资源即竞争对手所不具有的资源，这种资源既难以模仿，也难以复制，因而可以帮助企业形成独特的竞争优势和可持续的竞争力。独特的和稀有的资源使得企业同其他许多企业相比，其拥有的产品、技术和生产技能具有独特性和稀缺性，如此才能带来竞争优势，如优越的地理位置、许可证、专有技术、品牌等。

有价值的资源即有助于创造顾客需求的资源。资源的价值性有助于企业利用机会，增加企业盈利，或减少企业成本。有价值的资源如先进的设备、高素质和高技能的员工或精细化的组织结构以及敏捷化的生产系统等。随着环境变化，资源的价值也会得到很好的发挥，提升企业的竞争力。

巴尼（1991）认为几个主要因素与难以模仿性密切相关，如独特的历史条件、资源基础、社会系统等，它们导致企业拥有竞争对手无法模仿以及不易相似的资源。

资源的独特性、稀有性或者有价值性和不可替代性为企业打造竞争优势奠定了基础，但要形成竞争力还需要相关能力的提升，如管理能力、战略能力以及其他基础能力的共同作用，如图 2-5 所示。

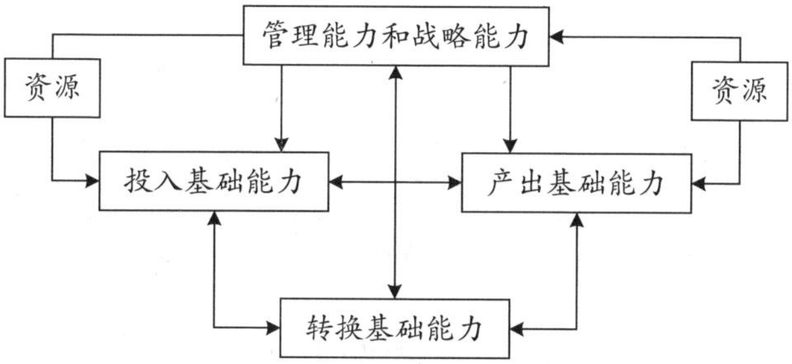

图 2–5　企业资源与能力关系示意图

从图 2-5 中可以看出，当能力依附于特定资源发挥作用时，企业就能找到自我，变成独立于资源的生命主体，能实现竞争力的可持续发展。

2.1.8　企业内在成长理论

企业内在成长理论主要由英国著名经济学家阿尔弗雷德 • 马歇尔在 20 世纪初创立。他全面系统地阐述了企业内部成长过程及其内在因素的作用机制，认为企业内部能力、资源和知识的积累是解释企业获得超额收益和保持企业竞争优势的关键。而后，20 世纪 50 年代，后马歇尔主义者安蒂斯 • 潘罗斯对马歇尔的企业内在成长理论思想进行了深化，抓住马歇尔内在成长因素的知识积累对企业成长的内在作用机制展开了深入研究，尤其是针对单个企业的成长展开了科学论证。20 世纪 60 年代，乔治 • 理查德森把研究点聚焦在马歇尔所说的“资源”问题上，认为资源的积累是一个长期的过程，资源使企业更依赖于市场和组织的关系协调。20 世纪 80 年代至今，这三位理论家共同倡导的企业内在成长理论得到了全面的发展和深化，特别是在竞争战略管理领域中盛行，成为企业竞争力理论研究的又一个重要基础。有学者提出了企业内在成长理论的两个支撑点模型，如图 2-6 所示。

从企业成长理论及其支撑力模型的研究和观点来看：一是企业的资源可以构成企业的竞争优势，但竞争优势的持续发展依赖于后期经验的积累和企业的

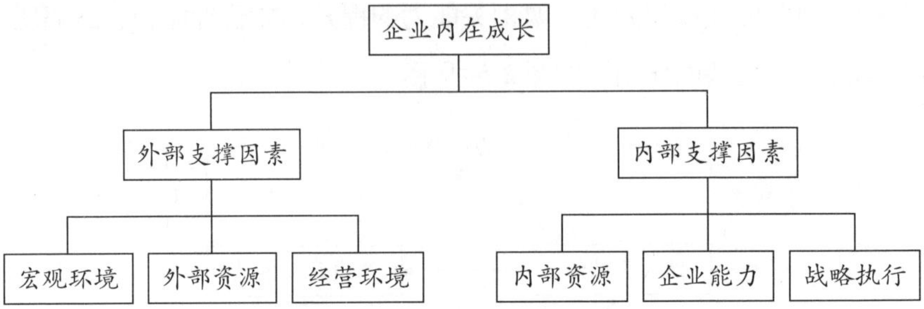

图 2-6　企业内在成长的支撑力模型

成熟度；二是与企业资源条件相比，企业内部能力对企业的竞争力更具决定性作用，但资源与能力是一个相辅相成的关系；三是企业要形成强有力的竞争力，必须能够扩展生产领域的知识和能力。因此，企业成长理论对于工业企业打造核心竞争力来说也是可以借鉴的，尤其是其认为资源和能力两者都对工业企业成长和竞争力塑造构成强有力的影响，是工业企业打造核心竞争力的重要来源。

2.2　国内外经验借鉴

2.2.1　国外经验借鉴

区域工业转型与绿色低碳发展需要借鉴多方的成功经验，尤其是要借鉴其他发达经济体在区域工业转型与绿色低碳发展方面的成功经验，如欧盟、美国等发达经济体的经验，在区域工业转型与绿色低碳发展过程中学习优秀经验，少走弯路。

2.2.1.1　美国的经验借鉴

美国工业绿色低碳发展体现在很多方面：在低碳技术方面，美国一直致力发展新能源，尤其是在 20 世纪 70 年代遭受能源危机之后，美国启动了一系列新能源发展培育计划，如 1979 年启动的美国太阳能计划，当时计划在 2000 年之前，保证使用的能源至少有 20% 为可再生能源。美国十分重视节能减碳，围绕清洁能源技术开展研发，于 2002 年成立了美国清洁能源联盟，专门开展太阳能、风能、生物质能、燃料电池等清洁能源研发和支撑。在引导工业绿色低碳发展的制度建设方面，美国早在 1990 年就实行《清洁空气法》。进入 21 世纪后，美国接连出台了《国家能源政策法案》(2005)、《低碳经济法案》(2007)，还出台了《能源独立与安全法案》(2007)。这些法律从制度上明确以低碳经济为中心，促进零碳和低碳能源技术的开发与应用，并通过制度安排为其提供经济激励机制。与此同时，当前美国已有 40 个州建立了统一的温室气体报告制度，可再生能源使用方案得到全面推广。

可以说，美国追求低碳经济的历程就是一个寻求综合、平衡和对环保有利的能源安全长期战略。近年来美国出台的相关法律和支持低碳技术的做法，更是把低碳经济的发展道路作为美国未来的重要战略。从表 2-3 所列的美国各种能源消耗量来看，美国的非化石能源比重逐步提高，且得到稳定的占比，如核电的占比逐年上升，一次能源中清洁能源的比重接近 20%。可以看出，美国的低碳能源使用率正逐步提升。

表 2-3　美国的各种能源消耗量　（单位：千万亿 Btu）

年份	煤炭	天然气	石油	核电	水力	全部
1970	12.26	21.79	29.52	0.24	2.63	67.84
1980	15.42	20.23	34.20	2.74	2.90	80.86
1985	17.48	17.70	30.92	4.08	2.97	76.39
1990	19.17	19.60	33.55	6.10	3.04	84.49
2000	22.58	23.82	38.27	7.86	2.81	98.82
2005	22.79	22.56	40.30	8.16	2.70	100.19
2010	20.83	24.57	35.49	8.43	2.54	97.50
2011	19.66	24.95	34.82	8.27	3.10	96.92
2012	17.38	26.09	34.01	8.06	2.63	94.50
2013	18.08	26.78	34.61	8.27	2.56	97.20

2.2.1.2　欧盟的经验借鉴

欧盟是低碳经济的起源地，也一直是全球低碳经济的引领者。“低碳经济”

的概念最早出现在英国2003年的“能源白皮书”中。在2007年年初，欧盟委员会提出的一揽子能源计划，把低碳经济确立为未来发展方向，视其为一场“新的工业革命”。欧盟在2007年通过了欧盟战略能源技术计划，其目的在于促进新的低碳技术研究与开发，以达成欧盟确定的气候变化目标。欧盟为自己确定的应对气候变化的目标是：到2020年减少20%的温室气体排放量，到2050年则希望将温室气体排放量减少60%~80%；并且提出，若其他主要经济体也能承担此挑战性责任，则愿意在1990年的基础上削减到30%。2008年12月，欧盟通过了能源气候一揽子计划，包括欧盟排放权交易机制修正案、欧盟成员国配套措施任务分配的决定、碳捕获和储存的法律框架、可再生能源指令、汽车二氧化碳排放法规和燃料质量指令等6项内容。这些措施对推动地区低碳发展起了重要的作用。

2.2.1.3　日本的经验借鉴

日本自然资源贫乏，资源与能源均需依靠进口。在这种背景下，经过多年探索，日本逐渐形成全民族多主体共同参与的低碳经济发展模式。通过强化政府职能，注重低碳技术研发和大数据技术推广，调动社会团体参与低碳经济发展的积极性，降低垃圾处理的影响等途径和手段，日本建设低碳经济取得了一定的成效。

日本将环境污染称为“公害”。从20世纪70年代起，日本政府就已将提升空气质量作为城市发展的重点工作：一是加强空气排放管制；二是签订自愿式环境协议；三是制定并严格执行法律法规。1962年，日本第一部空气污染控制法《煤烟控制法》生效，并于1993年通过《环境基本法》，随后相继出台了《空气污染防治法》《水质污染防治法》《土壤污染对策法》等多部环境污染治理法律法规。此外，不少地方政府还制定了严于国家标准的地方性公害法规。与此同时，日本十分注重低碳技术研发和大数据技术。东京市政府每年投入约62亿日元(折合人民币3.8亿元)，用以支持发展空气治理技术；设立了由政府直管的东京环境研究所和川崎环境研究所，负责研发和整合大气环境治理的专门技术以及市场化应用；配备了定制化的监测设备，对空气质量数据进行了采集、分析和研究，为政府治理空气污染提供技术支持和数据基础。政府在环境方面下的功夫为推动日本绿色发展起了重要作用。

2.2.2　国内经验借鉴

2.2.2.1　开展低碳城市规划

开展低碳城市规划就是充分引导城市主体区域空间内发展低碳经济，促进城市低碳生产和低碳消费的协同推进，从而促进城市产业结构与节能降耗功能得到全面优化，在保证满足城市经济社会需求的基础上不断降低碳排放量。学者们就低碳城市规划展开了一系列讨论，其中最有名的是同济大学的潘海啸提出的低碳城市空间规划思路，他从三个方面总结了城市低碳发展的模式，即区域层面、总体规划层面、详细规划层面。在区域层面，他提出了区域公共交通导向的走廊式发展模式；在总体规划层面，他提出提倡绿色交通支撑的空间结构；在详细规划层面，他倡导绿色建筑和可持续建筑，设定小区规模，融入低碳发展理念，实现城市低碳发展。国内一些地区纷纷开展低碳尝试，见表2-4所列。

表2–4　国内典型地区开展的低碳尝试

地区	理念	目标	采取的举措	成效
深圳光明新区	提出“低碳”城市建设理念	打造“绿色新城”	着力培育低碳城市的产业支撑，同时引导绿色建筑和低碳交通发展	被建设部列为首个“绿色建筑示范区”
中新天津生态城	制定了以减少碳排放为目标的规划	打造绿色建筑、绿色交通、可再生能源利用的示范城	推进形成低消耗、低排放的空间结构，并制定了能源管理措施	成为能源管理的示范区
保定市	提出低碳能源发展战略	打造“保定·中国电谷”“太阳能之城”	重点发展风力发电、太阳能光伏发电等产业群	为世界自然基金会“中国低碳城市发展项目”首批试点城市之一

续表 2-4

地区	理念	目标	采取的举措	成效
上海市崇明东滩生态城	实现资源和能源的循环利用	致力成为世界上第一个碳中和区域	电力热力能源全部由当地风能、生物质能和太阳能获得，步行、自行车和燃料电池公交车将作为主要出行方式，建筑屋顶将使用草坪和植物的天然隔热层	著名的生态城

2.2.2.2 推行绿色低碳发展政策

中国在推进低碳经济发展上做了大量的工作，尤其是制定了一系列政策，涵盖了低碳产业发展的引导政策、支持低碳能源的政策以及推广低碳建筑和低碳交通的政策。这些政策罗列在表 2-5 中。

表 2-5 低碳经济发展的系列政策

类别	文件及制定部门	目的	内容
低碳产业发展政策	2006年4月颁布《千家企业节能行动实施方案》(国家发展改革委员会同国家能源办)	强化企业节能管理	实行节能目标评价考核制度、实行企业能源审计、制定节能规划、推进企业节能技术改造等
低碳能源支持政策	《可再生能源法》(2005)、《可再生能源发展“十一五”规划》(2006)；2009年下发了《关于加快推进太阳能光电建筑应用实施意见》和《太阳能光电建筑应用财政补助资金管理暂行办法》(财政部、住房城乡建设部)	为低碳能源的利用明确方向并提供支持	明确要求加快光伏发电的建设，引导新能源发展
低碳建筑推广政策	建设部颁布《居住建筑节能设计标准》(2001)、《公共建筑节能设计标准》(2005)、《绿色建筑评价标准》(2006)	为我国低碳建筑发展打下坚实的基础	明确提出了我国划分绿色建筑的等级和标准，同时也规定了可再生能源在建筑中的利用要求

2.2.2.3　郴州市工业转型发展的实践

近年来，郴州市委、市政府实施了一系列助推产业发展的有力举措，郴州产业转型升级得到快速发展。一是工业稳步增加。2016 年，三次产业增加值分别达 216.1 亿元、1 159.6 亿元和 815.1 亿元，其中全部工业增加值、规模工业增加值分别为 2005 年的 4.6 倍、7.0 倍。2016 年全市全部工业增加值 1 069.2 亿元，增长 6.4%。规模以上工业增加值增长 6.7%，其中非公有制规模工业增加值增长 10.8%。全市规模工业企业达到 1 200 家以上，增加值达到 1 300 亿元，同比增长 8%，工业增加值总量在全省保持前三位。二是工业结构不断调优。战略性新兴产业增加值占 GDP 比重达 21% 以上，园区规模工业增加值占全市规模工业增加值比重达 80% 以上，信息产业增加值占 GDP 比重超过 7%，互联网普及率达到 50% 以上。三是技术创新力度进一步加大。2016 年工业技术改造投资增长 11%，工业新产品产值增长 18%，工业企业发明专利授权量达 80 件。四是运行绩效明显提高。2016 年工业企业利润总额突破 230 亿元，工业企业实缴税金突破 70 亿元，工业劳动生产率达到 15 万元 / 人以上。

郴州推动工业转型升级的主要工作措施有：一方面，着力推进工业转型全面提速。一是加快传统产业技术改造。2016 年全年实施工业技术改造项目 100 个以上，加快推进有色、能源、建材、机械、化工、食品等传统优势行业的一批重点技改造项目。二是加大新兴产业培育力度。围绕电子信息、新材料、智能制造等新兴产业，启动建设一批引领性、支撑性强的重大项目，引进一批工业配套企业落户郴州，在微晶石墨新材料、矿物宝石产业、大数据产业等方面有重大突破。三是注重绿色发展。继续推动化解过剩产能工作，加快能源、建材、化工、冶炼等重点行业工业企业实施清洁生产技术改造，全面完成工业污染物减排任务。加强对全市 100 家重点用能企业的节能监测分析，实现对全市区域工业能耗数据的动态监控及预警预测。加大对尾矿、冶炼渣等工业固废处置利用的支持力度，提升全市工业资源综合利用水平。四是完善工业转型升级推进机制。深入实施《工业转型升级四年行动计划》，对各县市区贯彻落实情况组织开展专项督查督办，加大对各县市区工业转型升级成效的考核力度。另一方面，着力推进园区经济全面提速。一是加快园区管理体制改革。在优化规划布局、创新园区管理体制、建立灵活的选人用人机制、改进财政管理体制、加强要素保障、营造良好发展环境、强化督查考核、加强组织保障等方面推出创新性的政策措施。二是加快创新创业企业引进力度。在全面完成创新创业园区“1555”工作计划标准厂房建设任务的基础上，重点加大对创新创业企业的引进力度，全市引进创新创业企业200家以上(其中规模以上工业企业不少于50家)。三是扎实推进特色园区建设。围绕各园区产业布局，加快项目包装推介、招商引资工作，形成专业园区项目快速建设常态机制。重点推动永兴循环经济园、安仁精细化工园、宜章氟化学产业园、资兴大数据产业园等专业园区做大做强。四是支持园区调区扩规和晋位升级。与此同时，着力推进信息化全面提速，加快推进两化深度融合；组织开展工业“互联网+”示范试点行动，在有色金属、食品医药、装备制造等领域，优选一批企业，推动新一代信息技术与各行业全面融合，提升企业智能制造水平；指导工业企业开展电商业务，扩大销售规模，提高产品市场占有率；鼓励各类基于互联网的新技术、新模式、新业态发展壮大。

第二篇

工业基础现状

第 3 章　全国各地区工业发展的比较

3.1 引　言

工业一直是拉动经济增长的主要动力，它对经济增长的贡献率在 50% 以上，可见工业拉动经济增长的效益十分明显，随着社会发展，而且拉动效应越来越大。而规模以上工业企业作为工业的主要组成部分，其对产业发展、经济增长的拉动作用和贡献也占据了很大一部分，且规模以上工业企业的劳动生产率是小企业的 5 倍以上，可见规模以上工业企业在社会经济发展中的重要地位。加快培育和发展规模以上工业企业是进一步推动实施大企业集团带动战略的重要措施。研究各地区规模以上工业企业的竞争力，可以进一步明确各地区规模以上工业企业的竞争力情况，同时提高规模以上工业企业的行业地位，激励其做强做大，对于地区工业发展起着巨大的支撑作用，因为通过加强培育和扶持发展，形成一批规模大、经济效益好、主业突出、主导产品市场占有率高、自主研发能力强、技术装备先进的规模以上工业企业和企业集团，可以使之成为各地区经济发展的主导力量和产业结构优化升级的重要依托，全面提升各地区规模以上工业企业的竞争力，充分发挥规模以上工业企业的带动效应，从而促进地区工业发展和竞争力提升。

3.2 各地区规模以上工业企业竞争力评价指标体系的构建及评价方法

3.2.1 构建评价指标体系

对各地区规模以上工业企业竞争力进行科学评价的前提是评价指标的准确选取。魏后凯（2002）从市场影响力、工业增长力、资源配置力、结构转换力和工业创新力等方面设计了评价指标体系并对全国各地工业竞争力进行了评价。刘满凤（2006）结合影响企业技术投入与企业技术产出的因素构建了相应的评价指标，并比较了中国各地区大中型工业企业技术创新的绩效。宗刚（2002）选取技术学习、R&D、制造、营销、组织管理、资源以及战略等 7 个方面的指标，应用 DEA 方法对 182 家工业企业进行了评价。刘井建（2009）以项目管理为切入点，提出了融合效率与效力的 R&D 项目绩效评价标准，对我国 30 个省市大中型工业企业的 R&D 项目绩效予以评价分析。王艾敏（2011）从地区大中型工业企业利润率、市场占有率、成本等方面构建指标体系，并利用 PCM 模型分析了中国 31 个省市大中型工业企业的市场结构与绩效，指出经济发达地区大中型工业企业的绩效正在下降，欠发达地区正在上升。而在区域工业竞争力评价方面，一些学者对不同行业和不同地区或区域内工业企业进行了评价。综合以上信息，笔者认为竞争力评价的指标不仅要能全面反映规模以上工业企业的竞争力，还需要对其量化。因此，遵循科学性、可比性、全面性及可行性原则，并考虑数据信息收集的可行性，本书从各地区规模以上工业企业规模竞争力、经济效益竞争力及成长竞争力三方面构建了评价指标体系（见表 3-1）。

其中，规模以上工业企业单位数、工业总产值、资产总计、利润总额、全部从业人员年平均人数可以从各地区规模以上工业企业规模竞争力主要指标中提取；总资产贡献率、资产负债率、产品销售率、流动资产周转次数、工业成本费用利润率可以从主要经济效益指标中提取；而工业增长率则可通过相近两年的数据相比较求得。

表 3–1　规模以上工业企业竞争力评价指标体系

目标层	二级指标	三级指标
规模以上工业企业竞争力评价指标体系	规模竞争力	企业单位数（X_1）
		工业总产值（X_2）
		资产总计（X_3）
		利润总额（X_4）
	经济效益竞争力	资产负债率（X_5）
		工业成本费用利润率（X_6）
		产品销售率（X_7）
	成长竞争力	工业增长率（X_8）
		总资产贡献率（X_9）
		全部从业人员年平均人数（X_{10}）
		流动资产周转次数（X_{11}）

3.2.2　评价方法

根据规模以上工业企业分类标准，本研究涉及 31 个省、自治区、直辖市的主要规模以上工业企业的评价，采用主成分分析法来评价。具体步骤如下。

第一步，进行数据收集及整理。根据各省区市规模以上工业企业竞争力评价指标体系所需数据进行原始数据采集，为消除量纲或数量级的不同，进行标准化处理。

$$X_{ij}=(x_{ij}-X_j)/S_j$$

式中，X_{ij} 为标准化后的数据，X_{ij} 为原始数据，X_j 为第 j 个指标的平均数，S_j 为标准差。

第二步，建立样本数据相关系数矩阵。样本数据标准化后，针对各指标建立系数相关矩阵 $\boldsymbol{R}=(r_{ij})$，其中

$$r_{ij} = \frac{1}{n-1}\sum_{k=1}^{n} X_{ki}X_{kj}$$

计算 $\boldsymbol{R}$ 的特征值 λ_i 与特征向量 h_i。

第三步，计算各主成分方差贡献率及累计贡献率，并选取 K 个主成分。方差贡献率表示主成分的方差在总方差中的比重，累计贡献率表明前 K 个主成分提取原有指标的信息量。

K 个主成分得分计算公式为：

$$F_1 = h_{11}ZX_1 + h_{21}ZX_2 + \cdots + h_{p1}ZX_p$$

$$F_2 = h_{11}ZX_1 + h_{21}ZX_2 + \cdots + h_{p1}ZX_p$$

$$\vdots$$

$$F_p = h_{1m}ZX_1 + h_{2m}ZX_2 + \cdots + h_{pm}ZX_p$$

其中 F_i 为主成分得分，i=1, 2, ⋯, p。

第四步，计算主成分的得分与各样本综合得分。将标准化后的数字分别代入 K 个主成分得分计算公式，得到主成分得分。最后以各主成分方差贡献率为权重，构造样本综合得分模型。

$$F = w_1F_1 + w_2F_2 + \cdots + w_pF_p$$

最后，计算综合主成分值并进行各地区规模以上工业企业竞争力评价与研究。

后续采用主成分分析法进行评价的方法和步骤不再介绍，其研究的步骤与此类同。

3.3　各地区规模以上工业企业竞争力评价

3.3.1　采集原始数据并进行描述性统计

本书根据各地区规模以上工业企业竞争力评价指标体系，选取中国统计年鉴中的统计数据，在 31 个省区市工业经济状况主要指标体系中提取数据，并进行描述性统计，如表 3-2 所示。

表 3-2　各地区规模以上工业企业竞争力指标原始数据描述性统计

指标	极小值	极大值	均值	标准差	方差
企业单位数（X_1）	88.00	65 495.00	13 745.580 6	17 401.635 64	3.02
工业总产值（X_2）	48.19	67 798.68	16 369.299 4	18 603.983 36	3.46
资产总计（X_3）	223.87	48 321.94	13 913.082 6	12 597.118 55	1.58
利润总额（X_4）	4.5	3 972.93	985.883 2	1 048.525 51	1 099 405.735
资产负债率（X_5）	23.60	67.08	57.071 6	7.622 14	58.097
工业成本费用利润率（X_6）	3.05	24.81	8.210 3	5.480 22	30.033
产品销售率（X_7）	91.86	98.95	97.175 8	1.517 55	2.303
工业增长率（X_8）	107.92	150.36	127.13	9.921 88	98.444
总资产贡献率（X_9）	4.46	29.18	13.639 0	5.029 72	25.298
全部从业人员年平均人数（X_{10}）	1.79	1 493.38	285.08	343.67	118 113.20
流动资产周转次数（X_{11}）	0.77	3.84	2.503 5	0.634 13	0.402

3.3.2　进行数据标准化处理与相关分析

运用 SPSS 统计分析软件对 31 个省区市规模以上工业企业竞争力指标进行标准化处理，以消除无量纲与数量级的不同。SPSS 软件可自动对原始数据进行标准化处理，所以变量都是指经过标准化处理后的变量，同时通过系数相关矩阵相关选项可得到相关矩阵，如表 3-3 所示。

从表 3-3 可知企业单位数与工业总产值、资产总计、利润总额以及全部从业人员年平均人数这几个指标存在着极其显著的关系，可见许多变量之间直接的相关性比较强，证明它们存在信息上的重叠。因此，需进行主成分的选取，明确规模以上工业企业竞争力贡献的主要指标。

表 3–3 相关系数矩阵

	企业单位数	工业总产值	资产总计	利润总额	资产负债率	工业成本费用利润率	产品销售率	工业增长率	总资产贡献率	全部从业人员年平均人数	流动资产周转次数
企业单位数	1.00	0.95	0.95	0.85	0.10	−0.28	0.19	−0.17	0.07	0.94	0.29
工业总产值	0.95	1.00	0.98	0.94	0.08	−0.25	0.20	−0.12	0.14	0.97	0.40
资产总计	0.95	0.98	1.00	0.89	0.10	−0.27	0.25	−0.14	0.07	0.95	0.31
利润总额	0.85	0.94	0.89	1.00	0.05	0.01	0.22	−0.04	0.40	0.89	0.49
资产负债率	0.10	0.08	0.10	0.05	1.00	−0.18	0.29	0.33	0.18	0.09	0.32
工业成本费用利润率	−0.28	−0.25	−0.27	0.01	−0.18	1.00	−0.10	0.16	0.63	−0.24	−0.10
产品销售率	0.19	0.20	0.25	0.22	0.29	−0.10	1.00	−0.06	0.34	0.17	0.53
工业增长率	−0.17	−0.12	−0.14	−0.04	0.33	0.16	−0.06	1.00	0.30	−0.14	0.42
总资产贡献率	0.07	0.14	0.07	0.40	0.18	0.63	0.34	0.30	1.00	0.14	0.59
全部从业人员年平均人数	0.94	0.97	0.95	0.89	0.09	−0.24	0.17	−0.14	0.14	1.00	0.34
流动资产周转次数	0.29	0.40	0.31	0.49	0.32	−0.10	0.53	0.42	0.59	0.34	1.00

3.3.3 主成分提取

主成分提取原则为主成分对应的特征值大于 1 的前 m 个主成分。特征值在某种程度上可以被看成是表示主成分影响力度大小的指标，如果特征值小于 1，说明该主成分的解释力度还不如直接引入一个原变量的平均解释力度大，因此，一般可以用特征值大于 1 作为纳入标准。通过 SPSS 软件进行因子分析，得到总体方差分析表，如表 3-4 所示。

通过表 3-4 可知，提取 3 个主成分，即 m=3，说明有 3 个主成分对于规模以上工业企业竞争力影响较大。同时，在进行因子分析的过程中，得到了各因子得分系数，见表 3-5。

表 3–4 总体方差分析

成分	初始特征值			提取平方和载入		
	合计	方差的百分比	累积百分比	合计	方差的百分比	累积百分比
1	5.111	46.468	46.468	5.111	46.468	46.468
2	2.293	20.849	67.317	2.293	20.849	67.317
3	1.453	13.205	80.522	1.453	13.205	80.522
4	0.989	8.995	89.517			
5	0.628	5.705	95.221			
6	0.300	2.724	97.946			
7	0.090	0.815	98.761			
8	0.063	0.574	99.335			
9	0.051	0.460	99.795			
10	0.018	0.164	99.959			
11	0.004	0.041	100.000			

表 3–5 各因子得分系数矩阵

	成分				成分		
	F_1	F_2	F_3		F_1	F_2	F_3
企业单位数	0.941	−0.224	0.024	产品销售率	0.346	0.428	−0.337
工业总产值	0.980	−0.146	0.064	工业增长率	−0.069	0.638	−0.193
资产总计	0.962	−0.196	0.022	总资产贡献率	0.259	0.828	0.406
利润总额	0.941	0.080	0.257	全部从业人员年平均人数	0.956	−0.170	0.073
资产负债率	0.175	0.427	−0.628	流动资产周转次数	0.517	0.673	−0.248
工业成本费用利润率	−0.233	0.486	0.777				

从表 3-5 可知，企业单位数、工业总产值、资产总计、利润总额、全部从

业人员年平均人数在第一主成分上有较高载荷，说明第一主成分基本反映了这些指标的信息；工业增长率、总资产贡献率和流动资产周转次数指标在第二主成分上有较高载荷，说明第二主成分基本反映了工业增长率、总资产贡献率和流动资产周转次数 3 个指标的信息；资产负债率、工业成本费用利润率在第三主成分上有较高载荷，说明第三主成分基本反映了资产负债率和工业成本费用利润率 2 个指标的信息。这说明提取 3 个主成分可以基本反映全部指标的信息，所以决定用 3 个新变量来代替原来的 11 个变量。

3.3.4 竞争力综合得分

这 3 个新变量的表达还不能从输出窗口中直接得到，需要将其特征向量运用 SPSS 软件的描述性功能求出来，与标准化后的数据相乘，然后就可以得出主成分表达式如下。

$$F_1=0.416\ 233ZX_1+0.433\ 484ZX_2+0.425\ 522ZX_3+0.416\ 233ZX_4+0.077\ 408ZX_5-0.103\ 063ZX_6+0.153\ 046ZX_7-0.030\ 521ZX_8+0.114\ 564ZX_9+0.422\ 868ZX_{10}+0.228\ 685ZX_{11}$$

$$F_2=-0.147\ 927ZX_1-0.096\ 416ZX_2-0.129\ 436ZX_3+0.052\ 831ZX_4+0.281\ 985ZX_5+0.320\ 948ZX_6+0.282\ 645ZX_7+0.421\ 326ZX_8+0.546\ 800ZX_9-0.112\ 266ZX_{10}+0.444\ 44ZX_{11}$$

$$F_3=0.019\ 910ZX_1+0.053\ 094ZX_2+0.018\ 251ZX_3+0.213\ 206ZX_4-0.520\ 987ZX_5+0.644\ 597ZX_6-0.279\ 574ZX_7-0.160\ 112ZX_8+0.336\ 816ZX_9+0.060\ 561ZX_{10}-0.205\ 740ZX_{11}$$

将上述 3 个新变量代入经标准化处理的数据可以计算 3 个变量的得分值，然后以每个主成分所对应的特征值占所提取主成分总的特征值之和的比例作为权重计算主成分综合模型，得到综合模型如下。

$$F=0.288\ 217ZX_1+0.390\ 162ZX_2+0.314\ 338ZX_3+0.682\ 270ZX_4-0.161\ 594ZX_5+0.862\ 482ZX_6+0.156\ 117ZX_7+0.230\ 693ZX_8+0.998\ 180ZX_9+0.371\ 163ZX_{10}+0.467\ 385ZX_{11}$$

根据主成分综合模型即可计算综合主成分值，并对其按综合主成分值进行排序，即可对各地区进行综合评价比较，结果见表 3-6 所列。

表 3–6　各地区规模以上工业企业竞争力综合评价结果

地区	F_1	F_2	F_3	F	排序	地区	F_1	F_2	F_3	F	排序
山东	5.06	0.26	0.96	6.29	1	四川	0	0.1	−0.66	−0.56	17
江苏	6.05	−0.72	0.52	5.85	2	辽宁	0.68	−0.58	−1.14	−1.04	18
黑龙江	−0.38	3.01	2.95	5.58	3	天津	−0.44	0.12	−0.88	−1.19	19
广东	5.69	−1.52	0.71	4.88	4	吉林	−0.82	0.28	−0.8	−1.34	20
河南	1.9	2.08	0.5	4.48	5	上海	0.68	−1.62	−0.49	−1.44	21
新疆	−1.3	1.97	2.2	2.87	6	山西	−0.63	0.1	−1.02	−1.55	22
湖南	0.14	2.1	−0.65	1.59	7	重庆	−1.1	0.32	−0.98	−1.76	23
河北	0.78	1.01	−0.67	1.12	8	云南	−1.62	−0.77	0.44	−1.96	24
陕西	−1.1	0.75	1.45	1.1	9	海南	−1.66	−0.23	−0.3	−2.19	25
浙江	3.23	−2.16	−0.29	0.78	10	广西	−1.38	−0.25	−1.02	−2.64	26
江西	−0.36	1.73	−0.73	0.64	11	贵州	−1.76	−0.55	−0.6	−2.91	27
内蒙古	−0.91	1.62	−0.38	0.34	12	北京	−0.75	−2.14	−0.21	−3.1	28
湖北	−0.2	0.35	−0.14	0.02	13	甘肃	−1.58	−1.38	−0.89	−3.85	29
福建	0.18	−0.29	0	−0.11	14	宁夏	−2.08	−1.04	−1.43	−4.55	30
青海	−2.34	0.77	1.25	−0.31	15	西藏	−3.64	−4.34	3.4	−4.58	31
安徽	−0.35	1	−1.11	−0.46	16						

3.4　各地区规模以上工业企业竞争力分析与启示

3.4.1　各地区间竞争实力不均衡

从综合评价结果来看，总体上东部地区省份的工业企业综合竞争优势非常明显，东部地区省份在前十强里面的占比达到了 60%，进入前十位的东部沿海地区分别是山东、江苏、黑龙江、广东、河北、浙江。随着中部地区崛起战略的实施与推进，尤其是围绕工业化进程来推进中部崛起，中部省份的河南和湖南的工业企业综合竞争力也挺进了十强的前列。而广大的西部地区，仅陕西和新疆两省区进入前列，并且其规模优势和经济效益优势并不明显。

另外，从综合竞争力得分情况来看，仅13个省区市综合竞争力得分为正，18个省区市综合竞争力得分为负，得分为负的省区市占据一半以上。这表明从整体上看，竞争力不高的省区市占了被研究省区市的大部分。至于综合竞争力不足的原因，既有规模上的原因，也有地区企业经济效益方面的原因，更有企业成长竞争力不足方面的原因，这些都是综合影响它们综合竞争力的主要原因。

3.4.2　各地区的竞争优势有所差别

从前面提取的三大主成分来看，企业单位数、工业总产值、资产总计、利润总额、全部从业人员年平均人数在第一主成分上有较高载荷，而这一主成分又刚好是企业规模竞争力的主要评价指标，基本上代表了地区企业规模竞争力的整体水平，更是反映了地区规模以上企业的规模竞争优势；而工业增长率、总资产贡献率和流动资产周转次数在第二主成分上有较高载荷，而这一主成分又刚好是企业经济效益竞争力的主要评价指标，基本上代表了地区企业经济效益的竞争优势；资产负债率、工业成本费用利润率在第三主成分上有较高载荷，这一主成分又刚好是企业企业成长竞争力的主要评价指标，基本上代表了各地区规模以上企业成长与发展的竞争优势。这三个主成分的得分值排序如表3-7所列。

综观各地区规模以上工业企业竞争优势，可以明显地看出，在综合优势排序的基础上，如果将企业规模竞争优势、企业经济效益竞争优势、企业成长竞争优势进行单独排序的话，各地区的竞争优势有所差别，主要体现在如下几个方面。

表 3–7　各地区规模以上工业企业竞争优势评价

排序	综合优势	企业规模竞争优势	企业经济效益竞争优势	企业成长竞争优势	排序	综合优势	企业规模竞争优势	企业经济效益竞争优势	企业成长竞争优势
1	山东	江苏	黑龙江	西藏	17	四川	山西	山西	上海
2	江苏	广东	湖南	黑龙江	18	辽宁	北京	海南	贵州
3	黑龙江	山东	河南	新疆	19	天津	吉林	广西	湖南
4	广东	浙江	新疆	陕西	20	吉林	内蒙古	福建	四川
5	河南	河南	江西	青海	21	上海	陕西	贵州	河北
6	新疆	河北	内蒙古	山东	22	山西	重庆	辽宁	江西
7	湖南	辽宁	河北	广东	23	重庆	新疆	江苏	吉林
8	河北	上海	安徽	江苏	24	云南	广西	云南	天津
9	陕西	福建	青海	河南	25	海南	甘肃	宁夏	甘肃
10	浙江	湖南	陕西	云南	26	广西	云南	甘肃	重庆
11	江西	四川	湖北	福建	27	贵州	海南	广东	山西
12	内蒙古	湖北	重庆	湖北	28	北京	贵州	上海	广西
13	湖北	安徽	吉林	北京	29	甘肃	宁夏	北京	安徽
14	福建	江西	山东	浙江	30	宁夏	青海	浙江	辽宁
15	青海	黑龙江	天津	海南	31	西藏	西藏	西藏	宁夏
16	安徽	天津	四川	内蒙古					

注：本表根据评价结果进行分项排序得到。

第一，综合优势与规模优势方面。有些地区可能综合优势比较强，但是企业规模竞争优势并不是很强，如黑龙江综合优势排第三，但是规模优势居于中等，排到了第 15 位，新疆的综合优势排第 6 位，而规模优势排第 23 位；而反过来，有些地区并不具备综合优势，但是该地区企业具有规模优势，如上海综合优势排第 21 位，但是规模优势居于前列，排到第 8 位，辽宁综合优势排第 18 位，而其规模优势居于第 7 位。进一步分析，黑龙江、新疆等地区作为国家沿边地区，无论是过去还是现在，或是将来，国家都一直注重对沿边地区的工业投入，加上当地资源丰富，适合工业企业的生存和发展，因而其综合优势明显。而辽宁和上海作为全国传统的工业基地和对外开放的城市，经历了半个世纪的工业化发展历程，成为工业企业布局的集中地，因而其工业企业规模优势比较强。但是近年来，随着上海金融中心的树立以及辽宁打造旅游大省的实践，这些地区的整体工业化投入和占比有所调整，因而综合优势逐步减弱。

第二，综合优势与企业经济效益方面。企业经济效益反映当地企业资源配置带来的价值，在企业经济效益排名中，湖南省具有明显的优势，排到了企业经济效益的前列，这与湖南近年来重视工业化发展，大力促进工业化与信息化建设有关，尤其是走新型工业化的道路更是给湖南的工业化带来了可观的收入。如湖南近年来在机械制造、冶金、装备制造领域取得的成就，无不推动了企业经济效益的提升。但是同时值得关注的是综合优势非常明显的江苏，企业经济效益却并不占优势，这可能与当地的产业布局以及工业化推进过程中的成本影响因素有关，如当地的工业企业建设成本可能比中西部地区要高，在同等条件下就提高了企业的固定成本，降低了其经济效益。

第三，综合优势与企业成长竞争优势。在企业成长优势排名中，最显著的要数西藏（排第一）、青海（排第五）等地区，这些地区综合优势、规模优势都不强，但是其成长优势特别显著。究其原因，笔者认为主要是这些地区处于西部，西部大开发带来政策性支撑，以及地处西部的这些地区矿产、冶金等资源十分丰富。随着工业化的纵深推进和国家投入力度增大，这些地区的工业企业必将获得很好的效益，从而促进整个区域的工业成长。

3.5 对策建议

3.5.1 促进规模以上工业企业的区域均衡发展

从目前的情况来看，规模以上工业企业的发展主体依然在东部地区，特别是三大经济圈辐射带动的经济发达地区，工业产业布局相对均衡，企业规模、经济效益均比较占有优势，在吸引投资进行资本扩张方面的能力较强，而西部地区在工业企业的成长和发展后劲方面相对具有比较大的作为。未来，国家应继续加大对东部地区规模以上工业企业扶持的力度，促进东中西部工业企业发展的区域均衡，尤其要加大对西部地区工业的政策和资金扶持力度，促进其后发优势的产生，从而拉动中西部地区的经济增长，以工业化带动区域经济的增长，提高工业化在中西部地区的比重，使得全国规模以上工业企业的分布更为多元和丰富，更加均衡发展。

3.5.2　针对竞争优势因素采取区别性措施

由前面的分析得知，对于综合优势、规模优势、经济效益优势以及企业成长优势来说，各地区的竞争优势有所差别，因此，需要采取区别性的措施，加强对各区域竞争优势的打造，促进其形成综合优势，不断提升地区规模以上工业的总体竞争力。

因此，对于具备规模优势但是综合优势不是很明显的区域，如上海、辽宁等省份，政府应该积极引导该地区调整工业产业结构，培育该地区具备经济效益优势和成长优势的工业企业，优化工业产业产品结构，对一些位于传统的老工业基地且盈利能力比较弱的工业企业应进行转型与升级，不断提升其发展的后劲，促进其可持续和跨越式发展。而对于具备经济效益优势但综合优势不强的区域，如湖南等省份，应继续利用其在经济效益基础上的比较优势，继续深化对工业化后期的配套支持，大力推进新型工业化建设，加大对新型工业化的投入，促进其整体工业产业优势的树立。另外，对于成长潜力巨大而经济效益和规模优势都不具备的广大西部地区的工业发展来说，政府应该加大在政策上的支持力度，积极实施西部大开发，加大对西部地区的政策、财政倾斜，先扶持一批有成长力的企业，通过企业示范与市场开拓来拓展区域工业整体的均衡发展，从而将其成长潜力发挥出来，为区域均衡发展提供支撑。

第4章 湖南省工业竞争力演变分析与思考

4.1 引　言

近年来，湖南省委、省政府高度重视工业发展，始终坚持把新型工业化作为富民强省第一推动力，工业发展在全省经济发展中发挥了主导作用。2014年，全省规模以上工业增加值突破1万亿元，是2007年的3.7倍，提前一年实现“十二五”工业发展目标；工业增加值占地区生产总值的比重为39.7%，对经济增长的贡献率为41.3%。近两年来，面对极其复杂的经济形势和多重矛盾叠加的严重困难，湖南全力以赴稳增长，工业经济运行态势表现为高开低走、缓中趋稳，规模工业增加值增速缓中趋稳，企业效益持续向好，工业企业发展理念逐渐从片面追求扩大规模向追求质量效益转变。同时，工业结构调整呈现新的亮点。移动互联网、信息消费、集成电路、3D打印、工业机器人、新型住宅等新兴产业继续快速增长，主要关联指标运行有所好转。当前，湖南工业发展仍面临市场需求持续低迷、工业投资动力不足、装备制造业受到一定冲击等困难和问题，但稳增长积极因素也在累积。因此，为使湖南工业发展持续向好，要以转型升级为主攻方向，大力发展工业新兴优势产业链，加快制造强省建设。本章将对湖南工业竞争力的发展基础做一个全面分析。

4.2　湖南工业企业竞争力评价指标体系的构建及评价方法

对湖南省工业竞争力分析与科学评价的前提是评价指标的选取。石军伟、谢伟丽（2015）在界定国家工业竞争力来源的基础上，基于工业企业实力、工业效率、可持续发展、创新水平 4 个方面构建了国家工业整体竞争力评价体系（NIC 指数），然后利用 48 个国家在 2000—2010 年间的数据测算出了各国的 NIC 指数值，并对当今世界 4 个不同层次代表性国家的工业竞争力状况进行了比较系统的评价与对比分析，总结出了世界各国工业竞争力的格局分布特征及演化趋势。曾春水、蔺雪芹、王开泳等（2012）依据人地关系系统理论，按照全面性、系统性、科学性、动态性和可操作性原则，在参考国内外工业竞争评价方法的基础上，从工业规模、工业效益、工业活力、基础设施和环境竞争力五个方面，选取 20 个二级指标构建了中国地级市工业竞争力评价指标体系。这 20 个二级指标如下：工业总产值、工业固定资产总额、工业就业人数、利润率、平均每个员工的产值、人均工业增值税、地区生产总值增长率、市场化程度、人均财政支出、科学财政支出占 GDP 比重、万人中在校大学生人数、当年实际使用外资金额、人均城市道路面积、货物运输总量、人均邮电业务、人均用电量、人均供水量、环境治理投资额占 GDP 比重、工业固体废物综合利用率、人均绿地面积。魏后凯、吴利学（2002）按工业竞争力系数、市场影响力系数、工业增长力系数、资源配置力系数、结构转换力系数、工业创新力系数设计了评价指标体系并对全国各地工业竞争力展开了评价。吴玉鸣（2003）选取了工业经济实力、经济绩效、政府竞争力、科技进步与技术创新能力、人力资源、产品竞争力、市场化程度、资源组织供给能力、管理能力、环境状况构建评估工业竞争力的可观测因子变量指标体系，作为中国区域工业竞争力评价的基本支撑指标基础。龚奇峰、彭炜、于英川（2001）选取相对价格水平、劳动生产率、全要素生产率三个参数构建了相应的评价指标，比较了中国各地区大中型工业企业技术创新的绩效。林秀梅、宋晓杰、郝华等（2007）既考虑了指标的科学性、可比性、多目标性，也考虑了指标的可获得性，设计了

9 个目标层，即规模产出、产出效率、市场影响力、科技成果转换力、技术创新力、信息化程度、对外开拓力与竞争环境、基础设施条件、生态竞争力，较全面地反映了一个地区的工业竞争力综合情况。雷玉桃、柳明璐（2017）选取FDI、固定资产、人力资本等控制变量加入模型，选择回归效果较理想的 3 个控制变量，构建了环境规制对工业竞争力的影响模型，对全国各地工业竞争力进行评价。

基于上述分析，现对湖南省工业企业竞争力演变进行分析，选取 2001—2012 年的工业增加值、工业总产值、工业增加值增速、主营业务收入、利润总额、利税总额、地区生产总值、第二产业、人均地区生产总值这 9 个指标，设计出一个科学的评价指标体系，如表 4-1 所列。

表 4-1　湖南省工业企业竞争力评价指标体系

目标层	二级指标	三级指标
湖南省工业企业竞争力评价指标体系	工业经济效益优势竞争力	工业增加值（X_1）
		工业总产值（X_2）
		工业增加值增速（X_3）
		主营业务收入（X_4）
	工业规模优势竞争力	利润总额（X_5）
		利税总额（X_6）
	工业成长优势竞争力	地区生产总值（X_7）
		第二产业（X_8）
		人均地区生产总值（X_9）

其中，湖南省工业增加值、工业总产值、工业增加值增速、主营业务收入、利润总额、利税总额、地区生产总值、第二产业、人均地区生产总值可以从《湖南统计年鉴（2016）》中选取数据。

4.3　湖南工业企业竞争力演变评价

4.3.1　采集原始数据并进行描述性统计分析

根据湖南省工业企业竞争力评价指标体系，选取《湖南统计年鉴（2016）》中的统计数据。因有些指标缺少 2013—2015 年的数据，故在分析湖南工业竞争力演变趋势过程中只选取 2001—2012 年的数据。收集 2001—2012 年湖南省工业经济状况主要指标数据，并进行描述性统计，如表 4-2 所列。

表 4–2　湖南省工业企业竞争力指标原始数据描述性统计

指标	极小值	极大值	均值	标准差	方差
工业增加值（亿元）	1 180.00	9 139.00	3 896.000 0	2 715.872 44	7 375 963.091
工业总产值（亿元）	1 811.00	28 629.00	10 717.583 3	9 412.116 44	8.859
工业增加值增速（%）	13.80	24.30	19.725 0	3.469 90	12.040
主营业务收入（亿元）	1 699.00	27 823.00	10 442.666 7	9 178.992 63	8.425
利润总额（亿元）	51.42	1 833.00	652.820 0	671.962 41	451 533.483
利税总额（亿元）	235.70	3 701.00	1 442.350 0	1 284.353 81	1 649 564.721
地区生产总值（亿元）	3 832.00	22 154.00	10 374.000 0	6 214.219 78	3.862
第二产业（亿元）	1 413.00	10 506.00	4 550.916 7	3 106.233 63	9 648 687.356
人均地区生产总值（元）	6 120.00	33 480.00	16 152.666 7	9 268.011 93	8.590

表 4-2 为 2001—2012 年湖南工业增加值、工业总产值、工业增加值增速、主营业务收入、利润总额、利税总额、地区生产总值、第二产业、人均地区生产总值这 9 项指标的原始数据。

4.3.2　进行数据标准化处理与相关分析。

运用 SPSS 统计分析软件对 2001—2012 年湖南省工业竞争力指标进行标准化处理，以消除无量纲与数量级的不同。通过 SPSS 自动对原始数据进行标准化处理，得到的结果都是指经过标准化处理后的变量，同时通过系数相关矩阵相关选项，得到相关矩阵，如表 4-3 所列。

表 4–3 相关系数矩阵

	地区生产总值	第二产业	人均地区生产总值	工业增加值	工业总产值	工业增加值增速	主营业务收入	利润总额	利税总额
地区生产总值	1.000	0.999	0.999	0.999	0.996	−0.038	0.996	0.983	0.993
第二产业	0.999	1.000	0.998	1.000	0.998	−0.055	0.998	0.987	0.995
人均地区生产总值	0.999	0.998	1.000	0.997	0.993	−0.015	0.993	0.979	0.991
工业增加值	0.999	1.000	0.997	1.000	0.999	−0.060	0.999	0.987	0.995
工业总产值	0.996	0.998	0.993	0.999	1.000	−0.074	1.000	0.991	0.997
工业增加值增速	−0.038	−0.055	−0.015	−0.060	−0.074	1.000	−0.068	−0.028	0.000
主营业务收入	0.996	0.998	0.993	0.999	1.000	−0.068	1.000	0.992	0.997
利润总额	0.983	0.987	0.979	0.987	0.991	−0.028	0.992	1.000	0.997
利税总额	0.993	0.995	0.991	0.995	0.997	−0.042	0.997	0.997	1.000

从表 4-3 可知地区生产总值与第二产业、人均地区生产总值、工业增加值、工业总产值、主营业务收入、利润总额、利税总额这几个指标存在着极其密切的关系，可见许多变量之间直接的相关性比较强，证明它们存在信息上的重叠。因此，需进行主成分的选取，明确 2001—2012 年对湖南工业竞争力发展做出贡献的主要指标。

4.3.3 主成分提取

主成分个数提取原则为主成分对应的特征值大于 1 的前 m 个主成分。特征值在某种程度上可以被看成是表示主成分影响力度大小的指标，如果特征值小于 1，说明该主成分的解释力度还不如直接引入一个原变量的平均解释力度大，因此，一般可以用特征值大于 1 作为纳入标准。通过 SPSS 软件进行因子分析，得到总方差分析表，如表 4-4 所示。

表 4-4　总方差分析表

成分	初始特征值			提取平方和载入		
	合计	方差的 %	累积 %	合计	方差的 %	累积 %
1	7.964	88.494	88.494	7.964	88.494	88.494
2	1.000	11.114	99.608	1.000	11.114	99.608
3	0.031	0.341	99.949			
4	0.004	0.041	99.990			
5	0.001	0.006	99.996			
6	0.000	0.003	99.999			
7	8.376	0.001	100.000			
8	6.319	7.021	100.000			
9	1.619	1.799	100.000			

由表 4-4（方差分解主成分提取分析）可知，提取 2 个主成分，即 $m=2$，说明有 2 个主成分对湖南工业竞争力演变影响较大。同时，在进行因子分析的过程中，得到了各因子得分系数，见表 4-5 所列。

表 4-5　各因子得分系数矩阵

指标	成分		指标	成分	
	1	2		1	2
地区生产总值	0.998	0.016	工业增加值增速	−0.055	0.999
第二产业	0.999	0.000	主营业务收入	0.999	−0.014
人均地区生产总值	0.996	0.039	利润总额	0.992	0.026
工业增加值	0.999	−0.006	利税总额	0.998	0.013
工业总产值	0.999	−0.019			

从表 4-5 可知地区生产总值、第二产业、人均地区生产总值、工业增加值、工业总产值、主营业务收入、利润总额、利税总额在第一主成分上有较高载荷，说明第一主成分基本反映了这些指标的信息；工业增长值增速在第二主成分上有较高载荷，说明第二主成分基本反映了工业增长值增速这个指标的信息。所以提取 2 个主成分可以基本反映全部指标的信息，故决定用 2 个新变量来代替原来的 9 个变量。

4.3.4　竞争力综合得分

这 2 个新变量的表达还不能从输出窗口中直接得到，需要将其特征向量运用 SPSS 描述性功能求出来，与标准化后的数据相乘，然后就可以得到主成分表达式。

$$F_1 = 0.35 \times ZX_1 + 0.35 \times ZX_2 + 0.35 \times ZX_3 + 0.35 \times ZX_4 + 0.35 \times ZX_5 - 0.02 \times ZX_6 + 0.35 \times ZX_7 + 0.35 \times ZX_8 + 0.35 \times ZX_9$$

$$F_2 = 0.16 \times ZX_1 + 0.000 \times ZX_2 + 0.039 \times ZX_3 - 0.006 \times ZX_4 - 0.019 \times ZX_5 + 0.999 \times ZX_6 - 0.014 \times ZX_7 + 0.026 \times ZX_8 + 0.013 \times ZX_9$$

通过上述 2 个新变量，代入经标准化处理的数据可以计算 2 个变量的得分值，然后以每个主成分所对应的特征值占所提取主成分总的特征值之和的比例作为权重计算主成分综合模型，得到综合模型如下：

$$F = 7.964/8.964 \times F_1 + 1.000/8.964 \times F_2$$

根据主成分综合模型即可计算综合主成分值，并对其按综合主成分值进行排序，即可对湖南省工业竞争力发展趋势进行综合评价比较，结果见表 4-6。

由表 4-6 可知湖南省工业竞争力发展趋势评价的结果，2001—2012 年，湖南工业综合竞争力不断增强，工业经济效益优势、工业规模优势越来越明显。

表 4–6　湖南省工业竞争力发展趋势得分

年份	工业经济效益优势（F_1）	排名	工业规模优势（F_2）	排名	工业综合竞争力（F）	排名
2001	−0.72	12	−0.45	12	−0.69	12
2002	−0.50	11	−0.41	11	−0.49	11
2003	0.01	10	−0.32	10	−0.02	10
2004	0.53	9	−0.20	9	0.45	9
2005	0.58	8	−0.08	8	0.51	8
2006	0.93	7	0.07	7	0.83	7
2007	1.89	6	0.36	6	1.72	6
2008	2.31	5	0.68	5	2.13	5
2009	2.93	4	0.89	4	2.70	4
2010	4.68	3	1.50	3	4.32	2
2011	6.00	2	2.24	2	5.58	2
2012	6.24	1	2.49	1	5.82	1

注：本表根据评价结果进行分项排序得到。

4.4　湖南工业企业竞争力演变因素分析

4.4.1　原始数据

为了分析湖南工业企业竞争力演变过程，本书参考了一些文献的观点，选取了一些指标因素，即第二产业年末从业人数、外商投资和港澳台投资企业单位数、国有控股工业企业单位数、在校大学生人数、分地区私营工业企业个数等，从《湖南统计年鉴（2016）》中选取这些指标的数据进行分析。2001—2012年第二产业年末从业人数、外商投资和港澳台投资企业单位数、国有控股工业企业单位数、在校大学生人数、分地区私营工业企业个数的原始数据如表 4-7 所示。

表 4-7 原始数据表

年份	第二产业年末从业人数（万）	外商投资和港澳台投资企业单位数	国有控股工业企业单位数	在校大学生人数（万）	分地区私营工业企业个数
2001	748.90	28 445	53 489	50.2	39 076
2002	757.26	34 045	48 289	63.3	55 976
2003	790.68	39 645	43 089	80.6	72 876
2004	804.91	45 245	37 889	93.5	89 776
2005	818.10	56 387	27 477	110.3	123 820
2006	829.92	60 872	24 961	121.0	149 736
2007	854.35	67 456	20 680	130.9	177 080
2008	875.84	77 847	21 313	138.6	245 850
2009	896.57	75 376	20 510	146.9	256 031
2010	915.43	74 045	20 253	147.3	273 259
2011	932.62	57 216	17 052	161.9	180 612
2012	948.78	56 908	17 851	162.7	189 289

由表 4-7 看出，2001—2012 年，第二产业年末从业人数不断增加，外商投资和港澳台投资企业单位数总体呈上升趋势，国有控股工业企业单位数逐年减少，在校大学生人数增多，分地区私营工业企业个数总体增多。第二产业年末从业人数 2001—2012 年逐年增加，并于 2004 年突破 800 万人，在 2010 年突破 900 万人，在 2012 年高达 948.78 万人。外商投资和港澳台投资企业单位数从 2001 年到 2012 年逐步增加，从 28 445 个增长到 56 908 个，增长近 1 倍。国有控股工业企业单位数逐年减少，从 2001 年的 53 489 个减少到 2012 年的 17 851 个，这个减少的趋势说明了国有企业为私营企业创造了良好的机会和足够的空间。在校大学生人数从 2001 年的 50.2 万人暴增到 2012 年的 162.7 万人，说明湖南重视人才培养和注重贯彻执行科技兴国的方针。分地区私营工业企业个数从 2001 年的 39 076 个暴增到 2012 年的 189 289 个，湖南私营工业企业增加在一定程度上对湖南工业竞争力产生了正面影响。工业成长优势从 2001 年

的 −0.69 增长到 2012 年的 5.82，其中 2004 年由负转正，升为 0.45，随后的几年增长趋势良好。

4.4.2　回归分析

根据这些因素与湖南工业竞争力综合得分进行回归，得到数据见表 4-8。

表 4–8　湖南省工业竞争力影响因素的回归系数

	非标准化系数		标准系数	*t*	Sig.
	B	标准误差	试用版		
（常量）	−13.676	12.854		−1.064	0.328
第二产业年末从业人数	0.034	0.018	1.016	1.947	0.099
外商投资和港澳台投资企业单位数	0.000	0.000	−1.118	−2.614	0.040
国有控股工业企业单位数	0.000	0.000	−0.783	−1.802	0.092
在校大学生人数	−0036	0.044	−0.605	−0.831	0.438
分地区私营工业企业个数	0.000	0.000	0.778	1.937	0.100

由此可见，第二产业年末从业人数、外商投资和港澳台投资企业单位数、国有控股工业企业单位数、分地区私营工业企业个数都对湖南省工业竞争力有正面影响，这些因素为湖南工业竞争力的提高做出了贡献，在一定程度上促进了湖南省工业竞争力不断提高。

4.5　湖南省工业企业竞争力演变分析与启示

4.5.1　湖南省工业竞争优势不断增强

从综合评价结果来看，随着时间的推移，2001—2012 年工业企业综合竞争力增长非常明显，随着中部地区崛起战略的实施与推进，尤其是围绕工业化进程来推进中部崛起，湖南工业企业综合竞争力以及规模优势和经济效益优势逐年提高。

另外，从工业竞争力排名来看，湖南省工业经济效益优势从 2003 年由负转正，工业规模优势从 2006 年由负转正，工业综合竞争力从 2004 年由负转正。全省工业竞争力为正的年份占据了大部分。对于工业综合竞争力逐年增加的原因，有工业规模上的原因，也有工业经济效益方面的原因，这些都是影响工业综合竞争力的主要原因。

4.5.2　各年份的竞争优势有明显差别

纵观各年份湖南工业竞争力演变情况，可以明显地看出，在工业竞争力的排序基础上，2001—2012 年逐年增长。从表面上看，工业经济效益优势（F_1）、工业规模优势（F_2）、工业综合竞争力（F）的趋势都是逐年增长，态势稳定，2012 年排名最优，2001 年排名最后；从 2007 年起，工业经济效益优势大于 1；从 2010 年起，工业规模优势大于 1；从 2007 年起，工业成长优势大于 1。

第一方面，工业规模优势方面。湖南是“有色金属之乡”，矿产资源是湖南的主要资源优势和现有工业布局的形成原因之一。在煤炭开采地形成了娄底、湘潭等钢铁基地，还有郴州、湘西等有色金属加工基地，以及株洲、衡阳等陶瓷建材基地。从产品结构分析，湖南的原料型、中间投入型的初级产品、中间产品多，而加工工艺复杂、技术含量高、附加值大的最终产品比重小。湖南生产初级产品的原料型工业，主要包括煤炭采选业、黑金属及有色金属矿采选业、非金属矿采选业和其他矿采选业等工业大类，在全国产业分工中接近于中上游水平。以生产中间产品为主的中间投入型工业，主要包括属于制造业的冶金、建材、石油化学等原材料工业，生产轻工业原料及中间工序的纺织、造纸、印刷等行业，以及生产资本品的机械装备工业，在全国产业分工中处于优势地位。湖南以生产最终消费品为主的工业，如食品制造业和烟草加工业在全国产业分工中逐步奠定了一定的地位。

第二方面，工业经济效益优势方面。自 2008 年国际金融危机以来，国内外社会环境快速变化，在要素成本和资源环境约束因素助力下，国内外产业分工格局加速调整。在此背景下，湖南传统支柱产业进入调整期，高端制造、节能环保、电子信息等产业成为经济新增长点。湖南形成了一些经济效益强的名片，集聚着长沙工程机械、株洲轨道交通、湘潭矿山装备、衡阳特高压输变电、郴州有色金属、岳阳石化、益阳船舶、常德卷烟等产业基地，以及长沙经济技术开发区、株洲高新技术产业开发区、湘潭国家高新技术产业开发区、衡阳高新技术产业开发区、郴州出口加工区、岳阳经济技术开发区、益阳高新技术产业开发区、常德经济技术开发区等十几个国家级开发区。以京广、长常高速为依托，“人”字形工业密集带的地区工业布局成为湖南明显的工业布局特征。

第三方面，综合竞争力方面。工业布局调整与转型升级是指以推动工业经济转型升级为主线，提高资源空间配置效率，促进工业发展与资源环境承载力相适应的宏观调控活动，直接影响微观领域的运行、产业结构的优化、地区经济的面貌，乃至整个国民经济的健康、持续发展。进入 21 世纪以来，湖南加大了工业结构战略性调整力度，正逐步改变长期以来以低附加值、劳动密集型加工贸易为主的产业结构，高技术产业、先进制造业发展水平明显提高，以特色产业为基础的产业集群发展模式已成为推动湖南区域经济发展的重要力量。

4.6 对策建议

加快推进湖南工业转型升级，既是促进湖南省域市县优势互补、凝聚合力、率先转型、增创新优势，更好地与第三次工业革命全面对接的现实需要，又是更高层次地参与全球资源配置和国内产业分工的必然选择，对拉长湖南发展战略机遇期、坚持走湖南特色新型工业化道路、实现全面建成小康社会目标具有重要意义。

4.6.1 优化调整传统产业

传统产业选择是行业结构优化的核心与关键。遵循传统产业选择的效益原则、市场导向原则、资源优势原则、技术进步原则与关联性原则，结合前述工业竞争力综合优势以及湖南的资源优势与市场需求，可确定湖南工业的主导行业向以下几个方向发展。

(1) 食品工业，包括食品加工、食品制造、饮料制造及烟草加工。湖南是农业大省，发展食品工业可充分发挥农产品资源丰富的优势，有利于推进农业产业化。结合湖南省发展现状，应着重抓好以大米加工为主体的粮食食品系列，以猪肉加工为主体的肉食食品系列，以烤烟加工为主体的烟草系列，以柑橘加工为主体的水果食品系列以及饮料系列、精炼植物油系列。

(2) 非金属矿物制品业。发挥湖南“非金属之乡”的优势，积极引导水泥、平板玻璃、大理石、花岗岩、墙地砖和新型墙体材料等建材产品转型升级。

(3) 有色金属冶炼与压延加工业。加速该行业发展主要是为了带动和促进有色金属矿开采及金属制品业的发展。

(4) 石油加工与化学原料及制品制造业。有序推动岳阳石油化工基地、株洲基本化学工业基地、石门磷砷化学工业基地、衡阳盐化工基地和邵阳精细化工基地等的高质量发展。

(5) 机械电子工业。机械工业可重点发展铁路机械、建筑机械、农用机械、矿山机械和汽车零部件。电子工业可重点发展计算机硬件与软件、通信设备以及较高层次的机电一体化产品。

4.6.2　积极发展新兴产业

适应新常态，再也不能沿袭旧的发展模式和经济结构，必须突出创新这个核心，通过创新来改造传统产业、培育新的增长点。湖南工业创新有基础、有潜力，在一些领域有较大的国际影响力，但仍存在支撑前沿技术发展的知识产权价值不高、关键部件和基础技术欠账较多以及自主创新的核心技术较少等问题。《中国制造 2025》选择了 9 个产业作为重点；国家发改委制定的《增强制造业核心竞争力三年行动计划》，确定了 6 个产业作为重点。立足湖南实际，应积极发展高端轨道交通装备、工业机器人、高端船舶和海洋工程装备、节能与新能源汽车、新一代信息技术、新材料、现代农业机械、高端药品及医疗器械、智慧集成住宅制造等九大重点领域，使其成为湖南率先突破核心技术、实现产业化的主攻方向，并使其尽早进入成果产业化应用阶段。

4.6.3　加强工业中心和工业基地建设

坚持工业布局调整优化和转型升级与区域发展战略相结合。按照主体功能区规划与省委省政府区域发展战略的要求，明确区域产业发展定位。引导长株潭地区着力发展高端装备制造产业，强化全省工业核心增长极作用。引导环洞庭湖地区着力发展特色生态产业，做强优势产业。引导大湘南地区着力承接产业转移，发展特色产业，做强资源产业。引导大湘西地区着力发展绿色富农产业，适度发展资源产业。重大建设项目原则上布局在优化开发和重点开发区域，对限制开发区域不符合主体功能定位的现有产业，有序实行产业转移。

4.6.4　加快国有企业和民营经济发展

当前，湖南国有工业仍然在全省工业中占有重要地位，应通过兼并破产、减员增效、政企分开和建立现代企业制度等手段深化国有企业改革，全面振兴国有工业。与此同时，应更新观念，创造有利于非国有工业发展的政策环境，大力发展民营经济。继续健全国有资本有进有退、合理流动机制，发挥大企业集团在重点产业布局调整优化与转型升级中的带动作用，支持电力、钢铁、有色、建材、石化、装备制造、造纸等产业实行跨行业的联合重组。鼓励民间投资参与重点产业结构调整与转型升级，合理引导和提升外资使用水平。

4.6.5　狠抓人才队伍建设和科技开发

一是加强创新型人才和经营型人才的培养与引进，尽快造就一支懂经营、善管理、勇开拓的优秀企业家队伍；二是要采取多种措施留住人才，用好人才。要创新和完善人才培养和引进模式，改进人才服务和管理方式，造就高素质的人才队伍，满足产业转移对人才多样化的需求。进一步深入研究通过环保、节能及资源型产品价格调整等手段，引导和促进市场主导下的产业布局调整优化与转型升级。

第 5 章　湖南省四大区域经济板块工业发展比较

5.1 引　言

改革开放以来，湖南省工业得到了快速发展，工业是湖南省国民经济的主导力量，是拉动经济增长的主要因素。湖南省逐渐形成了以能源、机械、电子、医药、有色、冶金、纺织业、食品、农副产品加工等重工业为主的比较完整的工业体系。近年来，随着市场经济的进一步发展，湖南省的经济发展呈现增长态势，并在全省范围内逐步形成了四大区域经济板块。当前，国家实施的“一带一路”、京津冀协同发展、长江经济带等三大区域发展战略，也是湖南加快改革开放步伐、实现区域协调发展的重大机遇。湖南要实现区域经济协调发展，就必须依托长株潭国家自主创新示范区、洞庭湖生态经济区、湘南承接产业转移示范区、大湘西国家区域发展与扶贫攻坚等平台，积极参与三大区域发展战略，努力争取国家更多重点项目和产业的布局，从而带动全省经济向更高水平发展。四大区域经济板块各具特色，各有优劣，尤其是在工业发展方面呈现了不同态势，因此，就需要评价各板块区域工业发展的情况。目前将四大区域经济板块的工业发展状况进行比较的相应研究还比较少，尤其是在运用量化评价方面缺少相应的成果，这就很难找准四大区域板块间的工业发展差异。为了促进四大区域经济板块协调发展，必须进一步明确发展的总体思路，需要找准各自发展的优势，发挥四大区域经济板块的比较优势，错位发展，科学对接区域经济发展战略，扩大其影响力。加强四大区域经济板块内各地方政府的沟通合作，打破常规，推动湖南整体工业经济的可持续和跨越式发展。

5.2　湖南省四大区域经济板块界定

洞庭湖生态经济区包括岳阳、常德、益阳、长沙望城区和湖北荆州市，共 33 个县市区。这个区域主要围绕洞庭湖的“水”做文章，无论是气候条件，还是产业基础、资源分布，这些县市区都具有高度相似性。

湘南国家级承接产业转移示范区包括衡阳、郴州、永州，是湖南的南大门，在中部地区承接产业转移中具有天然的优势。

大湘西武陵山片区区域发展与扶贫攻坚示范区包括湖南、湖北、贵州、重庆四个省市的 71 个县市区。这个区域是革命老区，也是跨省交界面积大及贫困人口分布广泛的特困地区。

长株潭城市群（国家自主创新示范区）是以长株潭为核心，辐射周边岳阳、常德、益阳、衡阳、娄底 5 个城市的区域。这个板块发展基础比较好，联系比较紧密，是湖南重点发展的核心区域。

整体来看，这四大区域经济板块的经济发展都处于湖南整体发展的大框架之下，发展环境具有一定的联系。另外，四大区域经济板块之间在区位条件、资源禀赋、产业基础等方面存在明显的差异。因此，湖南省四大区域经济板块所呈现出的板块特征逐步凸显。

5.3　湖南省四大区域经济板块工业发展指标体系的构建

目前，国内对区域经济板块工业发展的研究颇为丰富，如朱丽（2016）从 GDP、财政总收入、城乡居民人均可支配收入等角度分析了四大区域发展现状及协调发展受阻的原因；赵文彬（2012）以区位商为切入点分析了长株潭城市群主导产业的发展及优势产业的发展；谷文萍（2014）从生产总值、第三产业增加值、第三产业增加比重、产业结构比例等角度分析了洞庭湖生态经济区第三产业发展走势及优势；熊国良（2012）利用偏离—份额分析法（SSA 分析法），结合湖南省 37 个工业部门的数据分析了长株潭城市群工业产业结构与工业竞争力；王玲莉（2014）从能耗产值、产业结构协调度、产业环境保护投入指数、产业实现利税总额、产业总资产贡献率等方面，综合经济、环境、社会三方面效益分析了洞庭湖生态经济区的生态产业化水平。还有一些学者从不同角度，运用不同的统计分析方法分别对经济板块的产业发展进行了评价。

另外，国内就工业发展指标体系方面的研究也为本书提供借鉴，如王应明（1991）从工业系统技术进步、工业效率、工业经济效益、工业部门和行业结构以及工业发展速度的稳定性分析等方面对地区工业发展的合理性进行全面的科学考察和综合性定量评估，并设计了相应的综合性定量评价指标体系；沈宏达（1993）从生产、效益、结构、人员素质、生活与环境质量、工业制度文化等六个方面选取指标组成工业发展指标体系，并设计了由 40 个技术经济文化指标构成的工业发展综合指数；高建斌（2006）从产业集聚指标、招商引资指标、经济发展指标、园区开发指标、行政管理及服务指标、社会发展指标等六个方面构建工业园区可持续发展指标体系；白羽（2011）从工业结构调整与升级、自主科技创新、人力资本、节能减排四大目标层入手，构建了由规模以上工业企业技术改造经费占主营业务收入比重、规模以上工业企业利润增长率、专利申请量、单位 GDP 能耗降低率、工业废水处理排放降低率、全国二氧化硫排放降低率等 24 个指标构成的指标体系，对工业发展方式的过程与方法予以评价。

总之，在促进中国工业发展的研究工作中，针对湖南省四大区域经济板块工业发展的研究文献较少，本书将从四大区域经济板块的工业发展总体经济效益和规模效益两个方面出发进行分析，遵循科学性、可比性、全面性及可行性原则，并考虑数据信息的收集的可行性，构建评价指标体系。构建的湖南省四大区域经济板块工业发展比较评价指标体系见表 5-1。

表 5-1　湖南省四大区域经济板块工业发展比较评价指标体系

评价目录	评价因子
湖南省四大区域经济板块工业发展比较评价指标体系	生产总值
	第二产业增加值
	人均地区生产总值
	固定资产投资
	地方财政收入
	公共财政支出
	规模以上工业企业单位数
	规模以上工业总产值
	规模以上工业企业利润总额
	实际利用外资

5.4　湖南四大区域经济板块工业发展比较

5.4.1　采集原始数据

本书从洞庭湖生态经济区主要经济指标情况（2015）、湘南地区主要经济指标情况（2015）、大湘西地区主要经济指标情况（2015）和长株潭城市群主要经济指标情况（2015）中提取数据，进行描述性统计分析，如表 5-2 所示。

5.4.2　进行数据标准化处理与相关分析

运用 SPSS 系统分析软件对湖南四大区域经济板块指标进行标准化处理。通过 SPSS 系统自动对原始数据进行标准化处理，同时通过系数相关矩阵相关选项得到相关矩阵，如表 5-3 所示。

表 5–2 湖南四大区域经济板块工业发展指标原始数据描述性统计分析

指标	极小值	极大值	均值	标准差	方差
生产总值（亿元）	4 897	12 548	7606.73	3 399.701	1.156
第二产业增加值（亿元）	1 951.66	6 604.48	3 647.375 0	2 043.583 67	4 176 234.198
人均地区生产总值（元）	24 318.00	88 543.00	47 821.750 0	28 294.858 17	8.006
固定资产投资（亿元）	4 292.36	10 350.06	6 428.775 0	2 690.323 99	7 237 843.192
地方财政收入（亿元）	302.90	1 027.70	531.392 5	336.580 77	113 286.612
公共财政支出（亿元）	1 077.34	1 506.25	1 299.407 5	187.990 77	35 340.530
规模以上工业企业单位数	2 768.00	5 157.00	3 501.750 0	1 123.884 74	1 263 116.917
规模以上工业总产值（亿元）	4 897.63	16 905.33	9 427.192 5	5 338.956 94	2.850
规模以上工业企业利润总额(亿元)	231.77	859.77	448.765 0	280.665 39	78 773.062
实际利用投资（亿元）	75 545.00	626 755.00	289 110.250 0	2.484 47	6.173

表 5–3 相关系数矩阵

	生产总值	第二产业增加值	人均地区生产总值	固定资产投资	地方财政收入	公共财政支出	规模以上工业企业单位数	规模以上工业总产值	规模以上工业企业利润总额	实际利用外资
生产总值	**1.000**	1.000	0.999	0.980	0.968	0.543	0.993	0.990	0.999	0.907
第二产业增加值	1.000	**1.000**	0.999	0.982	0.969	0.530	0.990	0.989	0.999	0.915
人均地区生产总值	0.999	0.999	**1.000**	0.974	0.959	0.512	0.991	0.994	0.997	0.899
固定资产投资	0.980	0.982	0.974	**1.000**	0.996	0.611	0.965	0.945	0.985	0.971
地方财政收入	0.968	0.969	0.959	0.996	**1.000**	0.682	0.961	0.924	0.976	0.968
公共财政支出	0.543	0.530	0.512	0.611	0.682	**1.000**	0.603	0.448	0.570	0.591
规模以上工业企业单位数	0.993	0.990	0.991	0.965	0.961	0.603	**1.000**	0.983	0.994	0.876
规模以上工业总产值	0.990	0.989	0.994	0.945	0.924	0.448	0.983	**1.000**	0.985	0.851
规模以上工业企业利润总额	0.999	0.999	0.997	0.985	0.976	0.570	0.994	0.985	**1.000**	0.918
实际利用外资	0.907	0.915	0.899	0.971	0.968	0.591	0.876	0.851	0.918	**1.000**

从表 5-3 可知，生产总值与第二产业增加值、人均地区生产总值、固定资产投资、地方财政收入、规模以上工业企业单位数、规模以上工业总产值、规模以上工业企业利润总额以及实际利用外资存在着极其密切的关系，可见许多变量之间的直接相关性较强，证明它们存在信息上的重叠。因此，要进行主成分的选取，明确主要指标。

5.4.3　主成分提取

主成分个数提取原则为主成分对应的特征值大于 1 的前 *m* 个主成分。特征值在某程度上可以看成是表示主成分影响力度大小的指标；如果特征值小于 1，说明该主成分的解释力度还不如直接引入一个原变量的平均解释力度大。因此，一般可以用特征值大于 1 作为纳入标准。通过 SPSS 系统进行因子分析，得到总体方差分析表，见表 5-4。

表 5-4　总体方差分析

成分	初始特征值			提取平方和载入		
	合计	方差的 %	累积 %	合计	方差的 %	累积 %
1	9.090	90.903	90.903	9.090	90.903	90.903
2	0.712	7.115	98.019			
3	0.198	1.981	100.000			
4	5.457	5.457	100.000			
5	2.061	2.061	100.000			
6	1.313	1.313	100.000			
7	−5.639	−5.639	100.000			
8	−7.247	−7.247	100.000			
9	−2.590	−2.590	100.000			
10	−4.355	−4.355	100.000			

通过表 5-4 可知，提取 1 个主成分，即 $m=1$。这说明有 1 个主成分对该区经济影响较大。同时，在进行因子分析的过程中，得到了各因子得分系数。

表 5–5 各因子得分系数矩阵

	成分		成分
生产总值	0.993	公共财政支出	0.619
第二产业增加值	0.993	规模以上工业企业单位数	0.989
人均地区生产总值	0.989	规模以上工业总产值	0.968
固定资产投资	0.994	规模以上工业企业利润总额	0.997
地方财政收入	0.990	实际利用外资	0.938

从表 5-5 可知，生产总值、第二产业增加值、人均地区生产总值、固定资产投资、地方财政收入、公共财政收入、规模以上工业企业单位数、规模以上工业总产值、规模以上工业企业利润总额、实际利用外资在第一主成分上均有较高载荷，说明第一主成分基本反映了这些指标的信息，所以决定用 1 个新变量代替原来的 10 个变量。

5.4.4 竞争力综合得分

这个新变量运用 SPSS 描述功能求出来，与标准化后的数据相乘，然后就可以得到主成分表达式如下：

$$F_1=0.329\ 357\times Z_{\text{生产总值}}+0.329\ 357\times Z_{\text{第二产业增加值}}+0.328\ 031\times Z_{\text{人均地区生产总值}}+0.329\ 689\times Z_{\text{固定资产投资}}+0.328\ 362\times Z_{\text{地方财政收入}}+0.205\ 309\times Z_{\text{公共财政支出}}+0.328\ 031\times Z_{\text{规模以上工业企业单位数}}+0.321\ 065\times Z_{\text{规模以上工业总产值}}+0.330\ 684\times Z_{\text{规模以上工业企业利润总额}}+0.311\ 115\times Z_{\text{实际利用外资}}$$

由于只有一个主成分，所以综合模型如下：

$$F=0.329\ 357\times Z_{\text{生产总值}}+0.329\ 357\times Z_{\text{第二产业增加值}}+0.328\ 031\times Z_{\text{人均地区生产总值}}+0.329\ 689\times Z_{\text{固定资产投资}}+0.328\ 362\times Z_{\text{地方财政收入}}+0.205\ 309\times Z_{\text{公共财政支出}}+0.328\ 031\times Z_{\text{规模以上工业企业单位数}}+0.321\ 065\times Z_{\text{规模以上工业总产值}}+$$

$0.330\ 684 \times Z_{\text{规模以上工业企业利润总额}} + 0.311\ 115 \times Z_{\text{实际利用外资}}$

根据主成分综合模型计算综合主成分值，并对其按综合主成分值进行排序，即可对湖南四大区域经济板块工业发展进行综合评价比较，结果见表 5-6。

由表 5-6 可知，长株潭城市群的 F 值大于 1，排名第一；洞庭湖生态经济区和湘南地区的 F 值大于 −2，排名第二和第三；大湘西地区的 F 值小于 −2，排名第四。

表 5–6　湖南四大区域经济板块工业发展比较综合评价结果

地区	F	排名
长株潭城市群	4.46	1
洞庭湖生态经济区	−1.09	2
湘南地区	−1.16	3
大湘西地区	−2.20	4

5.5　湖南省四大区域经济板块工业发展比较分析与启示

5.5.1　结论

从综合得分来看，湖南省四大区域经济板块工业发展水平存在明显差异，工业发展水平较高的为长株潭城市群，见表 5-7。

表 5–7　湖南省四大区域经济板块工业发展层次分析

工业发展综合评价值	地区
第一层次综合评价值＞ 1	长株潭城市群
0 ＞第二层次综合评价值＞ −2	洞庭湖生态经济区、湘南地区
第三层次综合评价值＜ −2	大湘西地区

由表 5-7 可知，按工业发展综合评价值将湖南省四大区域经济板块分为三个层次：第一层次地区为长株潭城市群，综合评价值大于 1；第二层次为洞庭

湖生态经济区和湘南地区，综合评价值大于 −2 小于 0；第三层为大湘西地区，综合评分值小于 −2。从四大板块产业园区发展的情况看，2013 年，长株潭城市群板块 27 家园区技工贸总收入占全省园区技工贸总收入的比重为 49.4%，上交税金总额和高新技术产业产值占比超过一半；湘南地区板块 35 家园区实现技工贸总收入占全省园区技工贸总收入的比重为 20.5%；洞庭湖生态经济区板块 28 家园区实现技工贸总收入占全省园区技工贸总收入的比重为 18.7%；大湘西地区板块 38 家园区实现技工贸总收入占全省园区技工贸总收入的比重为 11.5%。由此可见，抢抓国家三大区域战略机遇，湖南四大板块协同发展格局将会进一步巩固。

5.5.2 启示

湖南四大区域经济板块工业发展差距较大，如表 5-8 所示。从发展阶段来看，湖南还处在经济活动向优势地区或先发地区集中时期。从现有布局状况来看，四大区域工业板块发展能力差距较大。长株潭城市群的工业首位度还较低，与其他板块联系尚不够紧密。

表 5–8 2013 年湖南省四大区域经济板块主要指标对比

	长株潭城市群	湘南地区	洞庭湖生态经济区	大湘西地区
规模以上工业总产值（亿元）	13 146.10	6 732.29	8 417.01	4 425.47
规模以上工业企业利润总额(亿元）	865.52	412.35	438.91	295.70
固定资产投资（亿元）	7 313.63	3 985.70	3 611.88	3 078.14
人均地区生产总值（亿元）	75 896	29 305	37 137	20850

从综合评价结果来看，长株潭城市群板块工业发展势头迅猛，位居四大板块第一位，其综合成分得分也远超其他三个地区，形成“一区独大”的局面，带动了四大区域经济板块的工业发展水平提升。长株潭城市群位于湖南省东北部，主要包括长沙、株洲、湘潭三个地区，是湖南省经济增长的核心增长极。其先进的工业发展可以归因于优越的地理环境、夯实的经济基础以及其他多方

面因素。长株潭城市群是我国京广经济带、泛珠三角经济区、长江经济带的接合部，区位和交通条件优越。同时，长株潭城市群拥有国防科技大学、中南大学、中南林业科技大学等59所高校，90多万名专业技术人员，杂交水稻、人类干细胞、复合材料等研究技术国际领先，高新技术人才配备齐全。另外，从工业发展综合得分情况来看，洞庭湖生态经济区、湘南地区、大湘西地区综合得分为负，发展较为薄弱。原因在于：这三大经济板块自身优势不同。洞庭湖生态经济区有22个商品粮基地县、9个商品棉基地县、13个水产基地县、5个国家级基本农田保护示范区，粮食种植面积和粮食、棉花、油料、淡水鱼产量分别占全国的1.5%、2.3%、6.4%、4.7%、7.8%，是我国重要的大宗农产品生产基地。其更有利于生态环境、粮食等相关产业的发展。湘南地区以衡阳为区域中心，向四周辐射，是典型的梯级过渡地带，毗邻广东、广西、江西3省，因此交通发达成为湘南地区的标志性特征，其在交通产业上面的发展带动了其他产业的发展。

5.6　湖南省四大区域经济板块工业发展影响因素分析

5.6.1　数据来源与样本分析

为了分析湖南工业企业竞争力演变过程，本书参考了一些文献的观点，考虑可能的因素，即土地面积占全省比重、第二产业增加值占全省比重、规模以上工业总产值占全省比重、规模以上工业企业利润总额占全省比重、金融机构人民币存款余额占全省比重等因素，根据《湖南省统计年鉴（2016）》中湖南省四大区域经济板块工业发展的统计数据，收集了四大区域经济板块工业发展主要影响因素的原始数据，如表5-9所示。

根据原始数据，运用SPSS统计软件进行频率分析，得出湖南省四大区域经济板块有关原始数据的均值、标准差、偏度及峰度统计量，如表5-10所示。

表 5-9 湖南四大区域经济板块工业发展主要影响因素原始数据

地区	土地面积占全省比重（X_1）	第二产业增加值占全省比重（X_2）	规模以上工业总产值占全省比重（X_3）	规模以上工业企业利润总额占全省比重（X_4）	金融机构人民币存款余额占全省比重（X_5）
洞庭湖生态经济区	21.6	22.3	25.2	21.0	14.8
湘南地区	26.9	19.0	17.0	17.9	17.4
大湘西地区	38.3	13.4	13.0	12.8	17.3
长株潭城市群	13.2	45.3	44.8	47.5	50.3

表 5-10 变量名称与统计描述

变量名称	变量含义	均值统计量	标准差统计量	偏度统计量	峰度统计量
土地面积占全省比重	一宗地权属界线范围内的面积	25.000 0	10.508 73	0.389	0.392
第二产业增加值占全省比重	第二产业在报告期内以货币形式表现的生产活动的最终成果	25.000 0	14.023 08	1.588	2.815
规模以上工业总产值占全省比重	规模以上工业企业生产的工业产品总价值量	25.000 0	14.143 08	1.301	1.373
规模以上工业企业利润总额占全省比重	规模以上工业企业经营活动的最终成果	24.800 0	15.506 34	1.714	3.147
金融机构人民币存款余额占全省比重	一定期限内银行的存款和贷款数据	24.9500	16.942 75	1.969	3.905

5.6.2 实证结果分析

本书针对湖南省四大区域经济板块——洞庭湖生态经济区、湘南地区、大湘西地区以及长株潭城市群的工业发展影响因素，将表 5-10 中 5 个可能影响因素赋值后，以四大区域经济板块工业发展得分为因变量，运用 SPSS 17.0 进行回归分析可知，规模以上工业总产值占全省比重（X_3）与规模以上工业企业利润总额占全省比重（X_4）、金融机构人民币存款余额占全省比重（X_5）的显著性水平较高，属于极其显著，因此规模以上工业总产值占全省比重与规模以上工业企业利润总额占全省比重、金融机构人民币存款余额占全省比重（X_5）

对四大区域经济板块工业发展的影响较大。相比较而言，土地面积占全省比重（X_1）的显著性值为0.530，第二产业增加值占全省比重（X_2）的显著性值为0.501，其显著性水平均大于0.1，属于不显著因素。因此，土地面积占全省比重与第二产业增加值占全省比重对工业发展的影响不显著，故本书将不再叙述有关这两项因素的相关内容。

从上述分析来看，工业是湖南省国民经济的主导力量，是拉动经济增长的主要因素。改革开放以来，湖南省工业取得了迅猛发展。本书在介绍了湖南省四大区域经济板块具体情况的基础上，选取了10个指标数据，运用主成分因子分析的方法对四大区域经济板块工业发展进行了比较，发现四大区域的工业发展差距较大，发展基础不平衡。为了深入研究导致四大区域经济板块工业发展“一方独大”的原因，先预判了5个影响因素即土地面积占全省比重、第二产业增加值占全省比重、规模以上工业总产值占全省比重、规模以上工业企业利润总额占全省比重及金融机构人民币存款余额占全省比重对工业发展的作用，利用多元线性回归分析阐述了重要影响因素。对此，笔者建议发挥四大区域的比较优势，错位发展，实现区域又好又快的发展。

5.7 对策建议

5.7.1 打造规模以上工业企业，注重地区工业的规模化发展

规模以上工业企业不仅可以壮大工业经济、提高地区经济总量，更能够起到增加地方税收、增加就业的作用。规模以上工业企业作为工业发展的主力军，应通过产业结构的优化、内部管理的规范化来提高盈利水平。

湖南省四大区域经济板块都应重视规模以上工业企业的发展，关注这类企业的工业总产值的提高。在生产过程中，规模以上企业应运用有效措施提高企业生产效率，降低生产成本，通过“开源节流”的方式来提高工业企业总产值。

5.7.2 发挥四大区域经济板块优势，优化区域工业布局

在加大对四大区域经济板块规模以上工业企业扶持力度的基础上，适度调整和优化洞庭湖生态经济区和湘南地区工业产业结构，尤其要加大对大湘西地区工业的政策和资金扶持力度，促进其后发优势的产生，进而促进湖南省四大区域经济板块工业企业的区域均衡发展。还需要采取区别性措施，加强对各地区规模以上工业企业竞争优势的打造，不断提升其总体竞争力。新发展理念下，要按照主体功能区总体规划和习近平总书记对湖南作为“东南沿海地区和中部地区过渡带、长江开放经济带和沿海开放经济带结合部”的战略定位要求，坚持“以点带面、沿线展开、连区成带”，以京广和沪昆高铁、长江黄金水道等交通主干线为依托，以产业园区和基地为载体，引导企业集聚发展，形成四大板块均衡发展格局。

5.7.2.1 长株潭城市群——国家工业转型创新发展的策源地、全省智慧工业引领示范区

以两化融合为突破口，立足先行先试，加快专用设备制造业、汽车制造业、医药制造业、铁路船舶、航空航天和其他运输设备制造业、电器机械和器材制造业等优势产业智能化升级，加快计算机、通信和其他电子设备制造业本地产品首台套应用，支持企业产业链上下游联手，加快智慧应用标准研制和推广。

5.7.2.2 洞庭湖生态经济区——国家大湖工业开放发展示范区、长江经济带重要的新型重化工业基地

以纺织业、通用设备制造业、非金属矿采选业、化学纤维制造业、电器机械和器材制造业、印刷和记录媒介复制业、烟草制品业、农副食品加工业、造纸和纸制品制造业、废弃资源综合利用业等为重点，做强常德经开区、益阳高新区、岳阳高新区、汉寿高新区、安化经开区、沅江高新区、汨罗循环经济园、云溪工业园、华容工业集中区等园区，增强其对长江开放经济带和沿海开放经济带发展的凝聚力、辐射力与创新力。

5.7.2.3　大湘南地区——国家工业开放合作发展示范区、全省传统产业转型升级示范区

以计算机、通信和其他电子设备制造业，有色金属矿采选业，有色金属冶炼和压延加工业，黑色金属冶炼和压延加工业，家具制造业，煤炭开采和洗选业，文教、工美、体育和娱乐用品制造业，以及烟草制品业等为重点，加快发展衡阳高新区、常宁水口山经开区、郴州高新区、永州凤凰园经开区、永兴经开区、临武经开区等产业园区，打造湖南省经济发展新的次增长极。

5.7.2.4　大湘西地区——国家特色产业精准扶贫发展示范区、全省绿色产业发展示范区

重点改造和提升冶金、有色、建材、造纸等传统制造业，加快发展战略性新兴产业，积极发展生物制药业，大力发展新能源产业，着力开发水能发电、光伏产业、生物质能发电、太阳能、风能、页岩气等可再生和低碳能源。

5.7.3　加强区域经济板块内地方政府的沟通合作

区域经济板块的科学发展需要密切板块内各地市的密切合作。目前，从四大板块产业园区发展的情况看，2013 年，长株潭板块 27 家园区技工贸总收入，占全省园区技工贸总收入的比重为 49.4%，上缴税金总额和高新技术产业产值占比超过一半；湘南板块 35 家园区实现技工贸总收入占全省园区技工贸总收入的比重为 20.5%；洞庭湖板块 28 家园区实现技工贸总收入占全省园区技工贸总收入的比重为 18.7%；大湘西板块 38 家园区实现技工贸总收入占全省园区技工贸总收入的比重为 11.5%。由此可见，抢抓国家三大区域战略机遇，湖南四大区域经济板块协同发展格局将会进一步巩固。对此，各级政府须建立区域经济板块内的合作机制，树立合作意识，建立协调机构，完善合作规则，形成长效机制，齐心协力加快产业升级，调整经济发展模式，营造良好的发展环境。

第6章 湖南省各市、州规模以上工业企业竞争力评价与思考

6.1 引 言

近年来，全国各地都在加强宏观调控，促进重大经济结构协调和生产力布局优化，实现经济健康持续发展。工业一直是拉动经济增长的主要动力，工业布局调整与转型升级是指以推动工业经济转型升级为主线，提高资源空间配置效率，促进工业发展与资源环境承载力相适应的宏观调控活动，直接影响到微观领域的运行、产业结构的优化、地区经济的面貌，乃至整个国民经济的健康、持续发展。湖南地市间工业布局趋同比较严重，如有色金属冶炼及压延加工业、化学原料和化学制品制造业在全省大部分园区都有分布。同时，由于工业的较快发展和工业化的推进，石化、有色、建材、轻工等一些布局在工业中心城市或工业基地的传统产业，其原材料、劳动力价格等传统优势已不复存在，不能适应市场竞争需要，成为所在地区的衰退产业，面临着向原材料产地、廉价劳动力资源丰富地区转移的历史性任务。这些因素导致生产要素合理流动受阻和工业布局合理化调整迟缓。因此，研究湖南省各市、州规模以上工业企业竞争力，可以进一步明确湖南省各市、州规模以上工业企业的竞争力情况，同时让各地区认清差距，比照发展异同，通过加强培育和扶持发展优势产业，形成一批规模大、经济效益好、主业突出、主导产品市场占有率高、自主

研发能力强、技术装备先进的规模以上工业企业，使之成为湖南省各市、州经济发展的主导力量和产业结构优化升级的重要依托，全面提升湖南省各市、州规模以上工业企业竞争力，充分发挥规模以上工业企业的带动和引领作用。

6.2　湖南省各市、州规模以上工业企业竞争力评价指标体系的构建

对湖南省各市、州规模以上工业企业竞争力进行科学评价的前提是选取评价指标。王艾敏从地区大中型工业企业利润率、市场占有率、成本等方面构建指标体系，利用 PCM 模型分析了中国 31 个省区市大中型工业企业的市场结构与绩效，得出经济发达地区大中型工业企业的绩效正在下降，欠发达地区正在上升的结论。李婧琦在《我国地区工业竞争力综合评价与提升对策研究》一文中指出影响工业竞争力的主要指标有区位因素、自然因素、经济因素、技术因素、政策因素以及创新因素。就地区工业竞争力来说，它取决于单个企业的核心竞争力及其群体优势，并主要体现在外商投资数量、主营业务收入、利润总额、负债总计、R&D 项目支出等上。韩超群、马春光在《以“中国制造 2025”试点示范建设为契机提升宁波工业竞争力研究》中提出 R&D 经费占 GDP 比重、衡量科技研发、经费投入的投入能力、发明专利授权量、区位熵五项工业竞争力评价指标。而在区域工业竞争力评价方面，一些学者对不同行业和不同地区或区域内工业企业进行了评价。综合以上文献分析，竞争力评价指标不仅要能全面反映规模以上工业企业竞争力，还需要对其量化。因此，遵循科学性、可比性、全面性及可行性原则，并考虑数据信息的收集可行性，本书从湖南省各市、州规模以上工业企业规模以及湖南省各市、州规模以上工业企业经济效益两方面构建了评价指标体系（见表 6-1）。

表 6–1 规模以上工业企业竞争力评价指标体系

<table>
<tr><th>目标层</th><th>二级指标</th><th>三级指标</th></tr>
<tr><td rowspan="10">规模以上工业企业竞争力评价指标体系</td><td rowspan="4">规模以上工业企业规模竞争力</td><td>企业单位数（X_1）</td></tr>
<tr><td>工业总产值（X_2）</td></tr>
<tr><td>资产总计（X_3）</td></tr>
<tr><td>利润总额（X_4）</td></tr>
<tr><td rowspan="6">规模以上工业企业经济效益竞争力</td><td>资产负债率（X_5）</td></tr>
<tr><td>成本费用利润率（X_6）</td></tr>
<tr><td>主营业务收入（X_7）</td></tr>
<tr><td>利税总额（X_8）</td></tr>
<tr><td>总资产贡献率（X_9）</td></tr>
<tr><td>全部从业人员年平均人数（X_{10}）</td></tr>
</table>

6.3 湖南省各市、州规模以上工业企业竞争力评价

6.3.1 采集原始数据

本书根据湖南省各市、州规模以上工业企业竞争力评价指标体系，选取《湖南统计年鉴（2015）》中的统计数据，在 14 个市、州工业经济状况主要指标体系中提取数据，并进行原始数据的描述性统计分析，见表 6-2。

表 6–2 湖南省各市、州规模以上工业企业竞争力指标原始数据描述性统计分析

指标	极小值	极大值	均值	标准差
企业单位数（个）	151	2 593	981.29	590.348
工业销售产值（亿元）	130.77	8 496.25	2 448.624 3	2 131.445 59
资产总计（亿元）	106.77	6 497.77	1 533.702 9	1 562.818 75
利润总额（亿元）	11.22	552.73	120.765 0	137.048 88
资产负债率（%）	41.12	62.91	51.488 6	6.945 65

续表 6–2

指标	极小值	极大值	均值	标准差
成本费用利润率（%）	2.63	10.16	5.5629	2.37157
主营业务收入（亿元）	132.34	8 329.13	2 383.893 6	2 083.309 03
利税总额（亿元）	25.38	1 040.45	275.639 3	279.972 51
总资产贡献率（%）	10.24	41.93	19.749 3	8.485 79
全部从业人员年平均人数（万）	2.01	66.52	23.510 0	16.963 47

6.3.2　进行数据标准化处理与相关分析

运用 SPSS 统计分析软件对 14 个市、州规模以上工业企业竞争力指标进行标准化处理，以消除无量纲与数量级的不同。通过 SPSS 自动对原始数据进行标准化处理，得到的变量都是经过标准化处理后的变量，同时通过系数相关矩阵相关选项得到相关矩阵，如表 6-3 所示。

表 6–3　相关系数矩阵

	企业单位数	工业总产值	资产总计	利润总额	资产负债率	成本费用利用率	主营业务收入	利税总额	总资产贡献率	全部从业人员年平均数
企业单位数	1.000	0.959	0.940	0.908	−0.014	−0.015	0.957	0.867	0.017	0.976
工业总产值	0.959	1.000	0.957	0.917	0.037	−0.008	0.999	0.890	0.037	0.917
资产总计	0.940	0.957	1.000	0.961	0.163	0.102	0.959	0.895	−0.041	0.908
利润总额	0.908	0.917	0.961	1.000	0.046	0.301	0.923	0.950	0.156	0.851
资产负债率	−0.014	0.037	0.163	0.046	1.000	−0.094	0.047	−0.063	−0.433	0.032
成本费用利用率	−0.015	−0.008	0.102	0.301	−0.094	1.000	0.004	0.358	0.708	−0.037
主营业务收入	0.957	0.999	0.959	0.923	0.047	0.004	1.000	0.894	0.038	0.914
利税总额	0.867	0.890	0.895	0.950	−0.063	0.358	0.894	1.000	0.379	0.800
总资产贡献率	0.017	0.037	−0.041	0.156	−0.433	0.708	0.038	0.379	1.000	−0.059
全部从业人员年平均数	0.976	0.917	0.908	0.851	0.032	−0.037	0.914	0.800	−0.059	1.000

从表 6-3 可知企业单位数与工业总产值、资产总计、利润总额以及全部从业人员年平均人数这几个指标存在着极其密切的关系，可见许多变量之间直接的相关性比较强，证明它们存在信息上的重叠。因此，需进行主成分的选取，明确对于规模以上工业企业竞争力贡献的主要指标。

6.3.3　主成分提取

主成分个数提取原则为主成分对应的特征值大于 1 的前 m 个主成分。特征值在某种程度上可以被看成是表示主成分影响力度大小的指标，如果特征值小于 1，说明该主成分的解释力度还不如直接引入一个原变量的平均解释力度大，因此，一般可以用特征值大于 1 作为纳入标准。通过 SPSS 软件进行因子分析，得到总体方差分析表，见表 6-4。

表 6-4　总体方差分析

成分	初始特征值			提取平方和载入		
	合计	方差的 %	累积 %	合计	方差的 %	累积 %
1	6.552	65.518	65.518	6.552	65.518	65.518
2	2.011	20.110	85.629	2.011	20.110	85.629
3	0.969	9.690	95.319			
4	0.257	2.569	97.888			
5	0.139	1.394	99.282			
6	0.044	0.441	99.723			
7	0.019	0.187	99.910			
8	0.008	0.083	99.994			
9	0.001	0.006	99.999			
10	9.172	0.001	100.000			

由表 6-4（方差分解主成分提取分析）可知，提取 2 个主成分，即 $m=2$。这说明有 2 个主成分对规模以上工业企业竞争力影响较大。同时，在进行因子

分析的过程中，得到了各因子得分系数。

表 6-5 为各因子得分系数矩阵。

表 6–5　各因子得分系数矩阵

指标	成分		指标	成分	
	1	2		1	2
企业单位数	0.973	−0.104	成本费用利润率	0.134	0.834
工业总产值	0.979	−0.100	主营业务收入	0.281	−0.996
资产总计	0.978	−0.117	利税总额	0.340	0.983
利润总额	0.968	0.110	总资产贡献率	0.105	0.937
资产负债率	0.033	−0.723	全部从业人员年平均数	0.936	−0.968

从表 6-5（各因子得分系数矩阵）可知，企业单位数、工业总产值、资产总计、利润总额、主营业务收入在第一主成分上有较高载荷，说明第一主成分基本反映了这些指标的信息；成本费用利润率、总资产贡献率在第二主成分上有较高载荷，说明第二主成分基本反映了成本费用利润率、总资产贡献率 2 个指标的信息。所以提取 2 个主成分可以基本反映全部指标的信息，最终决定用 2 个新变量来代替原来的 10 个变量。

6.3.4　竞争力综合得分

这 2 个新变量的表达还不能从输出窗口中直接得到，需要将其特征向量运用 SPSS 描述性功能求出来，与标准化后的数据相乘，然后就可以得到主成分表达式如下：

$$F_1 = 0.38 \times Z_{企业单位数} + 0.38 \times Z_{工业总产值} + 0.38 \times Z_{资产总计} + 0.38 \times Z_{利润总额} + 0.01 \times Z_{资产负债率} + 0.05 \times Z_{成本费用利用率} + 0.38 \times Z_{主营业务收入} + 0.37 \times Z_{利税总额} + 0.04 \times Z_{总资产贡献率} + 0.37 \times Z_{全部从业人员年平均数}$$

$$F_2 = -0.07 \times Z_{企业单位数} - 0.07 \times Z_{工业总产值} - 0.08 \times Z_{资产总计} + 0.08 \times Z_{利润总额} - 0.37 \times Z_{资产负债率} + 0.59 \times Z_{成本费用利用率} - 0.07 \times Z_{主营业务收入} + 0.20 \times Z_{利税总额} +$$

$0.66 \times Z_{总资产贡献率} - 0.12 \times Z_{全部从业人员年平均数}$

通过上述 2 个新变量，代入经标准化处理的数据可以计算 2 个变量的得分值，然后以每个主成分所对应的特征值占所提取主成分总的特征值之和的比例作为权重计算主成分综合模型，得到综合模型如下：

$$F = 0.275 \times Z_{企业单位数} + 0.275 \times Z_{工业总产值} + 0.272 \times Z_{资产总计} + 0.272 \times Z_{利润总额} - 0.079 \times Z_{资产负债率} + 0.176 \times Z_{成本费用利用率} + 0.275 \times Z_{主营业务收入} + 0.33 \times Z_{利税总额} + 0.186 \times Z_{总资产贡献率} + 0.255 \times Z_{全部从业人员年平均数}$$

根据主成分综合模型即可计算综合主成分值，对其按综合主成分值进行排序，即可对湖南省各市、州规模以上工业竞争力进行综合评价比较，结果见表 6-6。

表 6-6　湖南省各市、州规模以上工业企业竞争力综合评价结果

地区	F_1	排名	F_2	排名	F	排名
长沙市	7.58	1	−0.34	7	5.61	1
常德市	0.65	5	3.31	1	1.26	2
岳阳市	1.60	2	−0.04	6	1.22	3
郴州市	0.78	4	1.6	3	0.95	4
株洲市	1.25	3	−0.71	9	0.78	5
衡阳市	−0.23	6	−1.09	13	−0.43	6
邵阳市	−0.87	9	0.39	5	−0.56	7
湘潭市	−0.27	7	−2.15	14	−0.7	8
益阳市	−0.89	10	−0.57	8	−0.8	9
娄底市	−0.83	8	−0.83	10	−0.82	10
永州市	−1.53	11	0.49	4	−1.04	11
张家界市	−2.68	14	1.79	2	−1.6	12
怀化市	−1.93	12	−0.98	12	−1.68	13
湘西自治州	−2.63	13	−0.87	11	−2.19	14

6.4 湖南省各市、州规模以上工业企业竞争力分析与启示

本书选取湖南省各市、州影响规模以上工业企业竞争力的10个指标数据，运用主成分分析的方法对湖南省各市、州规模以上工业企业竞争力进行了评价，研究认为湖南省各市、州竞争实力不均衡，竞争优势有所差别。

从综合评价结果来看，总体上湖南省各市、州规模以上工业企业竞争力与地区经济实力有着非常重要的关系，以长沙市、常德市、岳阳市为主的经济发达地区优势较为明显；经济发展较慢的地区如怀化市和湘西州，相对处于竞争劣势；其他几个城市经济发展速度中等，工业企业规模竞争力不具有明显优势。另外，从综合竞争力得分情况来看，全省仅5个市综合竞争力得分为正，其他9个市、州综合竞争力得分为负；得分为负的占据一半以上，表明全省整体来看，竞争力不高的市、州还比较多。

从影响湖南省各市、州工业竞争力的指标来看，企业单位数、工业总产值、资产总计、利润总额在第一主成分上有较高载荷，说明第一主成分基本反映了这些指标的信息，而这一主成分又刚好是企业规模竞争力的主要评价指标，基本上代表了地区企业规模竞争力的整体水平，更反映了地区规模以上企业规模竞争优势；成本费用利润率、总资产贡献率等指标在第二主成分上有较高载荷，说明第二主成分基本反映了这些指标的信息。而这一主成分又刚好是企业经济效益竞争力的主要评价指标，基本上代表了地区企业经济效益的竞争优势。这两个主成分的得分值排序如表6-7所示。

综观湖南省各市、州规模以上工业企业竞争优势评价表，可以明显地看出，在综合优势的排序基础上，如果将企业规模竞争优势、企业经济效益竞争优势进行单独排序的话，湖南省各市、州的竞争优势有所差别，主要体现在如下两个方面：

一方面，综合优势与规模优势方面。各市、州的差距可能较大，例如长沙市综合优势强，企业规模竞争优势也很强，排在第1位；常德市的综合优势排

表 6-7　湖南省各市、州规模以上工业企业竞争优势评价

排序	综合优势	企业规模竞争优势	企业经济效益竞争优势
1	长沙市	长沙市	常德市
2	常德市	岳阳市	张家界市
3	岳阳市	株洲市	郴州市
4	郴州市	郴州市	永州市
5	株洲市	常德市	邵阳市
6	衡阳市	衡阳市	岳阳市
7	邵阳市	湘潭市	长沙市
8	湘潭市	娄底市	益阳市
9	益阳市	邵阳市	株洲市
10	娄底市	益阳市	娄底市
11	永州市	永州市	湘西州
12	张家界市	怀化市	怀化市
13	怀化市	湘西州	衡阳市
14	湘西州	张家界市	湘潭市

注：本表根据评价结果进行分项排序得到。

第2位，而规模优势排第5位；而反过来，有些地区并不具备综合优势，但是其企业具有规模优势，如株洲市综合优势排第5位，但是规模优势居于前列，排到第3位。进一步分析认为，长沙、株洲作为湖南省重点城市，无论是过去还是现在，或是将来，国家都一直在加大对其工业的投入，加上当地资源丰富，适合工业企业的生存和发展，因而其综合优势明显。而张家界、湘西州、娄底等地区的整体工业投入和占比与其他区域有一定差距，其综合优势不强。

另一方面，综合优势与企业经济效益方面。企业经济效益反映当地企业资源配置带来的价值。在企业经济效益排比中，常德市具有非常明显的优势，排到了企业经济效益的前列，这与常德市近年来重视工业化发展，大力促进工业

化与信息化建设，尤其是走新型工业化的道路息息相关。如常德市近年来在机械制造、冶金、装备制造领域取得的成就，推动了企业经济效益的提升。

对此，建议促进湖南省各市、州规模以上工业企业均衡发展，并且针对竞争优势因素采取区别性措施。加大对相对落后的市、州工业的政策和资金扶持力度，促进其后发优势的产生，进而促进全省规模以上工业企业的区域均衡发展。

6.5　湖南省各市、州规模以上工业企业竞争力影响因素分析

6.5.1　数据来源与样本分析

工业竞争力可能会受到多方面的影响，借鉴学者的研究成果，本书将影响湖南省各市、州工业竞争力的因素分为 4 个方面进行影响因素分析，即科研人员、固定资产、工业占 GDP 比重、研发经费等，各因素的具体定义如表 6-8 所示。

表 6–8　变量名称与含义

变量名称	代码统计量	变量含义
科研人员	X_1	反映 R&D 项目人员数
固定资产	X_2	反映规模以上工业固定资产合计
工业占 GDP 比重	X_3	第二产业占全社会总产值的比例，采用百分比形式
研发经费	X_4	反映 R&D 经费内部支出

收集相应的指标数据，如表 6-9 所示。

6.5.2　模型估计与检验

根据前文所述研究方法，将上述 4 个可能影响因素赋值后，运用 SPSS 进行回归分析，4 个变量全部通过了拟合优度检验，得到的结果见表 6-10。

表 6-9 湖南省各地州市工业竞争力变量名称与统计描述

变量名称	代码统计量	均值统计量	标准差统计量	偏度统计量	峰度统计量
科研人员	X_1	7 524.79	12 232.57	3.42	12.26
固定资产	X_2	676.34	474.83	1.57	3.23
工业占 GDP 比重	X_3	44.30%	9.45%	−73.12%	16.62%
研发经费	X_4	184 821.64	290 326.43	3.00	9.77

表 6-10 进入回归系数表

模型	非标准化系数		标准系数	t	Sig.
	B	标准误差	试用版		
（常量）	−1.316	0.181		−7.276	0.000
科研人员	3.595	0.000	0.745	2.391	0.041
固定资产	0.000	0.000	0.159	0.937	0.073
工业占 GDP 比重	0.842	0.552	0.135	1.525	0.061
研发经费	7.649	0.000	0.038	0.118	0.009

注：因变量为各地州市工业竞争力得分。

6.5.3 实证结果分析

一是企业想要获得核心知识和能力，就必须加大对研发的投入，在科研人员配备、研发经费投入等方面要加大力度；反过来，企业运用掌握的新技术、新知识和新能力，又可以进一步开发出满足市场需求的新产品，从而大大提高竞争力，优良的市场表现又进一步促进了其自身的成长。

二是固定资产在生产过程中可以长期发挥作用，长期保持原有的实物形态，但其价值则随着企业生产经营活动而逐渐地转移到产品成本中去，并构成产品价值的一个组成部分。固定资产能够提高企业管理效率，整合内部资源，合理配置资源，保证企业财产的完整、安全，规避漏洞的产生和固定资产的流失等。

三是要优化工业结构，由原材料初加工型向深加工、高附加值为主导调整，从高耗能、重污染产品向节能型产品和清洁型先进生产工艺方向调整，并逐步培育壮大技术密集型产业。

6.6　对策建议

6.6.1　促进规模以上工业企业的区域均衡发展

从目前的情况来看，规模以上工业企业的发展主体依然在经济较为发达的长沙、常德、岳阳、株洲、郴州等地区，其工业产业布局相对均衡，企业规模、经济效益比较占有优势，在吸引投资进行资本扩张方面的能力较强；而其他地区在工业企业发展的成长和后劲方面相对具有比较大的优势，例如张家界和永州。未来，湖南省应继续加大对经济较不发达地区规模以上工业企业的扶持力度，促进该地区工业企业发展的区域均衡，尤其要加大对偏远地区工业的政策和资金扶持力度，促进其后发优势的产生，从而拉动经济增长，以工业化带动区域经济的增长，提高工业化在各地区的比重，使得全省规模以上工业企业的分布更加多元和丰富，更加均衡发展。

6.6.2　采取差异化发展措施

由前面的分析得知，在综合优势、规模优势以及经济效益优势等方面，湖南省各市、州的竞争优势有所差别，因此，需要采取区别性的措施，加强对各区域竞争优势的打造，促进其形成综合优势，不断提升地区规模以上工业的总体竞争力。

对此，对于具备规模优势但是综合优势不是很明显的区域，如株洲地区，当地政府应该积极引导该地区调整工业产业结构，培育该地区具备经济效益优势和成长优势的工业企业，优化工业产业产品结构。对于一些处在传统的老工业基地且盈利能力比较弱的工业企业，应进行转型与升级，不断提升其发展的后劲，促进其可持续和跨越式发展。而对于具备经济效益优势但综合优势不强的区域，如张家界、永州、邵阳等城市，应继续利用其在经济效益基础上的比较优势，继续深化对工业化后期的配套支持，大力推进新型工业化建设，加大对新型工业化的投入，促进其整体工业产业优势的培育与提升；同时，加大对这些地区的政策、财政倾斜，先扶持一批有成长力的企业，通过企业示范与市场开拓来促进区域工业整体的均衡发展，从而将其成长潜力发挥出来，为区域均衡发展提供支撑。

第7章　湖南工业行业主导产业发展方向选择研究

7.1　引　言

主导产业对于产业结构调整和总体经济水平的提高有着重要而特殊的作用，准确选择主导产业对一个地区的未来发展具有重大而深远的意义。因此，主导产业发展方向的选择既是理论界探讨的热点问题，也是政府和企业密切关注的现实问题。

近年来，由于国际经济形势对实体经济的影响进一步加深，尤其表现在工业发展方面的压力和挑战增大，需求不足、产能过剩、工业企业竞争加剧等多方面带来的压力使得一些深层次矛盾更加凸显，对于湖南来说，也不得不面临非常复杂的形势，这给湖南实现经济社会又好又快发展造成一定的困难。但总体上看，湖南省仍处在重要战略机遇期。湖南是传统的工业大省，经济发展的基本态势没有因为国际经济形势的影响而逆转。当前，湖南省规模工业主营业务收入突破2万亿元大关，发展质量、创新能力跃居中部六省首位，工业对经济增长贡献率达56.1%。这一系列数据充分表明，湖南省的工业竞争力逐步增强，工业对经济发展的主导作用没有改变。

未来，全国上下转变经济增长方式、加大工业行业改革力度的深入，必然促进国内外产业转移或重组。这一切又都有利于湖南省扩大开放、借力发展，而国家实施积极的财政政策和适度宽松的货币政策，加大对中西部地区和工业行业的投入力度，有助于湖南争取更多支持，加强薄弱环节的发展，解决自身难以解决的问题。目前，湖南正处于工业化、城镇化加速发展时期，基础设施建设、产业发展、居民消费等方面有巨大空间，对于工业企业发展是十分有利的。因此，进入一个新的经济发展阶段，湖南能否正确选择这一阶段的主导产业，将成为保持国民经济持续、稳定增长和优化产业结构的关键。本书以湖南“十一五”开局之年的2006年和“十二五”开局之年的2011年两个时间点的各产业部门产值为对象，以相同时间全国各产业部门产值为参照，对湖南工业行业各产业部门展开偏离—份额分析，以便科学合理地提出今后湖南工业行业的主导产业方向。

7.2 研究方法选择与模型构建

7.2.1 为什么选择偏离—份额分析法

偏离—份额分析法（Shift-share Method）由美国经济学家Daniel（1942）和Creamer（1943）相继提出，后经其他学者总结并逐步完善，20世纪80年代初Dunn集各家之所长，总结成现在普遍采用的形式。这种方法在国外区域与城市经济结构的分析之中，尤其是在主导产业的选择当中应用广泛。从目前分析主导产业选择的方法来看，主要有层次分析法（AHP）、主成分分析法和偏离—份额分析法。其中，层次分析法是一种多准则决策方法，通过把主导产业选择分解为有序的递阶层次结构，即目标层、准则层和方案层，再通过两两比较矩阵计算权重的方法统一处理决策中的定性与定量因素，再按权重与因素相乘得到相应的数值大小，数值最大的为主导产业选择的方向。这一方法有很大的局限性，即没有从历史的角度考察一个区域产业发展的历程，且判断矩阵中各个标度的赋值有很大的主观随意性，有可能出现“因素放大”现象，从而使结果偏离客观实际。主成分分析法是利用降维的思想，把多指标转化为少数几个综合指标的多元统计分析方法，通过主成分的得分大小来排列主导产业的选择顺序，主导产业选择方向为得分靠前的产业。这一方法也存在很大的局限性，即主成分分析过程中对于指标的选取在很大程度上就决定了主成分的得分，指标选择不同，得出的结论相差可能比较大，因而在一定程度上很难确保结论的科学性。而偏离—份额分析法与其他两种方法相比，具有较强的综合性和动态性，既可以避免层次分析法主观因素带来的影响，也可以避免主成分分析法准确选择指标的困难；它通过对区域产业发展的阶段性考察，揭示区域主导产业结构变化原因，分析区域主导产业选择的方向，是确定未来区域经济发展过程中主导产业的科学方法。

7.2.2　偏离—份额分析法的基本原理

偏离—份额分析法的基本思想是把区域产业发展变化看作一个动态的过程，以其所在更大区域的经济发展作为参照系，一般以本区域与该区域大一级的区域作为参照系，如研究市一级主导产业选择，其参照系一般选择省一级作为参考分析，将区域某一产业总量在某一时期的变动分解为 3 个分量，即份额分量、结构偏离分量和竞争力偏离分量，以此来分析区域内某一产业总值增长相对于其所在更大区域的平均水平的偏离状况，评价区域产业结构优势和自身竞争力的强弱，进而确定区域未来经济发展过程中主导产业发展方向和产业结构调整的思路。

7.2.3　基于偏离—份额分析法的湖南省工业行业主导产业选择模型构建

湖南省的工业行业规模用 b 表示，全国的工业行业规模用 B 表示，0 为基期，t 为末期，将湖南省工业行业按照统计学标准划分为 38 个产业部门，用 j（$j=1, 2, 3, \cdots$）表示，即以 $b_{ij,0}$ 和 $b_{ij,t}$ 分别表示湖南省工业行业各产业部门在基期和末期的经济规模（定义湖南在全国各省区中的位置为 i 区域，以 i 为代表），以 $B_{j,0}$ 和 $B_{j,t}$ 分别表示全国的工业行业各产业部门在基期和末期的经济规模。

湖南省工业行业第 j 个产业部门在 $[0, t]$ 时间段的增长率为：

$$r_{ij}=(b_{ij,t}-b_{ij,0})/b_{ij,0} \quad (j=1, 2, \cdots, n) \tag{1}$$

全国工业行业第 j 个产业部门在 $[0, t]$ 时间段的增长率为：

$$R_j=(B_{j,t}-B_{j,0})/B_{j,0} \quad (j=1, 2, \cdots, n) \tag{2}$$

以全国工业行业第 j 个产业部门所占的份额将湖南省工业行业的第 j 个产业部门的经济规模标准化：

$$b'_{ij}=(b_{ij,0}\times B_{ij,0})/B_0 \quad (j=1, 2, \cdots, n) \tag{3}$$

将湖南省 2006—2011 年间工业行业的 38 个产业部门的增长量设为 G_{ij}，4 个分量，即份额分量、结构偏离分量、竞争力偏离分量、总偏离分量，分别设为 N_{ij}、P_{ij} 和 D_{ij}、PD_{ij}。其表达式分别如下：

$$G_{ij}=N_{ij}+P_{ij}+D_{ij} \tag{4}$$

$$N_{ij}=b'_{ij}\times R_{ij} \tag{5}$$

$$P_{ij}=(b_{ij,0}-b'_{ij})\times R_{ij} \quad (j=1, 2, \cdots, n) \tag{6}$$

$$D_{ij}=(r_{ij}-R_{ij})\times b_{ij,0} \tag{7}$$

$$PD_{ij}=P_{ij}+D_{ij} \tag{8}$$

式中：N_{ij} 为份额偏离分量，反映的是以全国工业行业各产业部门的总产出年增长率为基准，假定湖南省工业行业各产业部门按全国平均增长速度发展时所应达到的增长水平。如果 $N_{ij}>0$，说明该产业部门属于湖南省的增长性产业，如果 $N_{ij}<0$，说明该产业部门属于湖南省应该退出或转变增长方向的产业。P_{ij} 为结构偏离分量，反映的是湖南省各个产业部门对其工业行业总的产值增长的影响。若 $P_{ij}>0$，则说明湖南省该工业行业产业结构优于全国整体的工业行业产业结构，表示湖南省该工业行业的产业结构素质较好，并且该值越大，说明工业行业的这个产业部门对湖南省工业经济发展的贡献越大；反之贡献越小。D_{ij} 为竞争力偏离分量，反映的是湖南省工业行业各产业竞争力强度。若 $D_{ij}>0$，说明湖南省工业行业的这个产业部门较全国而言，有较强的竞争力，并且该值越大，说明该产业部门的竞争力对工业行业增长的作用越大；反之作用越小。PD_{ij} 为总偏离分量，反映湖南省工业行业第 j 个产业部门总的增长优势。若 $PD_{ij}>0$，说明这个产业部门是一个具有增长优势的产业，发展潜力大，可以大力发展该产业；反之潜力小。

7.3　数据处理与结果分析

7.3.1　数据来源与说明

根据历年湖南统计年鉴和中国统计年鉴的数据统计，选取“十一五”开局之年的 2006 年和“十二五”开局之年的 2011 年两个时间点的工业行业各产业部门产值为对象，以相同时间全国工业行业各产业部门产值为参照，其基本数据及初步处理见表 7-1。

表 7-1　2006 年、2011 年湖南省和全国工业行业各部门产值对比及预处理

产业方向	2006 年湖南分行业工业总产值 $b_{ij,0}$（亿元）	2011 年湖南分行业工业总产值 $b_{ij,t}$（亿元）	2006 年国家分行业工业总产值 $B_{j,0}$（亿元）	2011 年国家分行业工业总产值 $B_{j,t}$（亿元）	近五年湖南分行业工业总产值变化率 r_{ij}（%）	近五年全国分行业工业总产值变化率 R_j（%）	近五年湖南分行业工业总产值变化率的标准值 b'_{ij}
1	172.5	774	7 207.6	28 919.8	3.5	3.0	3.9
2	28.8	153	1 388.3	7 904.3	4.3	4.7	0.1
3	122.1	306	1 671.7	5 034.7	1.5	2.0	0.6
4	58.8	247	1 029.4	3 847.7	3.2	2.7	0.2
5	0.7	2	5.2	16.7	1.9	2.2	0.0
6	344.9	984	12 973.5	44 126.1	1.9	2.4	14.1
7	165.6	326	4 714.3	14 047.0	1.0	2.0	2.5
8	70.0	263	3 899.2	11 834.8	2.8	2.0	0.9
9	298.2	8	3 214.1	6 805.7	−1.0	1.1	3.0
10	168.6	281	15 315.5	32 653.0	0.7	1.1	8.2
11	37.7	146	6 159.4	13 538.1	2.9	1.2	0.7
12	52.9	151	4 150.0	8 927.5	1.9	1.2	0.7
13	103.5	491	2 429.0	9 002.3	3.7	2.7	0.8
14	31.3	117	1 883.1	5 089.8	2.7	1.7	0.2
15	147.7	344	5 034.9	12 079.5	1.3	1.4	2.3
16	46.3	124	1 706.6	3 861.0	1.7	1.3	0.2

续表 7-1

产业方向	2006 年湖南分行业工业总产值 $b_{ij,0}$（亿元）	2011 年湖南分行业工业总产值 $b_{ij,t}$（亿元）	2006 年国家分行业工业总产值 $B_{j,0}$（亿元）	2011 年国家分行业工业总产值 $B_{j,t}$（亿元）	近五年湖南分行业工业总产值变化率 r_{ij}（%）	近五年全国分行业工业总产值变化率 R_j（%）	近五年湖南分行业工业总产值变化率的标准值 b'_{ij}
17	7.4	30	1 759.0	3 212.4	3.1	0.8	0.0
18	342.6	34	15 149.0	36 889.2	−0.9	1.4	16.4
19	466.8	1 600	20 448.7	60 825.1	2.4	2.0	30.1
20	118.5	260	5 018.9	14 942.0	1.2	2.0	1.9
21	25.2	14	3 205.6	6 673.7	−0.4	1.1	0.3
22	18.1	55	2 731.9	7 330.7	2.0	1.7	0.2
23	64.6	259	6 381.0	15 579.5	3.0	1.4	1.3
24	291.3	1 241	11 721.5	40 180.3	3.3	2.4	10.8
25	590.5	378	25 403.8	64 067.0	−0.4	1.5	47.4
26	612.2	636	12 936.5	35 906.8	0.0	1.8	25.0
27	91.3	342	8 529.5	23 350.8	2.7	1.7	2.5
28	198.3	758	13 734.8	40 992.6	2.8	2.0	8.6
29	277.4	471	7 953.3	26 149.1	0.7	2.3	7.0
30	276.4	324	20 382.9	63 251.3	0.2	2.1	17.8
31	201.6	430	18 165.5	51 426.4	1.1	1.8	11.6
32	88.6	289	33 077.6	63 795.7	2.3	0.9	9.3
33	28.4	109	3 539.3	7 633.0	2.8	1.2	0.3
34	24.1	95	2 533.2	7 189.5	2.9	1.8	0.2
35	44.9	73	420.1	2 624.2	0.6	5.2	0.1
36	480.7	262	21 549.3	47 352.7	−0.5	1.2	32.7
37	11.9	32	732.1	3 142.0	1.7	3.3	0.0
38	20.7	68	714.8	1 178.1	2.3	0.6	0.0

注：产业方向的数字代码分别为：1 为煤炭开采和洗选业；2 为黑色金属矿采选业；3 为有色金属矿采选业；4 为非金属矿采选业；5 为其他采矿业；6 为农副食品加工业；

7 为食品制造业；8 为饮料制造业；9 为烟草制品业；10 为纺织业；11 为纺织服装、鞋、帽制造业；12 为皮革、毛皮、羽毛（绒）及其制品业；13 为木材加工及木、竹、藤、棕加工业；14 为家具制造业；15 为造纸及纸制品业；16 为印刷业和记录媒介的复制业；17 为文教体育用品制造业；18 为石油加工、炼焦及核燃料加工业；19 为化学原料及化学制品制造业；20 为医药制造业；21 为化学纤维制造业；22 为橡胶制品业；23 为塑料制品业；24 为非金属矿物制品业；25 为黑色金属冶炼及压延加工业；26 为有色金属冶炼及压延加工业；27 为金属制品业；28 为通用设备制造业；29 为专用设备制造业；30 为交通运输设备制造业；31 为电气机械及器材制造业；32 为通信设备、计算机及其他；33 为仪器仪表及文化、办公用机械制造业；34 为工艺品及其他制造业；35 为废弃资源和废旧材料回收加工业；36 为电力、热力的生产和供应业；37 为燃气生产和供应业；38 为水的生产和供应业。

7.3.2 利用偏离—份额分析法进行计算的结果分析

根据相关统计数据，运用偏离—份额分析法对 2006—2011 年湖南省工业行业各产业部门结构的发展现状进行计算，得到湖南省工业行业各产业部门的 4 个分量，即份额偏离分量（N_{ij}）、结构偏离分量（P_{ij}）和竞争力偏离分量（D_{ij}）、总偏离分量（PD_{ij}），构造偏离—份额分析表，如表 7-2 所示。

表 7-2 湖南省工业行业各产业部门偏离—份额分析表

产业方向	份额偏离分量（N_{ij}）	结构偏离分量（P_{ij}）	竞争力偏离分量（D_{ij}）	近五年湖南分行业工业增长量（G_{ij}）	总偏离分量（PD_{ij}）
1	11.8	507.9	81.7	601.5	589.6
2	0.6	134.6	−11.0	124.2	123.6
3	1.3	244.2	−61.6	184.0	182.7
4	0.5	160.5	27.1	188.2	187.6
5	0.0	1.6	−0.3	1.3	1.3
6	33.9	794.2	−189.0	639.1	605.2
7	4.9	323.0	−167.5	160.4	155.5
8	1.8	140.8	50.4	193.0	191.2
9	3.4	329.8	−623.4	−290.2	−293.6

续表 7-2

产业方向	份额偏离分量（N_{ij}）	结构偏离分量（P_{ij}）	竞争力偏离分量（D_{ij}）	近五年湖南分行业工业增长量（G_{ij}）	总偏离分量（PD_{ij}）
10	9.2	181.6	−78.4	112.4	103.2
11	0.9	44.3	63.1	108.3	107.4
12	0.8	60.1	37.1	98.1	97.3
13	2.1	277.9	107.5	387.5	385.4
14	0.3	53	32.3	85.7	85.4
15	3.3	203.4	−10.5	196.3	193.0
16	0.3	58.1	19.3	77.7	77.4
17	0.0	6.1	16.5	22.6	22.6
18	23.5	468.2	−800.3	−308.6	−332.1
19	59.5	862.1	211.6	1 133.2	1 073.7
20	3.7	230.5	−92.7	141.5	137.8
21	0.3	27.0	−38.4	−11.2	−11.5
22	0.3	30.2	6.4	36.9	36.6
23	1.9	91.2	101.3	194.4	192.5
24	26.2	681.0	242.5	949.7	923.5
25	72.1	826.7	−1 111.3	−212.5	−284.7
26	44.4	1 042.7	−1 063.3	23.8	−20.7
27	4.3	154.4	92.0	250.7	246.4
28	17.1	376.5	166.2	559.7	542.6
29	15.9	618.7	−441.1	193.6	177.6
30	37.4	543.9	−533.7	47.6	10.2
31	21.2	348.0	−140.8	228.4	207.2
32	8.6	73.7	118.1	200.4	191.8
33	0.4	32.5	47.7	80.6	80.2
34	0.4	44.0	26.5	70.9	70.5

续表 7-2

产业方向	份额偏离分量（N_{ij}）	结构偏离分量（P_{ij}）	竞争力偏离分量（D_{ij}）	近五年湖南分行业工业增长量（G_{ij}）	总偏离分量（PD_{ij}）
35	0.3	235.0	−207.2	28.2	27.8
36	39.2	536.5	−794.4	−218.7	−257.9
37	0.1	39.0	−18.9	20.1	20.0
38	0.0	13.4	33.9	47.3	47.3

注：产业方向的数字代码分别为：1 为煤炭开采和洗选业；2 为黑色金属矿采选业；3 为有色金属矿采选业；4 为非金属矿采选业；5 为其他采矿业；6 为农副食品加工业；7 为食品制造业；8 为饮料制造业；9 为烟草制品业；10 为纺织业；11 为纺织服装、鞋、帽制造业；12 为皮革、毛皮、羽毛（绒）及其制品业；13 为木材加工及木、竹、藤、棕加工业；14 为家具制造业；15 为造纸及纸制品业；16 为印刷业和记录媒介的复制业；17 为文教体育用品制造业；18 为石油加工、炼焦及核燃料加工业；19 为化学原料及化学制品制造业；20 为医药制造业；21 为化学纤维制造业；22 为橡胶制品业；23 为塑料制品业；24 为非金属矿物制品业；25 为黑色金属冶炼及压延加工业；26 为有色金属冶炼及压延加工业；27 为金属制品业；28 为通用设备制造业；29 为专用设备制造业；30 为交通运输设备制造业；31 为电气机械及器材制造业；32 为通信设备、计算机及其他；33 为仪器仪表及文化、办公用机械制造业；34 为工艺品及其他制造业；35 为废弃资源和废旧材料回收加工业；36 为电力、热力的生产和供应业；37 为燃气生产和供应业；38 为水的生产和供应业。

为便于对湖南省工业行业各产业部门进行横向对比分析，本书采用 zscore 方法对数据进行标准化处理。流程如下：

$$ZX_{i,t} = \frac{(X_{i,t} - X_i)}{S_i} \quad (i, t = 1, 2, \cdots, n) \tag{9}$$

$$\bar{X}_i = \frac{1}{n}\sum_{i=1}^{n} X_{i,t} \tag{10}$$

$$S_i^2 = \frac{1}{n\text{-}1}\sum_{i=1}^{n} (X_{i,t} \text{-} \bar{X}_i)^2 \tag{11}$$

$$S_i = \sqrt{\frac{\sum_{i=1}^{n}(X_{i,t} - \bar{X}_i)^2}{n-1}} \tag{12}$$

式中：$ZX_{i,t}$ 为第 i 个指标的第 t 个观测值的标准化数据，$X_{i,t}$ 为 X_i 第 t 个观测值。$\bar{X}_i$ 为 X_i 的样本均值。S_i^2 为 X_i 的样本方差，S_i 为 X_i 的样本标准差。根据表 7-2 所得数据，对各指标进行标准化处理，并根据整理所得数据绘制部门优势图（见图 7-1）与部门偏离分量分析图（见图 7-2）。

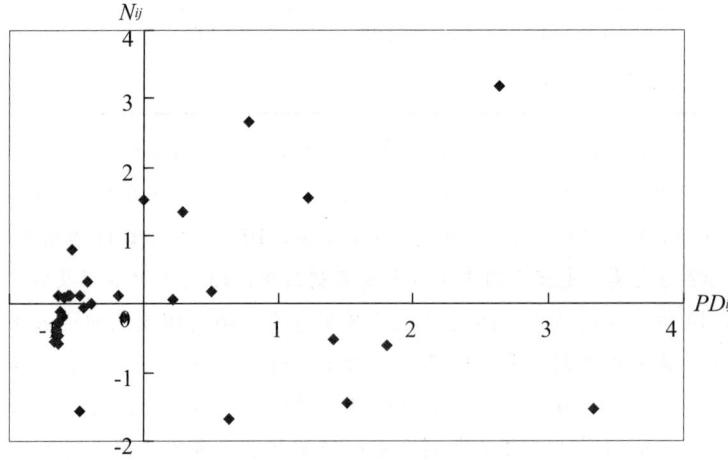

图 7–1　湖南省工业行业各产业部门优势图

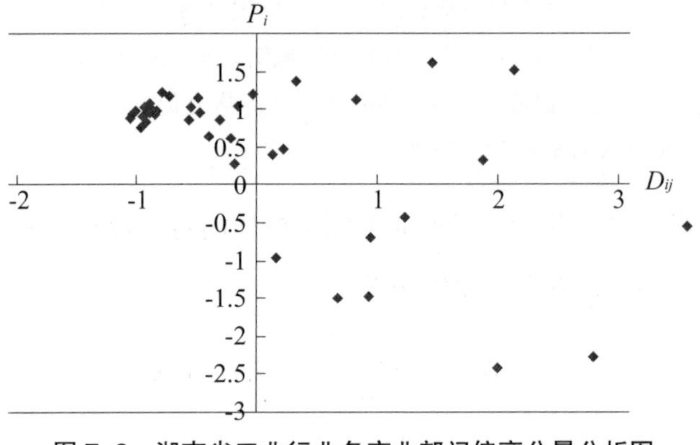

图 7–2　湖南省工业行业各产业部门偏离分量分析图

从图 7-1 可以看出，分行业来看，湖南省工业行业各产业方向的区域增长份额 N_{ij} 均大于或者等于零，说明湖南省工业行业各产业部门都是按好于或者等于全国性增长率增长发展的产业部门，其中煤炭开采和洗选业，农副食品加工业，木材加工及竹、藤、棕加工业，化学原料及化学制品制造业，非金属矿物制品业，通用设备制造业等产业部门的 PD_{ij} 值较大，增长优势较为明显。这些领域有待继续作为主导产业发展、深化转型与升级，提高规模和效率。

从图 7-2 可以看出，从工业行业各产业部门的竞争力来看，38 个产业部门中有一半左右的产业具有全国性的竞争力，尤其是木材加工及竹、藤、棕加工业，化学原料及化学制品制造业，塑料制品业，非金属矿物制品业，通用设备制造业，通信设备、计算机及其他等产业竞争力较强，电力、热力的生产和供应业以及石油加工、炼焦及核燃料加工业的竞争力弱。这表明尽管湖南省工业的整体竞争力较强，但是由于工业内部结构的不合理，尤其是在能源供应等工业产业当中的结构不合理，竞争力弱，影响了整个工业未来的竞争力水平。另外，从工业行业各产业部门结构方面看，工业行业各产业部门分布结构基本合理（各产业部门偏离分量 P_{ij} 都大于零），也突出说明了湖南省工业行业产业结构优于全国整体的工业行业产业结构，其中交通运输设备制造业、化学原料及化学制品制造业、黑色金属冶炼及压延加工业、专用设备制造业、农副食品加工业偏离较大，说明这些行业的结构较为合理，有利于该产业部门以及整个工业的发展。

7.4　结论与政策建议

前面运用偏离—份额分析法，分析了“十一五”开局之年（2006）和“十二五”开局之年（2011）湖南省工业行业各产业部门的份额偏离分量、结构偏离分量、竞争力偏离分量、总量偏离分量（增长优势偏离分量），通过参照全国同时点同类产业的数据，得出湖南省具有竞争优势、增长潜力大、工业结构较优的产业部门。从“十二五”后面几年乃至更长远的发展来看，湖南省工业发展应按照“竞争力最强、成长性最好、结构最优”的原则，积极谋划构建现代工业行业产业体系，培育壮大战略性支撑产业，推动工业行业实现又好又快的发展。

7.4.1 准确定位主导产业发展方向

根据偏离—份额分析的原理，在确定主导产业发展方向的过程中，选择份额偏离分量、结构偏离分量、竞争力偏离分量都较大的产业作为主导产业发展方向，即在图7-1和图7-2中都处于第一象限的产业。据此，湖南省应该选择交通运输设备制造业、化学原料及化学制品制造业、非金属矿物制品业、通用设备制造业、电器机械及器材制造业等产业方向，这些产业方向增长率高、总体增长优势显著、产业结构合理，对产业发展贡献大，具有很强的竞争力。它们也最有可能成为湖南省未来的主导产业方向。

这也是因为：第一，“十一五”以来，湖南省交通运输业设备制造业已经成为湖南省工业的支柱产业，具有较好的基础，在全国具有重要的地位。2011年湖南汽车产业完成总产值1 225亿元，实现主营业务收入1 180亿元，成为湖南装备制造业领域继工程机械、电工电器之后的第三个千亿元子产业。如引进广汽菲亚特、吉利、比亚迪、北汽股份、北汽福田、众泰江南、陕汽环通等一批汽车行业的重点项目后，湖南汽车产业的后发赶超优势逐步显现。其可以依托现有的产业基础，加强自主研发能力，提高产品科技含量，进一步提高产品的竞争力，形成配套的一系列产业链，做大做强，以此作为湖南省工业行业的主导产业方向。第二，化学原料及化学制品制造业属于湖南省“一化三基”中的战略性、基础性工业，肩负着发展和能源、环保、生产与食品安全等多个重任。湖南石化产业是湖南的支柱产业之一，已成为湖南省继机械行业之后第二个过千亿元的行业。尤其值得指出的是岳阳形成的石油炼化产业集群，是湖南投资建设的最大项目之一，事关湖南富民强省大局。因此，今后，湖南还应以炼化为龙头，以煤化工为补充，配套发展盐化工、氟化工和化工机械，通过延伸产业链和价值链，大力发展下游深加工产业及化工物流，进一步强化科技创新和优化产业结构，做大做强化学原料及化学制品制造业。第三，湖南是传统的非金属矿物制品产地和加工地，非金属冶炼及压延加工业基础好，门类齐全。如常德是中国有名的“非金属矿产之乡”。因此，湖南省可以依托各级各部门对非金属矿物制品产业的技术研发和骨干企业培育，致力建设国内有影响力的研发基地、专业化生产基地，全面改善非金属矿物制品产业结构，将非金属矿物资源优势、技术优势转变为产业优势。第四，通用设备制造业是装备制造业中的基础性产业，为国民经济各部门简单再生产和扩大再生产提供技术设备。湖南省机械装备工业 16 个子产业中，工程机械、电工电器、汽车和轨道交通设备 4 个产业的优势特色正日益凸显。其中工程机械 2006 年主营业务收入才 130.5 亿元，2011 年完成主营业务收入 1 853.56 亿元，5 年增长了 13.2 倍，总量占全国的比重达到了 31.12%，规模总量稳居全国第一。尽管受宏观调控影响，近两年工程机械等制造业处境比较艰难，但从长远看仍有十分广阔的发展前景。湖南仍然要发挥通用设备制造业的优势，提高这一行业对经济总量的贡献度。第五，湖南省通过多年发展，电气设备、电器制造产品已自成体系，从发电到输电、变电、用电各个环节的产品一应俱全。今后，湖南省还是需要引导中小电气（器）企业围绕龙头企业的主导产品，形成多层次、大规模的配套供应体系，组成从原材料供应到产品开发、生产、配套、销售、服务一体化的产业集群，壮大湖南主导产业的影响力。

7.4.2　主导产业打造与发展的策略

一是要推进战略性新兴产业发展。围绕湖南省实施两型社会建设的主题，推动节能环保产业发展理念深入，在工业行业产业制造方面尽量贯彻这些理念，从低碳、节能、环保等角度发展工业行业各产业。如近年来，湖南省风电装备、信息、生物医药、新材料等战略性新兴产业保持 30% 以上的快速增长，这些产业市场前景好，潜在竞争优势显著，值得加大力度推进。

二是要进一步优化工业发展的外部环境。当前，湖南某些产业出现需求减缓、产能过剩、资金紧张等问题，需要政府和企业共同努力，配合解决需求减少、资金紧张、产品销售不畅等问题，进一步优化外部环境。

三是要继续加大企业自主创新力度。工业企业必须加快自主创新，形成一批拥有自主知识产权的产品，并通过提高品牌竞争力等手段来打造产业竞争优势，而不是简单地以规模扩张来保持增长。

四是要继续加大工业投资力度。当前，湖南的工业发展还处于工业化的中期阶段，国家也在继续加大对工业行业的引导和发展力度，因此，投资仍然是今后一段时期的重点策略。湖南需要继续保持较高的工业投资增长率，使工业发展保持比较强劲的发展后劲。在投资方面，要侧重于传统产业的升级改造，侧重于高新技术的引进，不再简单地搞重复建设。

五是继续做大一批大行业和工业大企业。湖南全省工业领域拥有机械、石化、食品、有色、轻工、冶金、建材、电子信息八大千亿元产业以及工程机械、电工电器两个千亿元子产业；长沙工程机械产业集群、岳阳石化产业集群年产值均过千亿元；长沙经开区、长沙高新区、株洲高新区相继跻身千亿元产业园区。华菱、中联、三一等企业也在向千亿元企业迈进。因此，今后还需要发挥这些大产业和大企业在工业发展当中的主导作用，通过合理规划和布局，突破一系列重大关键技术，使一大批具有行业领先水平的新产品相继投产并走向国际市场。

第8章　湖南省高新技术产业竞争力分析

8.1 引　言

当前，转变经济发展方式、实现经济转型升级已进入攻坚阶段。高新技术产业是地区经济的先导性、战略性产业，加快发展高新技术产业，是地区推进产业转型升级、构建现代产业体系的重要途径，是提升经济发展水平、实现新型工业化的必然选择。

高新技术产业基于综合科技研发，被视为区域综合竞争力的重要内容。其一端连着科技，一端连着经济，是科技和经济的结合体。发展高新技术产业是科技和经济的融合发展选择，是将科技资源禀赋转化为产业优势的有效手段，也是经济转型升级的主要抓手。针对当前湖南提出的创新引领重要战略，大力发展高新技术产业是一条重要途径，而认清湖南高新技术产业发展的优势和竞争力，分析其不足和影响因素，提出科学的对策显得十分迫切。

目前，关于地区高新技术产业发展的相关研究基本上以定性研究为主，定量研究还比较少，尤其是地区该如何选择高新技术产业进行重点推进的相关定量研究几乎没有，因此，发展高新技术产业就缺少了一定的研究支撑和现实依据。本书试图通过建立相关的测度地区高新技术产业竞争力的指标体系，对地区高新技术产业竞争力进行摸底，分析哪些行业竞争力强，可以加大推进力度，哪些行业竞争力弱，需要补短板，进而为地区发展高新技术产业提供科学依据。

8.2 湖南省高新技术产业竞争力评价指标体系的构建

尽管国内对高新技术产业研究的起步比较晚，但是随着高新技术产业在国民经济中的地位不断提高，国家对高新技术产业的投资力度不断加大，我国学者也开始纷纷从不同角度研究高新技术产业竞争力，得到了许多优秀的理论成果。王建刚、于英川（2004）借鉴他人研究高新技术产业竞争力的成果，从产业投入、产业产出、产业技术创新能力、产业政策环境和产业技术支持环境5个方面建立了高新技术产业竞争力评价指标体系，共14个指标，采用主成分分析法，研究我国30个省、自治区和直辖市高科技产业的竞争力，结果显示我国高科技产业呈现明显的东、中、西分布，竞争力从东部沿海依次向中西部内地推移。唐中赋、任学峰等（2004）提出了高新技术产业发展度的概念和数学模型，然后引入了以发展速度为特征的动态指标，从高新技术产业投入水平、产出水平、效益水平、潜力水平4个方面，构造了包括16个指标的高新技术产业发展水平的综合评价指标体系，并将其应用于我国高新技术产业发展水平的评价。袁雪松（2007）通过建立包括8个一级指标、46个二级指标的高新技术产业竞争力评价体系，运用主成分分析法对常熟、昆山、张家港、太仓和吴江五县市的高新技术产业竞争力进行分析，发现常熟市高新技术产业在发展过程中尚存在效益偏低、缺乏聚集优势、国际竞争意识不足、不具人才优势、政府支持力度不够、孵化器建设滞后、技术创新效率较低以及高新技术产品生产能力有限共8个亟待解决的问题。卢立红（2010）采用指标体系对长株潭地区高新技术产业竞争力进行了研究，发现长株潭地区高新技术产业竞争力在中部城市群中处于相对领先地位，但与经济发达地区相比，仍然处于落后水平，缺乏竞争力。David S. Bieri（2013）基于地区专业化和高级知识人员在高新技术产业发展过程中相互作用的考量，通过对美国相关区域的资料加以分析，得出不仅高新技术集群化现象是影响高新技术产业发展的重要因素之一，同时，地区的发展、人才的培育也对高新技术产业发展起到很大作用的结论。席亚军（2014）以波特的“钻石”模型为基础，将高新技术产业竞争力的影响因素分为生产要素条件、需求条件、相关和支持产业、企业战略结构及同业竞争、机遇6个方面，并从这6个方面分析了大庆高新技术产业竞争力状况，为大庆今后产业政策制定提供了现实依据。蔡媛媛、姬慧显、吕可文（2016）以高新技术产业的特征和产业竞争力的相关理论为基础，结合前人的研究成果，创新性地从高新技术产业的产业投入能力、技术成果转化能力和产业产出能力三个维度构建出具有代表性且能综合反映高新技术产业竞争力的评价体系。

综上所述，借鉴国内外研究的成果，构建湖南省高新技术产业竞争力评价指标体系，如表8-1所示。本书根据高新技术产业自身发展的特点及规律性，结合指标体系构建的基本原则及现有的研究成果构建湖南省高新技术产业竞争力评价指标体系。

表8–1　湖南省高新技术产业竞争力评价指标体系

评价目标	具体指标
高新技术产业综合竞争力	企业单位个数
	高新技术产业总产值
	高新技术产业增加值
	高新技术产业销售收入
	高新技术产业出口收入
	高新技术产业利税总额
	高新技术产业利润总额

8.3　湖南省高新技术产业竞争力评价方法与过程

8.3.1　评价方法

基于湖南省高新技术产业指标收集的原始数据，构建矩阵为:

$$\boldsymbol{X}=\begin{pmatrix} x_{11} & x_{12} & \cdots & x_{1p} \\ x_{21} & x_{22} & \cdots & x_{2p} \\ \vdots & \vdots & & \vdots \\ x_{n1} & x_{n2} & \cdots & x_{np} \end{pmatrix}$$

第一步：对原始数据进行标准化处理。

$$x_{ij}^{*}=\frac{x_{ij}-\overline{x}_j}{\sqrt{\mathrm{var}(x_j)}}(i=1,2,\cdots,n;\ j=1,2,\cdots,p)$$

式中：$\overline{x}_j=\frac{1}{n}\sum_{i=1}^{n}x_{ij}$，$\mathrm{var}(x_j)=\frac{1}{n-1}\sum_{i=1}^{n}(x_{ij}-\overline{x}_j)^2$，$(j=1,2,\cdots,p)$。

第二步：计算样本相关系数矩阵。

$$\boldsymbol{R}=\begin{bmatrix} r_{11} & r_{12} & \cdots & r_{1p} \\ r_{21} & r_{22} & \cdots & r_{2p} \\ \vdots & \vdots & & \vdots \\ r_{p1} & r_{p2} & \cdots & r_{pp} \end{bmatrix}$$

为方便计算，假定原始数据标准化后仍用 $\boldsymbol{X}$ 表示，则经标准化处理后的数据的相关系数为：

$$r_{ij}=\frac{1}{n-1}\sum_{t=1}^{n}x_{ti}x_{tj}\quad (i,\ j=1,2,\cdots,p)$$

第三步：用雅克比方法求相关系数矩阵 $\boldsymbol{R}$ 的特征值（$\lambda_1,\lambda_2,\cdots,\lambda_p$）和相应的特征向量：$a_i=(a_{i1},a_{i2},\cdots,a_{ip}),\ i=1,2,\cdots,p$。

第四步：选择重要的主成分，并写出主成分表达式。

经过主成分分析会产生 p 个主成分，但是主成分包含的信息会依次递减，因此在提取主成分的过程中，一般是根据累加贡献率大小选择前 k 个主成分，累加贡献率用数学公式表示，即：

$$\text{贡献率}=\frac{\lambda_i}{\sum_{i=1}^{p}\lambda_i}$$

第五步：计算主成分得分。

主成分的得分是根据主成分模型来计算的，结合原始数据，导入模型进行演算，其结果即为主成分得分。具体形式如下：

$$\begin{pmatrix} F_{11} & F_{12} & \cdots & F_{1k} \\ F_{21} & F_{22} & \cdots & F_{2k} \\ \vdots & \vdots & & \vdots \\ F_{n1} & F_{n2} & \cdots & F_{nk} \end{pmatrix}$$

第六步：依据主成分得分的数据，并根据主成分本身赋予的含义和诠释，对湖南省高新技术产业竞争力展开分析，如计算主成分的综合得分，来分析高新技术产业竞争力的差距等。

8.3.2　采集原始数据

本书根据湖南省高新技术产业发展竞争力评价指标体系，选取《湖南省统计年鉴(2016)》中的统计数据，收集 8 个高新技术产业的 7 个主要指标的数据，见表 8-2。

表 8–2　8 个高新技术产业的 7 个指标竞争力原始数据

项目	企业单位个数	高新技术产业总产值（元）	高新技术产业增加值（元）	高新技术产业销售收入(元)	高新技术产业出口收入(元)	高新技术产业利税总额(元)	高新技术产业利润总额(元)
电子信息技术	526	22 479 446	7 896 375	21 913 850	5 978 675	2 754 606	1 934 271
生物与新医药技术	782	28 565 986	8 212 778	27 144076	1 042 378	2 442 928	1 241 681
航空航天技术	9	531 778	196 941	639 729	39 340	44 763	30 757
新材料技术	933	50 059 894	13 161 924	49 594 583	3 997 261	4 060 264	1 133 366
高技术服务业	159	11 574 764	4 869 368	11 825 941	505 016	801 963	387 857
新能源及节能技术	170	8 866 270	2 576 505	6 803 867	1 018 332	656 754	336 915
资源与环境技术	173	4 926 092	1 411 843	4 636 488	391 304	318 706	178 390
高新技术改造传统产业	977	55 039 779	16 382 980	47 764 536	3 891 045	4 099 508	2 266 502

根据表 8-2 可知，湖南省高新技术产业中高新技术改造传统产业、新材料

技术、生物与新医药技术企业个数多，对应总产值高，产业规模大。在产业出口额上，电子信息技术、新材料技术与资源与环境技术出口数额大，发展成熟、竞争力强。在产业利润总额方面，高新技术改造传统产业与电子信息技术产生利润量大。新材料技术与高新技术改造传统产业增加额高，发展潜力大，同时航空航天技术增加额略低。

8.3.3 进行数据标准化处理与相关分析

运用 SPSS 统计分析软件对 8 个高新技术产业的 7 个评价指标数据进行标准化处理，以消除无量纲与数量级的不同。通过 SPSS 自动对原始数据进行标准化处理，得到的变量都是经过标准化处理后的变量，同时通过系数相关矩阵相关选项得到相关矩阵，见表 8-3。

表 8–3 相关系数矩阵

	企业单位个数	高新技术产业总产值	高新技术产业增加值	高新技术产业销售收入	高新技术产业出口收入	高新技术产业利税总额	高新技术产业利润总额
企业单位个数	**1.000**	0.966	0.950	0.967	0.660	0.969	0.834
高新技术产业总产值	0.966	**1.000**	0.989	0.995	0.669	0.974	0.810
高新技术产业增加值	0.950	0.989	**1.000**	0.980	0.708	0.973	0.865
高新技术产业销售收入	0.967	0.995	0.980	**1.000**	0.679	0.978	0.788
高新技术产业出口收入	0.660	0.669	0.708	0.679	**1.000**	0.800	0.849
高新技术产业利税总额	0.969	0.974	0.973	0.978	0.800	**1.000**	0.881
高新技术产业利润总额	0.834	0.810	0.865	0.788	0.849	0.881	**1.000**

从表 8-3 可以得知，企业单位个数、高新技术产业总产值、高新技术产业增加值、高新技术产业销售收入、高新技术产业出口收入、高新技术产业利税总额、高新技术产业利润总额这几个指标间存在着极其密切的关系，可见许多

变量之间直接的相关性比较强，证明它们存在信息上的重叠。因此，需进行主成分的选取，明确对高新技术产业竞争力有贡献的主要指标。

8.3.4　主成分提取

主成分个数提取原则为主成分对应的特征值大于 1 的前 m 个主成分。特征值在某种程度上可以被看成是表示主成分影响力度大小的指标，如果特征值小于 1，说明该主成分的解释力度还不如直接引入一个原变量的平均解释力度大，因此，一般可以用特征值大于 1 作为纳入标准。通过 SPSS 软件进行因子分析，得到总体方差分析表，见表 8-4。

表 8–4　总体方差分析表

成分	初始特征值			提取平方和载入		
	合计	方差的 %	累积 %	合计	方差的 %	累积 %
1	6.249	89.275	89.275	6.249	89.275	89.275
2	0.554	7.918	97.193			
3	0.137	1.959	99.152			
4	0.055	0.782	99.934			
5	0.003	0.046	99.979			
6	0.001	0.017	99.997			
7	0.000	0.003	100.000			

提取方法：主成分分析。

通过表 8-4（方差分解主成分提取分析）可知，提取 1 个主成分，即 $m=1$。这说明只有 1 个主成分对高新技术产业竞争力影响较大。同时，在进行因子分析的过程中，得到了各因子得分系数，见表 8-5。

表 8-5 各因子得分系数矩阵

	初始	提取		初始	提取
企业单位个数	1.000	0.931	高新技术产业出口收入	1.000	0.644
高新技术产业总产值	1.000	0.948	高新技术产业利税总额	1.000	0.993
高新技术产业增加值	1.000	0.964	高新技术产业利润总额	1.000	0.825
高新技术产业销售收入	1.000	0.944			

提取方法：主成分分析。

8.3.5 竞争力综合得分

此项新变量的表达还不能从输出窗口中直接得到，需要将其特征向量运用 SPSS 描述性功能求出来，与标准化后的数据相乘，因为主成分只有一个，可以得到主成分综合模型表达式如下：

$$F=0.386\times Z_{企业单位数}+0.390\times Z_{高新技术产业总产值}+0.393\times Z_{高新技术产业增加值}+0.388\times Z_{高新技术产业销售收入}+0.321\times Z_{高新技术产业出口收入}+0.398\times Z_{高新技术产业利税总额}+0.363\times Z_{高新技术产业利润总额}$$

根据主成分综合模型即可计算综合主成分值，并对其按综合主成分值进行排序，得到湖南省高新技术产业发展竞争力的排名，如表 8-6 所示。

表 8-6 湖南省高新技术产业发展竞争力综合比较

项目	F	排名	项目	F	排名
高新技术改造传统产业	3.68	1	高技术服务业	−1.58	5
新材料技术	2.87	2	新能源及节能技术	−1.86	6
电子信息技术	1.34	3	资源与环境技术	−2.30	7
生物与新医药技术	0.74	4	航空航天技术	−2.89	8

8.3.6 竞争力分层次分类与分析

根据竞争力大小，按照 0 的上下取值和得分分布分成 4 个层次，如表 8-7

所示。

表 8–7　湖南省高新技术产业竞争力层次

高新技术产业竞争力综合评价值	产业
第一层次综合评价值＞ 2	高新技术改造传统企业、新材料技术
2 ＞第二层次综合评价值＞ 0	电子信息技术、生物与新医药技术
0 ＞第三层次综合评价值＞ −2	高技术服务业、新能源及节能技术
−2 ＞第四层次综合评价值	资源与环境技术、航空航天技术

相应结果也印证了一些事实。近年来，湖南的高新技术产业不断拓展开放广度和深度，国内外分工地位不断强化，产业竞争力得到大大加强。2013 年全省机电产品出口增速达到 37.12%，规模工业出口交货值占全国的比重达到 0.92%，创历史新高，已形成机电、化工、钢材、高新技术产品等外向型产业集群。长沙成功获批全国跨境贸易电子商务服务试点城市，打造了郴州、岳阳、益阳、永州、衡阳、常德 6 个国家级加工贸易梯度转移重点承接地。城陵矶临港新区和长沙临空产业园正着力打造出海出境水空大通道。全省企业“走出去”同样大显身手。从 2006 年至今，湖南省对外直接投资连续多年位居中部 6 省第一。通过对外投资，湖南省装备制造、新能源、新材料、生物制药和电子信息等战略性新兴产业和资源勘探开发企业，充分实现了国内外两个市场、两种资源的融合，竞争力实现稳步提高。

8.4　湖南省高新技术产业竞争力的影响因素分析

8.4.1　可能的影响因素与数据

8.4.1.1　可能的因素选取

累计折旧（X_1）：累计折旧对企业筹资有影响。折旧资金越多，用于资产更新和改造的资金越多，那么资金外筹量就越小，反之亦然；累计折旧对企业投资亦有影响。资产折旧额决定了企业留存的现金总量。现金总量越多，可投资的资金越多，反之亦然。

税金（X_2）：高新技术产业对经济增长作用明显，由于其具高投入、高风险、高收益特征，要求政府给予高新技术产业支持和引导作用。税收通过影响高新技术产业技术能力、人力资源、资金支持因素，起到促进产业发展的作用。

负债（X_3）：负债易引发企业收支性财务风险，严重的可导致企业破产倒闭。债务过多，期限结构不合理，可引发现金性财务风险。

政策资金支持（X_4）：政策资金支持作为支持企业的一种方式，有利于地区就业稳定和企业积极履行社会责任，促进公司科技投入和技术实务的增加。

8.4.1.2 数据来源

根据湖南省高新技术产业竞争力可能的影响因素，在《湖南省统计年鉴（2016）》中选取相关数据，如表 8-8 所示。

表 8–8 原始数据表

	全部从业人员	税金（亿元）	负债（亿元）	政策资金支持（亿元）	F（竞争力得分）
电子信息技术	18.64	4.17	486.41	6.77	1.34
生物与新医药技术	6.85	1.24	120.24	0.61	0.74
航空航天技术	7.68	2.34	98.15	1.78	−2.89
新材料技术	4.28	1.94	109.15	5.46	2.87
高技术服务业	2.12	0.56	38.11	2.17	−1.58
新能源及节能技术	3.26	3.03	245.5	4.64	−1.86
资源与环境技术	0.88	1.09	61.54	1.48	−2.3
高新技术改造传统产业	3.24	6.18	802.1	2.18	3.68

8.4.2 模型估量与简介

根据所选择的 4 个与高新技术产业竞争力相关的影响因素，运用 SPSS 软件进行回归分析，结果见表 8-9。

表 8–9　回归分析结果

模型	非标准化系数		标准系数	t	Sig.
	B	标准误差	试用版		
（常量）	−3.910	2.233		−1.751	0.178
全部从业人员	0.182	0.208	0.410	0.873	0.447
税金	5.716	3.663	4.411	1.561	0.217
负债	−0.033	0.025	−3.572	−1.307	0.082
政策资金支持	−0.894	0.715	−0.710	−1.250	0.030

注：因变量为 F。

根据 SPSS 线性回归分析可知，负债和政策资金支持的显著性较高，对高新技术产业竞争力的影响较大。然而，折旧、税金的显著值均大于 0.1，均属于不显著因素，因此可以排除折旧、税金对高新技术产业竞争力的影响。

8.5　湖南省高新技术产业竞争力提升的对策建议

针对本书对湖南省高新技术产业发展现状以及高新技术产业竞争力的实证分析结果，本书提出以下几点建议。

8.5.1　促进产业的均衡发展

从前文的现状分析我们发现，湖南省高新技术产业在近些年取得了很大的成绩，但是高新技术企业的发展潜力没有充分发挥出来，出现了很多层次的分离，各行业竞争力差距大，最终导致其竞争力不足。因此可以采用技术引进等形式，大力发展高新技术产业，促进传统产业的技术改造及结构调整，改变其单一发展模式，将低层次的产业提高一个甚至两个层次，促进高新技术产业的均衡发展。

8.5.2 加大政策扶持力度

应加大对高新技术企业自主创新活动的支持与引导，通过重点计划项目来提高企业的自主创新能力。针对当前环境保护的世界发展趋势，应该大力扶持第三、四层次中的新能源节能技术和资源与环境技术的发展，以适应当前经济发展形势。

8.5.3 完善配套措施

一方面，加大专项资金支持力度。实证研究表明，政策资金支持对高新技术产业有显著激励效果，可以考虑加大高新技术产业的专项资金支持力度。

另一方面，建立良好的融资环境。如银行可以对高新技术产业给予优惠贷款利率，政府对贷款额可给予财政贴息，以减少企业的筹资成本。

第三篇

绿色低碳发展实证研究

第9章　低碳经济背景下湖南经济增长与碳排放的脱钩关系动态比较

9.1　引　言

进入21世纪，随着工业化和城镇化的推进，由此导致能源越来越紧张而环境污染日趋严峻，因此，早在2005年国家制定“十一五”规划的时候，就明确提出要推动各区域节能减排和低碳发展，党的十八大则提出了建设生态文明和美丽中国的愿景，强调区域发展要遵循绿色发展、循环发展和低碳发展的原则，低碳发展已然成为我国新阶段转变经济发展方式的重要途径，这也推动了学术界和社会各界对经济增长与碳排放关系的深入研究。

目前学术界对经济增长与碳排放的关系研究主要集中在三个方面：一是早期的研究，主要是利用经济学图解法分析经济增长与碳排放的关系，主要的分析方法有EKC曲线分析法、投入产出分析法，结构图分解法等。如Samouilids和Mitropoulos（1984）、Grossman和Kruerger（1991）等先后利用这些方法并借助图形的直观感探讨了经济增长与碳排放的关系。二是借助协整分析、回归模型、生态足迹等理论与分析方法分析经济增长和碳排放之间的静态相关性，并适当解释导致这些关系产生的因素等。如Mikael Skou Andersen等引入环境税因素探讨了丹麦1993—2005年不同行业的经济增长和碳排放关系；Mattila和Tuomas引入生态足迹理论分析了芬兰2002—2005年间经济发展中各行业产品的生态足迹，找出了影响碳排放的中间变量；张忠祥（2000）利用相关分析法探讨了中国经济增长与碳排放的关系。三是利用脱钩理论对经济增长和碳排放之间的耦合动态变化展开研究。OECD（2002）最早提出脱钩理论，认为除了经济增长对环境的内在影响外，还存在其他外部影响因素，如产业结构、政策等因素。Tapio(2005) 最早进行了相对系统的经济增长与碳排放之间的脱钩分析，他引入交通运输这一中间变量，以芬兰交通运输业为例来计算经济增长与碳排放的脱钩关系。L. Freitas（2011）借助 Tapio 的分析法分析了巴西经济增长与碳排放的脱钩关系。近年来，国内众多学者开始仿效，研究经济增长与碳排放的脱钩关系，如赵一平等（2006）就我国 GDP 增长与能源消费之间的脱钩关系做了一定的尝试研究；彭觅、吕斌等（2010）利用脱钩理论剖析了中国能源碳排放的区域差异及其影响因素；刘竹、耿涌等（2011）分析了 1995—2008 年间中国低碳试点省份的经济增长与碳排放脱钩关系；王欢芳、胡振华（2012）针对 2000—2009 年间的 28 个制造行业，运用脱钩理论测度了中国制造行业发展与碳排放的关系；程会强、陈豹（2013）运用脱钩理论分析了安徽 1990—2011 年经济增长率与碳排放的动态关系。

总体而言，运用脱钩理论分析经济增长与碳排放的关系是当前研究的主流方法，国内外开展了大量的研究，但是因为各区域的特点各异以及时间演进规律，注定了实证和动态测度某个区域经济增长与碳排放的脱钩关系显得十分必要。我国目前开展的相关研究甚少，对于指导区域节能减排实现经济增长还缺乏经验借鉴。而湖南省长株潭区域作为最早启动两型社会建设的区域，其节能减排和低碳发展已经取得了一定的成就，因此，本书尝试运用脱钩理论动态分析湖南经济增长与碳排放的脱钩关系，在分析湖南经济增长的低碳发展轨迹的基础上，借鉴其经验为其他区域推动低碳发展、实现经济增长提供示范。

9.2　分析方法与数据来源

9.2.1　脱钩指标

脱钩指标是分析经济增长与碳排放关系的关键，因而正确利用脱钩指标是分析两者关系的前提。目前脱钩指标主要有两类：第一类是最早提出脱钩理论的 OECD（2002）构建的脱钩指标，其指标可以简单表述为经济增长速度与碳排放的增长速度的比较，通过比较判断脱钩状态，提出了两种状态：一种为相对脱钩状态，即二者的增长速度均为正且碳排放的增长速度低于经济增长速度；另一种为绝对脱钩状态，即碳排放增长为负而经济增长为正的状态。第二类是 Tapio（2005）在 OECD 提出的脱钩指标测度方法的基础上，引入中间变量和脱钩弹性，动态考察因素之间的灵敏度，提出了三大类脱钩指标八小类脱钩状态，如表 9-1 所示。此外，还有专家提出了复钩关系，意即经济增长与碳排放之间仍然保持着较大的关联性，从两者比率来看，经济增长与碳排放同步增长，或者同步降低，而且脱钩弹性指数较高，为 0.8~1.2 之间的连接状态。本书综合考虑两类指标的现实意义，认为利用 Tapio（2005）的方法判定地区经济增长和碳排放的关系更为精确。其脱钩弹性指数的基本计算公式如下：

$$T=\frac{\frac{\Delta C}{C}}{\frac{\Delta E}{E}}\times\frac{\frac{\Delta E}{E}}{\frac{\Delta GDP}{GDP}}=\frac{\frac{\Delta C}{C}}{\frac{\Delta GDP}{GDP}}$$

式中，T 为脱钩弹性指数；C 为碳排放量（按照标准煤碳排放计算）；E 为终端能源消耗（包含八种能源）；GDP 为地区生产总值；$\frac{\Delta C}{C}$、$\frac{\Delta E}{E}$、$\frac{\Delta GDP}{GDP}$ 分别为碳排放增长率、终端能源消耗增长率和地区生产总值增长率。

脱钩弹性（T）通过引入中间变量终端能源消耗（C），动态反映地区经济增长与能源消耗和碳排放三者之间的关系，反映地区经济增长的小规模变动引起碳排放增长的情况，因而可以为区域调整能耗、降低碳排放提供科学依据。

表 9–1　脱钩弹性指数与脱钩关系判断

环境压力	经济增长	脱钩弹性	脱钩类型	脱钩状态
＞0	＞于 0	$T>1.2$	扩张负脱钩	负脱钩
＞0	＜0	$T<0$	强负脱钩	
＜0	＜0	$0<T<0.8$	弱负脱钩	
＞0	＞0	$0<T<0.8$	弱脱钩	脱钩
＜0	＞0	$T<0$	强脱钩	
＜0	＜0	$T>1.2$	衰退脱钩	
＞0	＞0	$0.8<T<1.2$	增长连接	连接
＜0	＜0	$0.8<T<1.2$	衰退连接	

注：碳排放代表环境压力，GDP 水平代表经济增长。弹性脱钩指数 T 有 3 个临界值，即 0、0.8 和 1.2，依次把脱钩状态划分为 8 种类型。

9.2.2　碳排放指标

对碳排放的测度，选取原煤、原油、天然气、焦炭、煤油、柴油、汽油、燃料油等 8 种终端能源来衡量湖南省“十一五”以来各年度的主要能源消耗水平，通过工业企业实际消耗的这 8 种能源的量来计算能源消耗总量。具体能源的碳排放还需利用能源的碳排放系数和各种能源折算成标准煤的折标系数，以统一碳排放量的计算。能源的碳排放总量为：

$$C=\sum_{i=1}^{8}\alpha_i\times\beta_i\times\gamma_i$$

式中，α_i 为第 i 种能源的消耗量；β_i 为第 i 种能源的碳排放系数；γ_i 为第 i 种能源的标准煤折算系数；$i=1, 2, \cdots, 8$，分别表示从原煤到燃料油等 8 种能源。能源的碳排放系数和折标系数如表 9-2 所示。

表 9–2　主要能源的碳排放系数和能源折标系数

能源种类	原煤	原油	天然气	焦炭	煤油	柴油	汽油	燃料油
碳排放系数 /10⁴t/10⁴tce	0.755 9	0.586	0.448	0.855	0.571	0.592	0.554	0.619
折标系数 /10⁴tce/10⁴t	0.714 3	1.429	1.330	0.971	1.471	1.475	1.471	1.429

资料来源：能源碳排放系数根据 2008IPCC 发布的权威数据。能源折标系数取自权威通则《综合能耗计算通则》（GB/T 2589—2008）。

9.2.3　数据来源

2006—2012 年的湖南省地区生产总值数据全部取自 2007—2013 年湖南统计年鉴（湖南省 GDP 水平按 1978 年不变价计算，以剔除价格因素对 GDP 的影响）。2006—2012 年湖南省 8 种主要能源消费量也来自 2007—2013 年湖南统计年鉴，而 2013 年的湖南省地区生产总值数据和能源消费量取自《2014 年湖南省国民经济统计公报》，2014 年的湖南省地区生产总值数据和能源消费量数据来源于 2014 年 1~8 月全省规模工业综合能源消费量统计数据。相应的地区生产总值增长率和能源消费增长率则为该年度相应数据与前一年度相应数据之比并减去 1 来计算。

9.3　湖南省经济增长与碳排放的动态脱钩分析

9.3.1　碳排放总量分析

根据碳排放总量计算的方法计算湖南省 2006—2012 年能源消耗的碳排放水平，如图 9-1 所示。

总体上看，2006—2012 年，尽管湖南省响应国家“十一五”规划方针，大力推行四化两型和节能减排，但是 2006—2011 年湖南省碳排放总量仍然呈现波动上升的态势，而且年碳排放总量从 4 000 多万吨逐步过渡到 5 000 多万吨，并在 2011 年突破年碳排放量 6 000 多万吨。而从 2012 年开始，湖南省碳排放总量开始下降，总体上看，随着湖南不断推进两型社会建设以及绿色湖南建设，未来湖南碳排放的减缓趋势应当是十分明显的。

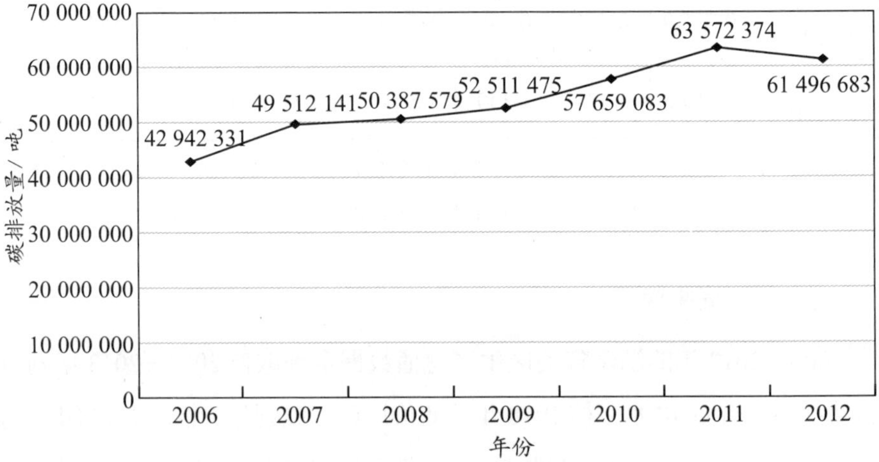

图 9-1　2006—2012 年湖南省碳排放量的变化趋势

9.3.2　脱钩分析

根据本书界定的碳排放量的计算方法以及脱钩弹性指数计算公式，可以计算 2006—2014 年湖南省经济增长和碳排放之间的脱钩弹性指数，并对湖南省经济增长与碳排放的脱钩状态做出科学判断，如表 9-3 所示。

实际上，从表 9-3 就可以直接看出，2006—2014 年湖南省经济增长和碳排放之间的脱钩状态可以用一句话描述，就是“湖南省经济增长和碳排放的关系呈现出相对脱钩到绝对脱钩的趋势”。同时，可以将这种关系划分为两个阶段：第一阶段，2006—2011 年的相对脱钩阶段。2006—2011 年湖南省经济增长和碳排放之间呈现的是弱脱钩的关系，尽管经济增长和环境压力都呈现出增长的趋势，但是脱钩弹性介于 0~0.8 之间，属于弱脱钩的关系。第二阶段，2012—2014 年的绝对脱钩阶段。2012—2014 年，湖南省经济增长和碳排放之间呈现的是强脱钩的关系，碳排放总量在不断降低，而经济增长仍在持续增长，仅以 2014 年 1 月为例，湖南省大部分工业部门综合能耗同比回落，尤其是冶金、化工、电力等高耗能部门综合能耗下降，全省规模工业综合能源消费量为

4 185.47 万吨标准煤，同比下降 3.7%，而经济增长却实现了 9.5% 的增长。因而，脱钩弹性出现负值，表现为强脱钩的状态。另外，从 2006—2014 年湖南省经济增长和碳排放之间的脱钩状态来看，没有出现复钩的现象，说明湖南自“十一五”以来所采取的降低碳排放，走低碳经济发展之路成效是十分明显的，尤其近年来推进新型工业化，有效地降低了碳排放，实现了经济增长，使得湖南省经济增长对碳排放的依赖度一直在降低，并没有出现反弹的现象，显现出良性的经济发展增长态势，其发展经验必然对其他地区有一定的示范价值。

表 9–3　2006—2014 年湖南省经济增长与碳排放的脱钩状态分析

年份	经济增长（以 GDP 增长率衡量）	环境压力（以碳排放量变化衡量）	脱钩弹性	脱钩类型	脱钩状态
2006	0.180 8	0.088 6	0.490 0	弱脱钩	相对脱钩
2007	0.227 7	0.153 0	0.671 9	弱脱钩	
2008	0.224 1	0.017 7	0.079 0	弱脱钩	
2009	0.130 2	0.042 2	0.324 1	弱脱钩	
2010	0.228 1	0.098 0	0.429 6	弱脱钩	
2011	0.226 4	0.102 6	0.453 2	弱脱钩	
2012	0.126 3	−0.033 0	−0.261 3	强脱钩	绝对脱钩
2013	0.101 0	−0.034 1	−0.337 6	强脱钩	
2014	0.095 0	−0.037 0	−0.389 5	强脱钩	

注：2013 年的脱钩指数是基于目前可供查询的主要能源数据计算出来的，2014 年的脱钩指数是基于 2014 年 1~8 月全省规模工业综合能源消费量统计数据计算出来的。

与此同时，由湖南 GDP 增长率和碳排放量增长率的对比曲线（如图 9-2 所示），可以很清楚地看到湖南经济增长和碳排放关系的发展趋势。

从图 9-2 不难发现另一个现象，即湖南 GDP 增长率和碳排放量增长率两条曲线是近乎对称的（2008 年除外，受世界金融危机影响，2008 年经济增长速度急剧下滑，企业能耗与产值呈现相反的趋势）。这也说明，在一定程度上，湖

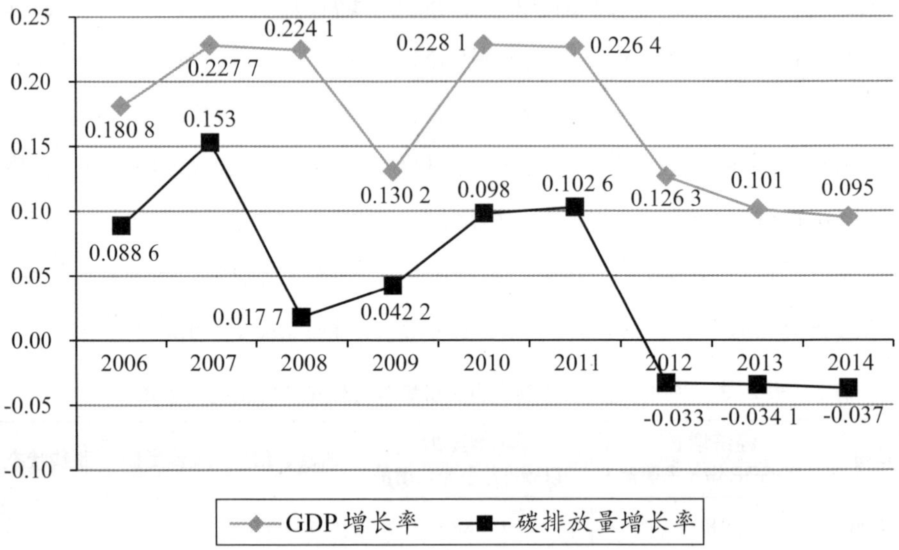

图 9-2　2006—2014 年湖南 GDP 增长率和碳排放量增长率

南的经济增长尽管对碳排放的依赖度在降低，但是其依赖的关系仍然存在。这主要是因为湖南省正处于工业化的中后期阶段，新型工业化才处于刚刚起步阶段，一些传统高耗能的行业在部分地市经济发展当中仍然是主导经济发展的关键性动力，如有色金属冶炼、建材生产、工程机械制造等的综合能耗还处于同比上升阶段，未来仍然需要大力推行节能减排，走转型升级发展的节能路径。

此外，深入地分析 2006—2014 年湖南省单位 GDP（1 亿元）能耗值（如图 9-3 所示），可以发现，湖南省单位 GDP 能耗值呈现下降趋势，从 2006 年 1 亿元的 GDP 需要接近 0.6 万吨碳排放量，到 2014 年 1 亿元的 GDP 碳排放量为 0.269 万吨，还不到原来的一半，可见湖南省单位 GDP 能耗值呈现出急剧下降的趋势。

这主要得益于“十一五”以来湖南省坚持控制高耗能行业过快增长不放松的态势，大力推动淘汰落后产能，如关停小火电机组，淘汰水泥、造纸、铁合金等传统高耗能的落后产能，并通过补贴这些关停企业，使得企业开始进入转型发展的轨道，有效抑制了能耗反弹，同时推动了企业的可持续发展。

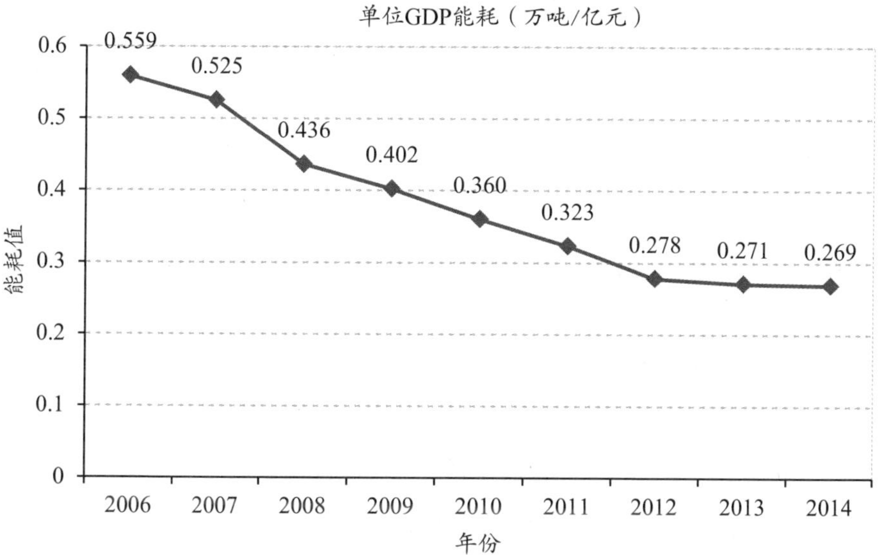

图 9–3　2006—2014 年湖南省单位 GDP 能耗值

9.4　结论与启示

9.4.1　结论

根据2006—2014年湖南省地区生产总值以及能耗情况，计算湖南省的GDP、碳排放量、能源消耗量，从总量分析和动态脱钩分析可以得到三个结论和启示。

第一，湖南碳排放总量呈现动态增长到缓慢下降的发展趋势，这主要得益于湖南推行产业转型升级，直接降低了能源的使用量，达到了减排的目的；同时，通过转型升级提升了经济的附加值，经济增长的质量和速度都得到了有效提高。

第二，湖南经济增长对碳排放的脱钩呈现相对脱钩到绝对脱钩的趋势。这种趋势说明，湖南经济增长对能源的依赖度在下降，但短期内节能减排的任务仍然存在，需要进一步加大节能减排的力度。

第三，湖南脱钩状态的动态变化得益于湖南亿元GDP能耗值的降低。这主要是因为湖南近年来淘汰落后产能，给予企业淘汰高耗能产业补贴政策的出台，大大地激发了企业转型升级的内在动力，因而亿元 GDP 能耗值呈现明显的下降趋势。

9.4.2 启示

基于以上分析，可以说"十一五"以来湖南省推行的节能减排和低碳发展的成效十分显著，对于其他区域进一步推进节能减排和两型发展有着借鉴意义。所得启示和建议主要有以下几点：

一是要加大调整和优化产业结构的力度，采取"限高耗能产业、促低碳产业"的发展措施。湖南省作为传统工业大省，水泥、钢材、冶炼行业产能较大，因此，一方面，要逐步通过政策鼓励与产业转型引导，制定有序推进限制高耗能工业的发展（如低端有色加工等）的规划和措施，同时，鼓励这些传统工业企业通过技术进步减少能源消耗和碳排放，如应用工业去碳技术，达到节能减排的目的。另一方面，要发挥湖南农业和旅游业的发展优势以及新型工业的发展潜力，加大力度发展绿色农业和低碳农业，提高农业的附加值；同时，适应各地旅游业发展的需要，提高旅游业的服务水平和总体价值。要发挥物联网、云计算、生物医药等新型工业化的潜力，做大做强新型工业化总量，打造湖南工业发展的新"名片"，让其成为湖南经济发展的新亮点和新的增长点。

二是切实加强用能管理。一方面，要加强对各地区综合能源消费量、高耗能行业用电量、高耗能产品产量等情况的跟踪监测，对能源消费和高耗能产业增长过快的地区，合理控制能源供应。大力推进节能发电调度，加强电力需求管理，制定和实施有序用电方案，在保证合理用电需求的同时，压缩高耗能、高排放企业用电。另一方面，要进一步抓好重点环节节能。切实落实淘汰落后产能目标责任，加快淘汰落后产能，并严防已关闭的小火电、小钢铁等高耗能企业重新开工。与此同时，要加大电价调控力度，进一步提高湖南淘汰类、限制类企业电价标准，继续加大对钢铁、有色、建材、化工、电力等高耗能行业企业开展优惠电价清理，利用经济政策限制高耗能企业快速发展。

三是完善节能减排体制机制。无论是企业还是地方政府，要发挥节能降耗的最大积极性，都须有制度做保障。一方面，要切实抓好万元 GDP 能耗降低率考核指标的严格考核，改变“唯 GDP 论”的意识。另一方面，建立一个适应节能降耗所需的制度保障体系，如税收机制等，利用制度推动节能减排工作的落地。

第10章　湖南四大区域板块低碳效率测度体系构建与实证分析

10.1　引　言

进入21世纪，随着全国各地以追求经济增长作为区域经济发展的主要目标，各区域也都加快了工业化、城市化、现代化的进程，区域经济增长实现了快速发展。但与此同时，各个区域能源消费也随之快速增长，各区域的环境压力日趋凸显，人们开始前所未有地关注自身所处区域的生存和发展，生态文明、低碳区域、绿色经济、可持续发展成为近几年来社会各界共同关注的焦点和热点。在此背景下，党的十八大报告提出要大力推进生态文明建设，十八届一中、二中、三中、四中全会也都强调要加快推进生态文明建设，十八届四中全会则明确提出要推进生态文明制度建设。如此一来，作为生态文明建设重要手段或途径的区域低碳发展必然作为重中之重来推进，也就注定了区域低碳发展水平成为考核区域生态文明建设成效的关键性标准。从目前的情况来看，在国外，区域低碳发展水平一般用低碳效率来衡量，即在给定的投入和技术的条件下，用各种与碳排放相关的投入变量与产出变量的对比关系来衡量，这也是科学检验区域低碳效率的重要方法。因而认清各区域低碳效率，科学分析区域间低碳效率差异，是找准促进区域低碳发展的对策的关键内容。本书针对上述研究背景，提出区域低碳效率测度的方法和模型，并以湖南四大区域板块数据为例，测度湖南各市、州区域低碳效率，并分析其低碳效率差异及成因，为其他区域测度低碳效率提供方法指导。

10.2　区域低碳效率测度体系构建

10.2.1　区域低碳效率测度方法选择

国外对低碳效率测度的研究较早，比较典型的方法或模型有综合测度模型、投入—产出法（I-O 模型）、可计算一般均衡（CGE）模型等，如 A. Dagoumas 和 T.S. Barker 构建了影响能源消费与碳排放的综合指标体系和低碳效率测度方法；A. Druckman 和 P. Bradley 以及 Parikh 和 Panda 等构建了碳排放的投入—产出模型，分别分析了英国和印度的低碳效率；Mustafa 构建了预算碳消费支出额的一般均衡模型来评价低碳效率。当然，国外评价区域低碳效率的方法还有成本—效益分析法、碳排放强度、能源强度指数等其他方法。

在国内，自“十五”末期国家提倡节能减排以来，对于低碳效率的测度研究引起了理论界和实践界的关注，主要的测度方法有脱钩关系分析法、层次分析法、数据包络分析法、综合评价法和因子分析法等。如熊曦、刘晓玲和周平运用脱钩关系研究了湖南经济增长与碳排放的动态关系；肖翠仙、唐善茂则运用层次分析法评价了广西梧州市的低碳经济发展水平；卢愿清、史军运用因子分析法构建了低碳竞争力评价指标体系；马军、杨颖、贾登勋和黄杰利用数据包络分析法相继测算了内蒙古、四川等 30 个省区市的低碳效率。此外，李静和程丹润、刘晓磊、范丹和王维国基于 SBM 模型测度了不同时间段全国各地区的低碳效率。

从国内外的研究来看，对于低碳效率测度的研究已经有了大量的研究基础，但是仔细梳理可以发现，现有的研究要么在具体测度过程中带有一些主观因素，影响了测度的效果，如层次分析法和综合评价法等，要么在具体的测度方法上缺乏一定的合理性，如传统的 DEA 相对效率评价思想是以最小的投入生产尽可能多的产出，要求投入尽可能地减少而产出必须尽可能地增加，而现实生产过程可能产生明显的被称为非期望产出的副产品，这些非期望产出必须尽可能地减少才能实现最佳的经济效率。追求低碳经济发展，就要实现碳排放量这一非期望产出的持续减少。可见传统 DEA 方法测度低碳效率也略显不足。因此，基于国内外现有研究存在的缺漏和不足，为了更加全面、深刻地测度区域低碳效率，进而加速和推动区域低碳经济发展，应该科学选择测度方法和建立合理的测度指标体系。

综合上述，笔者认为基于松弛测度的非径向非角度的度量方法 SBM(Slacks-based Model）模型可以弥补区域低碳效率测度的一些不足，一方面，可以解决影响区域低碳投入产出的松弛性问题，另一方面，可以解决非期望产出存在下的低碳效率测度问题。传统的 DEA 模型大都应用于径向和角度的度量，其中径向要求投入与产出等比例减少或增加以提高生产效率，角度是指单从使投入尽可能小的角度或使产出尽可能大的角度。而改进后的 SBM 模型把松弛变量直接加入目标函数，以此解决了投入、产出存在非零的松弛性问题，以及生产过程中包含非期望产出的效率评价问题，即要求期望产出尽可能大、非期望产出尽可能小。该模型避免了因径向和角度的选择，造成度量的效率值产生偏差，也更能体现出效率评价的本质。

DEA（数据包络分析方法）是一种运用线性规划的数学方法，主要用于评价相似决策单元的相对效率。其线性规划模型具体为：假设有 n 个决策单元 DMU（decision making units），每个决策单元有 m 种投入 $[X=(x_{ij})\in R_{m\times n}]$ 和 s 种产出 $[Y=(y_{ij})\in R_{s\times n}]$，则求解第 i 个决策单元的效率，可以转化为如下线性规划问题：

$$\min\theta$$

$$\text{s.t.}\begin{cases}\theta x_i - X\lambda \geqslant 0\\ -y_i + Y\lambda \geqslant 0\\ \lambda \geqslant 0\end{cases}$$

式中，θ 表示第 i 个决策单元的效率值，λ 为常数向量，效率值满足 $0\leqslant\theta\leqslant 1$。当 $\theta=1$ 时，该决策单元的投入组合为最优组合，其产出为在该投入组合下所能得到的最大产出，因而处于有效状态。

在此基础上，根据SBM模型的思想，构建区域低碳效率测度方法或模型为：假设有 n 个决策单元，其中每个决策单元均有投入、期望产出、非期望产出3个向量，设使用 m 种投入（$x \in R_m$），生产出 s_1 种期望产出（$y^g \in Rs_1$）和 s_2 种非期望产出（$y^b \in Rs_2$），则由此可定义3个向量的矩阵 X、Y^g、Y^b，分别为：投入矩阵 $X=(x_{ij}) \in R_{m\times n}$，期望产出矩阵 $Y^g=(y^g_{ij}) \in Rs_{1\times n}$，非期望产出矩阵 $Y^b=(y^b_{ij}) \in Rs_{2\times n}$，其中 $X>0$，$Y^g>0$，$Y^b>0$，则生产可能性集合 P 定义为：

$$P=\{(x,\ Y^g,\ Y^b)\mid x \geqslant X\lambda,\ Y^g \leqslant Y^g\lambda,\ Y^b \geqslant Y^b\lambda,\ \lambda \geqslant 0\}$$

根据定义，处理非期望产出的SBM模型如下：

$$\rho^* = \min \frac{1-\dfrac{1}{m}\sum_{i=1}^{m}\dfrac{s_i^-}{x_{i_0}}}{1+\dfrac{1}{s_1+s_2}\left(\sum_{r=1}^{s_1}\dfrac{s_r^g}{y_{r_0}^g}+\sum_{r=1}^{s_2}\dfrac{s_r^b}{y_{r_0}^b}\right)}$$

$$\text{s.t.}\begin{cases} x_0 = X\lambda + s^- \\ y_0^g = Y^g\lambda - s^g \\ y_0^b = Y^b + s^b \\ \lambda \geqslant 0, s^- \geqslant 0, s^g \geqslant 0, s^b \geqslant 0 \end{cases}$$

式中：s 表示投入、产出的松弛变量；λ 表示权重向量；s^- 表示投入过剩；s^b 表示非期望产出过多；s^g 表示期望产出不足；如果约束条件中这3个松弛变量大于0，则意味着实际投入和非期望产出大于边界投入和边界非期望产出，而实际期望产出小于边界期望产出；ρ^* 表示被评价单元的效率值，有 $0 \leqslant \rho^* \leqslant 1$，目标函数 ρ^* 随 s^-、s^b、s^g 严格递减，ρ^* 的分子测度被评价单元的投入效率，分母测度被评价单元的产出效率。对于被评价的生产单元，ρ^* 越大则效率越高，当且仅当 $\rho^*=1$，即 $s^-=0$、$s^b=0$、$s^g=0$ 时，该单元完全有效率；当 $\rho^*<1$ 时，被评价单元非完全有效，存在效率损失，若实际投入与生产前沿存在差距，则投入无效率；若实际产出与生产前沿存在差距，则产出无效率，因此投入和产出存在着改进的必要性。

10.2.2 SBM 测度方法下区域低碳效率测度指标选择

可计算一般均衡（CGE）模型在微观产业政策分析中应用广泛，特别是模拟环境政策对经济影响的研究。黄英娜等通过计量经济估算法筛选了环境CGE模型中可行的生产函数，即三要素二级嵌套CES生产函数，生产函数模型中以资本（K）、劳动力（L）、能源（E）作为投入要素，讨论了3种投入要素之间的替代弹性。本书主要研究在碳排放非期望产出条件下，湖南省四大板块区域的低碳效率情况。借鉴环境CGE模型生产函数，本书假定生产过程中有3种投入要素，即资本（K）、劳动力（L）和能源（E），生产出期望产出GDP和非期望产出CO_2排放量。

借鉴相关文献且限于数据的可得性，本书选取以下投入产出变量作为测度区域低碳效率的评价指标。

资本投入：限于数据可得性，以固定资产投资（亿元）指标衡量当年的资本投入情况；

劳动力投入：采用各地区年底三次产业从业人员总数（万人）衡量当年的劳动力投入状况；

能源投入：限于数据可查找性，使用规模以上工业企业综合能源消费量（万吨标准煤）衡量各地区相应年份的能源投入情况；

期望产出：使用地区生产总值GDP（亿元）表示；

非期望产出：即CO_2排放量，根据2008年IPCC发布的能源碳排系数，其中原煤的碳排放系数为0.755 9，如湖南省统计年鉴中能源消费量数据已折算为万吨标准煤，因此使用原煤碳排放系数和能源消费量即可估算CO_2排放量。

10.3 区域低碳效率测度的实证分析过程

10.3.1 描述统计分析

鉴于数据的可得性，本书选取2005—2012年湖南统计年鉴中14个市（州）低碳效率测度的投入产出面板数据，利用Excel和SPSS对数据进行必要的处理和计算，得出低碳效率的投入产出指标数据描述性统计分析结果，如表10-1所示。

表10-1　低碳效率的投入产出指标描述统计分析（2005—2012）

指标	资本投入（亿元）	劳动力投入（万人）	能源投入（万吨标准煤）	GDP—期望产出（亿元）	CO_2排放量—非期望产出（万吨CO_2/万吨标准煤）
最大值	14 576.61	4 019.31	7 162.93	22 154.23	5 414.46
最小值	2 563.96	3 801.48	4 877.88	6 596.10	3 687.19
均值	7 409.35	3 922.43	6 165.16	13 275.07	4 660.25
标准差	4 260.89	78.15	738.32	5 617.49	558.10

表10-1显示了2005—2012年湖南的投入产出数据特征。投入方面：平均固定资产投资约为7 409亿元，平均从业人员数约为3 922万人，平均综合能源消费量约为6 165万吨标准煤；其中资本投入的标准差最大，劳动力投入的标准差较小，这意味着对低碳效率变动差异影响较大的可能是资本投入。产出方面：平均期望产出GDP约为13 275亿元，平均非期望产出CO_2排放量约为4 660万吨CO_2/万吨标准煤；其中期望产出的标准差较大，非期望产出的标准差较小，因而期望产出不可能是低碳效率变动差异的重要影响因素。

10.3.2　湖南四大区域板块低碳效率测度结果及评价

本书运用包含非期望产出的SBM模型对湖南低碳经济发展效率进行综合评价，通过DEA-SOLVER Pro5.0中的SBM-NonOriented模型测度2005—2012年湖南省及其14个市（州）的低碳效率值，结果如表10-2所示。

根据湖南省发改委从2013年起对县域经济分类考核的规定，湖南省已形成了长株潭、环洞庭湖、泛湘南、大湘西四大经济区域，其中长株潭经济区包括长沙、株洲、湘潭三市，环洞庭湖经济区包括常德、岳阳、益阳三市，大湘西经济区包括邵阳、怀化、湘西自治州和张家界四市州，泛湘南经济区包括衡阳、娄底、永州和郴州四市。本书以地区低碳效率均值测度了四大经济区域的低碳效率，以分析湖南低碳效率区域差异性。

表 10-2 湖南省各地区及四大板块低碳效率测度结果（2005—2012）

地区	2005	2006	2007	2008	2009	2010	2011	2012	均值
湖南省	1.000	1.000	1.000	1.000	0.956	0.961	1.000	1.000	0.990
长株潭经济区	1.000	1.000	1.000	1.000	0.964	0.974	1.000	1.000	0.992
长沙	1.000	1.000	1.000	1.000	0.997	0.986	1.000	1.000	0.998
株洲	1.000	1.000	1.000	1.000	0.953	1.000	1.000	1.000	0.994
湘潭	1.000	1.000	1.000	1.000	0.940	0.936	1.000	1.000	0.985
环洞庭湖经济区	1.000	1.000	1.000	1.000	0.978	0.998	1.000	1.000	0.997
岳阳	1.000	1.000	1.000	1.000	0.954	0.994	1.000	1.000	0.993
益阳	1.000	1.000	1.000	1.000	1.000	1.000	1.000	1.000	1.000
常德	1.000	1.000	1.000	1.000	0.979	1.000	1.000	1.000	0.997
泛湘南经济区	1.000	1.000	1.000	1.000	0.938	0.968	1.000	1.000	0.988
衡阳	1.000	1.000	1.000	1.000	1.000	1.000	1.000	1.000	1.000
娄底	1.000	1.000	1.000	1.000	0.942	0.972	1.000	1.000	0.989
永州	1.000	1.000	1.000	1.000	0.902	0.949	1.000	1.000	0.981
郴州	1.000	1.000	1.000	1.000	0.905	0.953	1.000	1.000	0.982
大湘西经济区	1.000	0.999 9	0.999 9	0.991	0.951	0.981	1.000	1.000	0.990
邵阳	1.000	1.000	1.000	0.965	0.900	0.926	1.000	1.000	0.974
怀化	1.000	1.000	1.000	1.000	0.947	1.000	1.000	1.000	0.993
张家界	1.000	1.000	1.000	1.000	0.956	1.000	1.000	1.000	0.994
湘西自治州	1.000	0.999 7	0.999 7	1.000	1.000	1.000	1.000	1.000	0.999 9
均值	1.000	0.999 9	0.999 9	0.997	0.955	0.980	1.000	1.000	0.992

由表 10-2 可知，湖南各地区低碳经济发展基本是有效的，仅 2009 年和 2010 年湖南大部分地区低碳效率小于 1，存在效率损失，其次就是大湘西地区在 2006—2010 年间都存在低碳效率损失。但总体上湖南低碳经济发展效率较

高，2005年、2011年和2012年的低碳效率均值为1，表示低碳经济发展完全有效率，2009年的低碳效率最低，仅有0.956，存在较大的效率损失。

对测度结果进行区域对比分析发现，2005—2012年间，湖南省低碳效率平均水平为0.992，四大区域板块中环洞庭湖经济区、泛湘南经济区的低碳效率高于平均水平，其中泛湘南经济区最高，低碳效率均值为0.988，长株潭经济区低碳效率基本与平均水平持平，而大湘西经济区低碳效率要低于平均水平。这说明经济较发达的长株潭地区在大力推进工业化的过程中，随着投入的增加，期望产出增加，而非期望产出CO_2排放量也相应增加了；经济发展水平相对落后的湘西地区由于生产投入少、产出偏低，经济发展效率也相对较低。

本书计算的低碳效率是相对指标，低碳效率值高意味着相对于其他区域或年份的低碳效率相对占优势，但碳排放仍然有减少的空间，仍需努力推动低碳经济发展。为比较湖南四大区域板块间低碳效率的差异，观察湖南省及其四大经济区低碳效率的变动趋势，将上述结果用图10-1直观描述。

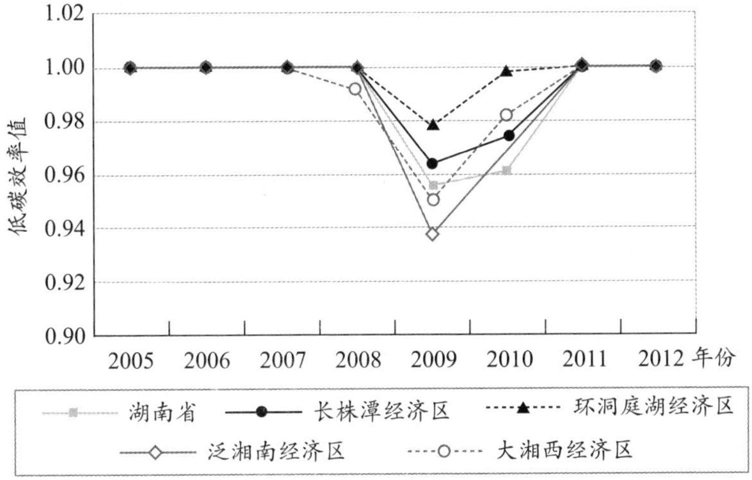

图10-1　湖南四大区域板块低碳效率变动趋势

从低碳效率总体均值看，2005—2012年间，湖南四大区域板块低碳经济发展效率呈现先平稳保持效率为1，再下降而后又平稳上升至保持有效发展效率的变动趋势。在2008—2010年间各区域低碳效率较低，2009年达到最低点，其中泛湘南经济区出现了0.938的效率最低值；2010年各区域依然存在效率损失，但效率值有所上升，其中环洞庭湖经济区效率值最大，而泛湘南经济区和大湘西经济区低碳效率的上升幅度最大。因此，由湖南四大区域板块低碳效率变动趋势可知，湖南区域间的低碳效率数值差异较小，波动差异相对较大，这意味着湖南低碳效率的提升还有一定的空间。

10.3.3 区域低碳效率差异的收敛性分析

根据Barro和Sala-i-Martin的研究，收敛分为σ收敛和β收敛。σ收敛分析通常借助变异系数（*CV*）来测量样本个体之间的差异性。变异系数又称“标准差率”，采用标准差与平均数的比值，表示离散程度，是衡量资料中各观测值变异程度的一个统计量。为考察湖南四大区域内的低碳效率变动差异，本书采用变异系数进行σ收敛分析，通过计算不同年份的变异系数，观察其随时间推移的变化趋势，如图10-2所示。

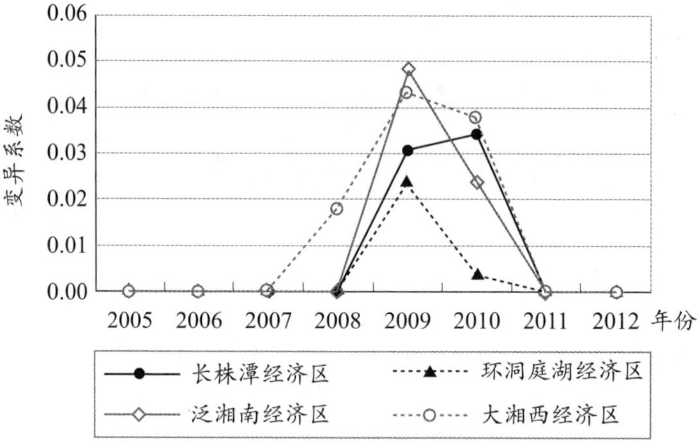

图10-2 湖南区域低碳效率变异系数变化趋势

从图10-2可以看出，整体上低碳效率变异系数趋同，各区域σ值存在差异，即各区域内低碳效率差距大小不一。变异系数波动较大，但总体上，区域内低碳效率差距呈收敛趋势。

从各区域板块的变异系数看，2005—2012年间，低碳效率的σ值基本呈现先收敛再发散而后又收敛的演变态势，转折点一般出现在 2009 年、2010 年，这两年湖南区域内低碳效率差距较大。2009 年的泛湘南区域变异系数最大（即 2009 年泛湘南区域内各市的低碳效率差距最大），在此之后内部差距呈快速收敛之势；大湘西区域的变异系数整体较大，说明大湘西各市州间的低碳效率差距较大，在 2010 年后呈收敛趋势；环洞庭湖区域的变异系数最小，并且波动也较小，即该区域内部低碳效率差异较小；长株潭地区 σ 值表现出 2009—2010 年呈增长趋势，意味着长株潭地区内低碳效率差距在递增，而其他三个区域尽管这两年差距较大，但差距依然在缩小。

综合以上分析，从低碳效率变异系数变化趋势看，湖南四大区域板块内低碳效率差距较大，但呈收敛趋势，区域间相比，波动差异较大，这表明缩小区域间低碳效率差异，是提升湖南整体低碳效率水平的重要途径，而关键就在于各区域严格按照节能减排要求，做好相应的低碳发展工作。

10.4　启示与建议

10.4.1　启示

从上述分析可以看出，对于低碳效率的区域评价基本上能够反映这些区域的实际，如湖南省整体的低碳效率比较高，这得益于近年来省委、省政府对生态文明建设和低碳区域发展，以及绿色湖南发展的科学决策和周密部署，全省上下围绕发展方式转变和经济结构调整这一主线，着力推动全省各区域走上低碳发展的轨道，尤其是长株潭两型社会建设、环洞庭湖生态经济区成功获批国家级生态经济区、大湘西地区成为首批国家级生态文明先行示范区等区域战略的实施与推行，都与低碳发展和生态文明有关，对于推动全省低碳效率水平提升有着至关重要的作用。同时，环洞庭湖经济区作为国家级生态经济区，其低碳效率最高，这得益于洞庭湖作为生态宝地，环洞庭湖经济区各县市加大了对区域内节能减排、环保产业、污水处理、环境整治、退耕还林、退田还湖等项目的政策支持，如下大力气关停一些能耗高、污染重的企业，确保了区域的低碳化发展。而相对来说，泛湘南经济区低碳效率较其他区域要低，这与区域内的产业结构有一定的关系。目前区域内还拥有一些能耗较高的企业，如水泥、建材等企业比较多，在一定程度上提高了能源的投入，使得碳排放量增加，从而给这些区域的低碳效率提升造成了一定的困难。因此，给我们的启示是，区域低碳效率提升需要切实转变区域经济发展方式，坚持产业结构优化调整或升级，同时，从制度上推动节能减排工作出实效。当然，还离不开社会各界的配合与努力，只有这样才能推动区域低碳发展水平的不断提升。

10.4.2 对策建议

一是区域低碳效率提升要着眼于转变区域经济发展方式。切实转变“唯GDP论”的观点，坚决改变重开发、轻节约，重速度、轻效益，重眼前、轻长远的传统发展模式，坚持“宁要绿水青山，不要金山银山，绿水青山就是金山银山”的观念。以此为基础，一方面，对于区域内传统产业应加快推进区域传统产业转型升级和结构优化调整，推动区域经济增长由过度依赖能源向创新驱动的转变，用高新技术和先进适用技术改造提升传统产业。另一方面，在新兴产业选择方面，以科技含量高、经济效益好、资源消耗低、环境污染少为标准去科学合理地选择和布局产业，有条件的区域应该大力发展生态工业、生态农业、生态旅游和现代服务业。此外，应大力推广应用新技术、新材料、新能源，尽可能降低对生态环境的影响。

二是区域低碳效率提升要靠制度优化和资源整合。提高区域低碳效率要将节能减排和生态保护作为重中之重，出台相关的制度和考核办法，确保区域内控增量与减排放并举。一方面，在区域项目选型方面要牢牢把住项目环评关，从源头上控制污染物排放总量的增长，并加大对重点区域、流域、行业环境污染的整治力度，特别是要通过发展循环经济、推广清洁生产等途径，大幅度降低污染物排放总量；另一方面，要坚持城乡低碳效率双重控制，既要防止城市污染向农村转移，又要加快推进农村面源污染治理和农村生活垃圾、污水集中处理等工作。此外，各个区域要切实加强对水源、森林、海洋、湿地等生态功能区的保护，对于禁止开发的区域要严格禁止开发，对于生态破坏严重的区域要迅速启动生态修复工程。

三是区域低碳效率提升要靠全社会努力。要在全社会形成节能减排、低碳出行、绿色发展的氛围。同时，新时期要加大生态文明宣传教育力度，普及生态文化知识，提高生态文化影响力。一方面，可以推广低碳社区、绿色单位、低碳家庭等评比活动，培育和引导低碳的生产方式、生活方式，使每一个公民、每一个家庭都成为低碳的宣传者、实践者、推动者和受益者，自觉节俭消费，崇尚绿色生活，为提升低碳效率贡献力量；另一方面，应进一步加大政策研究和监督检查力度，注重探索公众参与机制，鼓励和引导群众参与低碳环保事业，使区域低碳发展成为全社会的共同愿望、共同责任和共同行动。

第11章　湖南各地州市区域节能减排效果测度研究

11.1　引　言

进入21世纪以来，能源和环境问题已得到国际社会的广泛关注和高度重视。而对我国来说，随着各区域推进工业化和城镇化发展步伐的加快，各种资源瓶颈和环境恶化的现象开始出现，对此，各级政府也开始致力开展节能减排工作，建设两型社会，以此推动区域经济社会可持续发展。在这种背景下，节能减排效果测度自然就成为检验区域经济发展质量的重要标准。但由于目前区域节能减排涉及区域生产模式、生活方式等多方因素，导致难以提出比较统一且科学合理的节能减排效果测度指标，也难以运用科学合理的方法测度区域节能减排效果，这也是区域节能减排效果评估面临的一个重要问题。在当前国内外关于区域节能减排效果测度的相关研究还比较少，在研究不系统和不具体的情况下，迫切需要构建能够反映区域能源投入与排放产出的区域节能减排效果测度模型，并利用所建立的模型研究各区域节能减排的效果，科学分析区域间节能减排效果差异，为各地区节能减排效果评估提供科学依据，为政府开展区域节能减排监察提供参考。

湖南是工业大省，一直以来湖南省委、省政府都高度重视节能减排工作，将其作为区域经济社会发展的重要约束性指标，坚持走科技含量高、经济效益好、资源消耗低、环境污染少、人力资源优势得到充分发挥的新型工业化道路，取得了明显的成效。“十一五”期间，全省单位规模工业增加值能耗累计下降41.04%。“十二五”前四年，全省单位规模工业增加值能耗又累计下降30%左右，与此同时，湖南GDP增长10.1%，能源消费总量增长速度仅为4.88%，比GDP增速慢5个百分点。万元GDP能耗也呈现出持续下降的态势。这说明，节能降耗在推进湖南产业结构调整和运行质量提升方面发挥了重要作用。因此，分析这些年来湖南区域节能减排的效果，并分析各地区节能减排效果的差异及成因，根据所建模型和分析结果，可为湖南纵深推进各地区节能减排工作提供科学的依据，也为其他省份测度各区域节能减排效果提供示范。

11.2　模型选择与变量选取

11.2.1　模型选择

节能减排包含了能源资源利用的最大化以及废气、废水、废物排放的最小化，因此区域节能减排效率就是衡量区域生产和生活过程中能源和资源的投入与废气、废水、废物排放产出的比率。选择一个合适的评估模型对于科学评估区域节能减排效果至关重要。目前，对于节能减排效果的测度方法主要有数据包络分析法（DEA）。就测度区域范围层面来看，主要有三种：一是全国层面测度各省区市节能减排效果；二是就一个区域板块开展节能减排效果测度，如有学者就我国中部六省的节能减排效率开展了测评，还有学者就湖南四大区域板块低碳效率开展了测评；三是测度某个具体的省区市开展节能减排的效率，如有学者就江苏省节能减排效果开展了测评。可以说，对于节能减排效果的测度已经有了一些研究基础，且以数据包络分析这一传统方法使用较多。但是仔细梳理可以发现，传统的DEA方法相对效率评价思想追求的是以最小的投入生产尽可能多的产出，要求投入尽可能地减少而产出必须尽可能地增加，而现实生产过程可能带有明显的被称为非期望产出的副产品，这些非期望产出必须尽可能地减少才能实现最佳的经济效率。可见传统DEA方法的测度节能减排效果也略显不足，且发现 DEA 模型无法对同时有效的决策单元做出进一步评价与比较。因此，基于国内外现有研究存在的缺漏和不足，为了更加全面、深刻地测度区域节能减排效果，本书将 DEA 模型改进为超效率 DEA 模型，科学选取能够反映出区域节能减排效果的投入、产出指标，利用 MYDEA 软件，对湖南各地州市区域节能减排效果进行测度。

11.2.2 变量选取

为了能够对区域节能减排效果进行准确的测度，首先需要确定影响该效率的各种指标。从现有文献看，有学者以能源、水资源利用作为投入指标并以废水、SO_2 综合治理绩效作为产出指标建立节能减排效率评价指标体系模型。还有学者建立了以万元 GDP 能耗、工业 SO_2 排放量和万元 GDP 中 CO_2 排放量为投入指标，以 GDP、工业 SO_2 削减量和 CO_2 排放强度降低量为产出指标的节能减排绩效评价体系。也有学者简单选取能源消耗作为投入指标，以污染物排放作为产出指标，测度我国各个区域的节能减排效率。本书考虑到政府节能减排监察实际，围绕节能减排监察过程中提出的区域能耗及二氧化碳、废水排放量、固体废物排放等核心指标，建立测度节能减排效果的指标体系。其中，将地区能源消耗以及环境容纳资源的使用作为投入指标，这些指标代表了地区经济发展中对于能源资源的投入及环境资源的投入；而将地区经济发展总体情况以及地区环境质量情况作为产出指标，以此反映地区经济发展的情况以及减排结果。在此基础上，构建的区域节能减排效果测度的投入和产出指标体系如表 11-1 所示。

表 11-1 区域节能减排效果测度的投入和产出指标体系

投入	投入变量	产出	产出变量
地区能源消耗	能源消耗总量（万吨）	地区经济	地区生产总值（GDP，亿元）
地区环境容纳资源	二氧化碳排放量（万吨）	地区环境质量	废气排放削减率（%）
	废水排放量（万吨）		废水处理排放达标率（%）
	固体废物产生量（万吨）		固体废物综合利用率（%）

11.3　模型构建与实证

11.3.1　模型构建

11.3.1.1　构建超效率 DEA 模型测度湖南各地州市区域节能减排效果

根据数据包络分析的基本原理，对其进行改进，改进的思路是在进行第 m 个决策单元效率评价时，使第 m 个决策单元的投入和产出被其他所有的决策单元投入和产出的线性组合替代，而将第 m 个决策单元排除在外。一个有效的决策单元可以使其投入按比例地增加，而效率值保持不变，其投入增加比例即其超效率评价值，据此建立以下模型：

$$\min \theta$$

$$s.t.\begin{cases}\sum\limits_{\substack{j=1\\j\neq m}}^{n} x_j\lambda_j + s^- = \theta x_m \\ \sum\limits_{\substack{j=1\\j\neq m}}^{n} y_j\lambda_j - s^+ = y_m \\ \lambda_j \geqslant 0, j=1,2,\cdots,n \\ s^- \geqslant 0, s^+ \geqslant 0\end{cases}$$

式中，x 为投入指标；y 为产出指标；θ 为超效率值；s^- 为投入松弛变量；s^+ 为产出松弛变量。另外，在此基础上，设 $G=\sum\lambda_j$ 为规模效益。

11.3.1.2　利用多元回归模型分析影响湖南各地州市区域节能减排效果的因素

回归模型是现代统计学中应用最为广泛的模型之一，是用来找出能够反映变量间真实关系的表达式。本书在得出湖南各地州市区域节能减排效果测度得分的基础上，要找出影响其得分的因素，也就是要分析这些因素与节能减排效果之间的关系，因此，可以借用回归分析模型。同时，因为要考虑的因素有多个，因而选择多元回归模型较为妥当。将节能减排效果作为因变量（同上，记为 θ），将影响节能减排效果的因素作为自变量（记为 S_1、S_2、…、S_n），则它们之间的关系可以表述为：

$$\theta=\lambda_0+\lambda_1S_1+\cdots+\lambda_nS_n+e$$

式中，λ_0 为常数项，$\lambda_1, \cdots, \lambda_n$ 为回归系数（均为未知参数），e 为随机误差。

将相关变量数据输入 EViews 软件，得到多元回归分析的结果，并展开具体分析，明确影响节能减排效果的因素及其重要性，并分析其作用机理，为针对性地提出改善区域节能减排效率的对策提供科学依据。

11.3.2　模型实证

11.3.2.1　数据来源说明

本书数据来源于各年度湖南统计年鉴、湖南城市统计年鉴以及各地区经济社会发展报告，建立 2011—2014 年湖南省 14 个地州市节能减排效果测度的投入产出面板数据表，利用 Excel 和 SPSS 对数据进行必要的预处理和计算。由于面板数据表大，鉴于篇幅，本书不再列出原始数据。

11.3.2.2　节能减排效果总体分析

利用 MYDEA 软件，将输入输出指标代入上述模型中，得出 2011—2014 年湖南省内各地州市的节能减排效果值（θ），如表 11-2 所示。

从整体来看，湖南省 14 个地州市的节能减排效果平均值 θ 在 2011 年、2012 年、2013 年、2014 年分别为 1.98、2.82、3.47、4.38，呈现出上升的态势，且 2011—2014 年这几年节能减排效果均大于 1，整体 DEA 有效，表明“十二五”期间湖南在节能减排方面的工作做得比较出色，区域节能减排整体成效显著，效果较好，这与湖南这几年大力推行节能减排、两型社会建设以及倡导“绿色湖南”发展是有关的。如以 2014 年为例，湖南狠抓工业节能、清洁生产和资源综合利用等各项工作，成效显著，全年全省单位规模工业增加值能耗下降 11% 左右（高出全国降幅 4 个百分点），全省规模工业综合能源消费量下降 3.9% 左右，以较低的能源消耗支撑了较快的工业经济增长，凸显了节能减排效果。同时，长沙、常德、益阳、娄底等地市节能减排效果比较好，这也是符合实际的。如长沙是长株潭两型社会建设的重中之重，是省会城市，其作为全国率先推进两型社会建设的典型大市，在推进低碳发展方面取得了突出的成效。而常德、益阳作为洞庭湖生态经济区的重要组成部分，其生态发展理念和方式存在由来已久，在节能减排方面也走在全国的前列，节能减排效果显著。

表 11-2　2011—2014 湖南省内各地州市的节能减排效果测度结果

地区	2011 年	2012 年	2013 年	2014 年	均值	排名
长沙	2.92	3.74	4.60	6.45	4.43	1
株洲	1.62	2.58	3.17	3.57	2.74	10
湘潭	1.99	2.89	3.56	4.40	3.21	7
岳阳	1.37	2.24	2.75	3.01	2.34	13
益阳	2.35	3.26	4.02	5.17	3.70	3
常德	2.62	3.53	4.34	5.80	4.07	2
衡阳	1.26	2.03	2.50	2.78	2.14	14
娄底	2.25	3.09	3.81	4.97	3.53	4
永州	1.64	2.48	3.05	3.63	2.70	11
郴州	1.53	2.46	3.02	3.39	2.60	12
邵阳	1.86	2.87	3.54	4.10	3.09	8
怀化	2.07	2.99	3.69	4.57	3.33	6
张家界	1.83	2.57	3.16	4.05	2.90	9
湘西自治州	2.43	2.71	3.32	5.37	3.46	5
全省均值	1.98	2.82	3.47	4.38	3.42	

同时，从表 11-2 也可以看出，湖南省 14 个地州市的 θ 值在 4 年内的平均值均大于 1，表示湖南省 14 个地州市的节能减排效果都相对较好。θ 值越高，表示该地区的节能减排效果越好，也说明湖南各地州市都在充分利用自己有限的优势资源来获得最大的产出，把资源投入到效率较高的部门，适应了市场经济和城市总体经济发展的需求，获得了较好的效果。在保证经济持续发展的前提下，能源资源得到了比较充分合理的使用，污水、二氧化硫的减排卓有成

效。同时，可以注意到，θ 值相对较低的衡阳、岳阳、郴州等市，是湖南工业大市，正处于加快转型发展时期，短期内其节能减排效果提升还不够明显，在节能减排方面还有许多亟须改进的地方。

11.3.2.3 规模效益分析

进一步利用软件可以计算得到 2011—2014 年湖南省各地州市的规模效益值 *G*，如表 11-3 所示。

表 11-3 2011—2014 湖南省内各地州市的规模效益值 *G*

地区	2011 年	2012 年	2013 年	2014 年	均值
长沙	1.65	1.70	1.79	2.02	1.55
株洲	0.91	1.17	1.23	1.12	0.96
湘潭	1.12	1.31	1.38	1.38	1.13
岳阳	0.77	1.01	1.07	0.95	0.83
益阳	1.32	1.48	1.56	1.62	1.30
常德	1.48	1.60	1.68	1.81	1.43
衡阳	0.71	0.92	0.97	0.87	0.75
娄底	1.27	1.40	1.48	1.55	1.24
永州	0.93	1.12	1.19	1.13	0.95
郴州	0.86	1.11	1.18	1.06	0.92
邵阳	1.04	1.30	1.38	1.28	1.09
怀化	1.16	1.35	1.44	1.42	1.17
张家界	1.03	1.17	1.23	1.27	1.02
湘西自治州	1.37	1.23	1.29	1.68	1.21

从平均规模效益值分析，可知株洲、岳阳、衡阳、永州、郴州的规模效益值介于 0~1 之间，说明成倍地加大节能减排方面的投入力度，这些区域的节能

减排会取得更好的效果。除了这几个市之外，其他地区的规模效益值均大于 1，说明这些地区的规模效益递减，在节能减排方面的投入应保持适度的规模。

11.3.2.4　节能减排效果动态分析

为了更好地分析湖南 14 个地州市节能减排效果的变化趋势，本书运用 2011—2014 年以来湖南省 14 个地州市的面板数据，采用 Malmquist 指数模型计算了其效率变动值。由于湖南省 14 个地州市的面板数据较长，因此，分析 14 个地州市年均节能减排效果的 Malmquist 指数及其分解，如表 11-4 所示。

表 11-4　湖南省各地州市年均节能减排效果的 Malmquist 指数及其分解

地区	综合技术效率	技术进步	纯技术效率	规模效率	全要素节能减排效果
长沙	1.000	1.129	1.000	1.000	1.129
株洲	1.005	1.119	1.000	1.005	1.128
湘潭	0.918	1.199	1.000	0.921	1.116
岳阳	1.039	1.077	0.981	1.070	1.127
益阳	1.014	1.105	1.000	1.014	1.123
常德	1.001	1.159	1.000	1.000	1.125
衡阳	0.951	1.231	1.000	0.961	1.118
娄底	0.979	1.088	1.003	0.983	1.069
永州	0.988	1.141	0.998	0.995	1.117
郴州	1.000	1.087	1.000	0.998	1.104
邵阳	0.932	1.169	0.991	1.000	1.112
怀化	1.006	1.121	1.000	1.000	1.120
张家界	0.991	1.053	0.988	0.996	1.113
湘西自治州	0.980	1.120	1.000	0.998	1.124
均值	0.986	1.128	0.997	0.996	1.116

表 11-4 显示，2011—2014 年湖南省各地州市全要素节能减排效果的增长率 TFP 值都大于 1，其中年均增长率为 11.6%。从年均增长率的分解来看，除了技术进步年均增长率为 12.8%，其余都是下降的。其中综合技术效率年均下降了 1.4%，纯技术效率年均下降了 0.3%，规模效率年均下降了 0.4%，由此可见，长株潭城市群节能减排效果的增长来自技术进步的推动。从各个城市来看，长沙、株洲、岳阳、常德、湘西自治州、益阳、怀化、衡阳等地州市增长最快，其 TFP 分别增长 12.9%、12.8%、12.7%、12.5%、12.4%、12.3%、12.0%、11.8%，均高于平均值 11.6%。而株洲在节能减排效果方面本身得分虽然偏低，但是节能减排进步比较明显，这得益于株洲这几年开展两型社会建设的大力投入。娄底的节能减排效果年均增长率是最低的，只有 6.9%，低于平均值，其本身节能减排效果值排名比较靠前（位于第 4 位），所以有较大的提升空间。从节能减排效果进步动力来看，湖南各地州市节能减排效果主要来自技术进步的推动。技术进步增长率最大的是衡阳、湘潭、邵阳、常德、永州，分别为 23.1%、19.9%、16.9%、15.9%、14.1%，均超过全省平均值。从影响 TFP 进步的因素来看，综合技术效率和规模效率最明显。综合技术效率达到或超过 1 的有 7 个，其余低于 1。其中湘潭、衡阳、娄底、永州、邵阳、张家界、湘西自治州分别下降 8.2%、4.9%、2.1%、1.2%、6.8%、0.9%、2.0%。

11.4 区域节能减排效果的影响因素

从上述分析可以得知，节能减排效果的区域差异比较明显，上面已经通过超效率 DEA 方法获得了湖南各市州节能减排效果的得分，但是哪些因素影响节能减排效果仍然值得我们进一步探究。影响区域节能减排效果的因素很多，本书参考已有的研究和区域节能减排效果之间的差异性，主要考虑这几个影响因素：一是节能减排激励政策的扶持力度（以年度节能减排财政投入费用增长率来衡量）；二是产业结构高级化程度（以各地区第三产业占总产业比重来衡量）；三是科技研发投入强度（以各地区大中型企业研究和试验发展经费支出与工业增加值的比值来衡量)；四是能源依赖程度（以各地区能源强度来衡量)；五是社会支撑力度（以地区生产总值来衡量，表明地区对节能减排可能的支撑力度)。基于对上述变量的考察和选取，本部分利用回归分析方法，就影响节能减排效果的因素做一个具体分析，以各区域节能减排效果得分作为因变量，以节能减排效果可能的5个方面的影响因素的相关变量作为自变量，进行多元回归分析。在上述计量模型中，考虑到选用的5个自变量有可能存在多重共线性。因此，先利用EViews软件检验自变量是否存在多重共线性。经检验，自变量之间的相关系数都小于0.5，表明这5个变量之间共线性程度不高，可以进行多元回归分析，回归的结果如表11-5所示。

表 11-5 各地区节能减排效果影响因素的多元回归分析结果

变量	相关性	标准误差	T统计量	P值
常数	9.328 2	3.283 8	1.022 2	0.026 1
节能减排激励政策扶持力度	0.910 8	0.124 3	−1.518 6	0.032 0
产业结构高级化程度	0.129 4	0.022 6	2.754 6	0.013 1
科技研发投入强度	0.018 5	0.278 9	−1.410 4	0.040 1
能源依赖程度	−0.128 1	0.046 501	3.501 275	0.001 9
社会支撑力度	0.079 7	0.014 7	−0.583 9	0.004 8

注：本表中的结果是利用EViews 6.0软件运行得到的结果，其中变量输入过程中用的是英文，本表为了直观显示，在复制结果后改用中文表示。

上述结果的R^2为0.962，说明回归效果比较好。从回归的情况看，所选变量对于各地区节能减排效果都构成显著影响（Prob值小于0.05)，其中，能源依赖程度这一因素对节能减排效果构成负向影响，其他4项因素，即节能减排激励政策扶持力度、产业结构高级化程度、科技研发投入强度、社会支撑力度对节能减排效果构成正向影响，在这些因素当中，关联性最大的影响因素为节能减排激励政策扶持力度、产业结构高级化程度、能源依赖程度。这三大因素的相关系数都超过了0.1，显示出对节能减排效果的强关联性。这是因为：一是节能减排激励政策扶持力度对各地区节能减排效果构成强有力的正向影响。回归结果显示，年度节能减排财政投入费用每上升或下降 1 个百分点，区域节能减排效果也上升或下降 0.910 8 个百分点。这是因为年度节能减排财政投入费用既是反映推动节能减排的关键性变量，同时也是区域节能减排动力的关键所在。二是产业结构高级化程度对节能减排效果也构成强有力的正向影响。回归结果显示，各地区第三产业占总产业比重每上升或下降 1 个百分点，节能减排效果也上升或下降 0.129 4 个百分点。这是因为产业结构越高级，第三产业比重越高，能源消费和废物排放相对也越少，因此，对节能减排效果的取得构成明显的影响。三是能源依赖程度对节能减排效果构成强有力的负向影响。回归结果显示，能源强度每上升或下降 1 个百分点，节能减排效果相应地下降或上升 0.128 1 个百分点。这反映了在节能减排工作过程中，要尽可能摆脱产业发展和区域经济增长对能源的依赖，以此促进各区域的可持续发展和跨越式发展。

11.5 对策建议

11.5.1 要以更大的政策扶持力度支持节能减排工作开展

党的十八大提出建设生态文明，对区域经济发展提出了新的更高的要求。目前，各地区仍处在工业化中期，虽然通过近年来的努力，工业节能降耗取得了一定的成绩，但总体上工业能耗和排放总量仍过大，工业仍然是消耗资源和产生排放的主要领域。因此，在日益紧迫严峻的节能减排形势下，要利用有限的资源要素和环境容量来支撑人类社会的可持续发展，根本出路就在于发展绿色经济，关键在于推出节能减排需要的相应的政策激励，切实落实国家关于节能产品和节能服务企业的财税优惠政策，逐年增加节能专项资金规模。因此，对于传统能耗较强的工业领域，在推进新型工业化过程中要投入相应的产业转型升级引导资金和战略性新兴产业引导资金，引导传统产业转型升级，降低能耗。同时，对于新兴产业项目，建议各级政府对节能减排产业项目给予重点支持，整合资源，形成合力，进一步加大节能减排支持力度，实现节能减排的既定目标。

11.5.2　建立健全节能减排的体制机制

一方面，健全节能减排的融资机制。鼓励工业、建筑业、交通、公共机构等领域重点用能单位深化与节能服务企业的合作。加强对节能服务业的金融支持，鼓励和引导金融机构加大对节能减排项目的信贷支持力度，优先为符合条件的节能减排项目提供直接融资服务。

另一方面，完善促进节能减排的体制。按照“政府监管、行业管理、市场推动、企业自主、社会监督”的总体要求，以节能目标责任制管理考核办法为依据，加大考核与问责力度，进一步强化节能责任制落实。加强对政府和领导干部节能责任的审计问责，以落实节能减排责任制为目标，深化经济责任审计。加强重点节能工程和节能项目的审计监督，对节能项目的经济效益、社会效益和生态效益进行全方位的调查和分析。加强重点企业的能源审计，强化对重点用能企业节能减排工作的检查和指导。建议对地方政府和重点企业考核碳汇指标（主要考核森林覆盖率）、能源强度指标（主要考核单位 GDP 能源消耗量）、碳排放强度指标（主要考核单位 GDP 碳排放量）、水资源保护四项。加强淘汰落后产能核查，对未按期完成淘汰落后产能任务的地区以及未按规定期限淘汰落后产能的企业，应该重点考核和督查。还应建立一系列针对能源、资源、环境的准入和考核机制，在考核的基础上全面推动产业节能减排。

11.5.3　提高产业结构的高级化程度

一方面，对于区域内传统产业，应加快推进区域传统产业转型升级和结构优化调整。推动区域经济增长由过度依赖能源向创新驱动转变，用高新技术和先进适用技术改造提升传统产业。

另一方面，在新兴产业选择方面，以科技含量高、经济效益好、资源消耗低、环境污染少的标准去科学合理地选择和布局产业。有条件的区域应该大力发展生态工业、生态农业、生态旅游和现代服务业。此外，应大力推广应用新技术、新材料、新能源，尽可能推行节能、排放低的产业发展。

此外，全社会合理推进节能减排。尤其是培育和引导低碳的生产方式、生活方式，为节能减排贡献力量，使区域节能减排成为全社会的共同愿望、共同责任和共同行动。

第12章　湖南各行业发展与碳排放的脱钩关系分析

12.1　引　言

近年来，工业发展过程中燃烧了大量的化石燃料并向大气中排放了大量的二氧化碳，导致了一系列问题的发生：一方面，导致全球气候变暖的趋势越来越明显；另一方面，导致局部区域出现了极端的天气，如一些区域严重的雾霾笼罩着大地，人们普遍感觉到环境带给人们前所未有的生活压力，而控制好工业发展过程中的碳排放是缓解这些问题的根本出路。全世界也都在寻求降低碳排放的出路，如英国最早倡导开展低碳经济发展模式，中国政府更是采取了一系列的具体举措，早在2005年国家制定“十一五”规划的时候，就明确提出要推动各区域节能减排和低碳发展，党的十八大则更是将生态文明建设与经济建设、政治建设、文化建设、社会建设一起列为“五位一体”的总体布局，力促资源节约与环境友好型社会建设，努力实现工业的低碳发展、循环发展和可持续发展。那么，“十一五”以来，国家力促节能减排的政策效果如何？工业发展过程中是否实现了碳排放的有效控制？哪些行业碳排放控制得好，哪些行业碳排放控制还有待改进？哪些行业应该着力于节能，而哪些行业又该着力于减排，哪些行业既要节能又要减排呢？这些问题都是工业发展面临的亟待研究的重要问题，对此，建立科学的分析方法，剖析工业发展与碳排放的关系是分析问题和解决问题的关键所在。

从目前学术界已有的研究来看，尽管有少数专家运用生态足迹、投入产出分析法等方法分析经济增长与碳排放的关系，但是大多数研究集中在运用脱钩理论探讨工业行业发展与碳排放的关系之上。在国外，Wietze（2006）、Lim 和 Yoo（2009）从整个国家层面出发，相继探讨了土耳其、韩国的工业发展与碳排放的关系。在国内，龚惠萍、管璇和刘晨明（2013），以及叶懿安、朱继业和李升峰等从市域或都市圈层面分析出发，相继探讨了武汉市和长三角都市圈工业经济增长与碳排放的脱钩关系；查建平、唐方方和傅浩（2011），以及王欢芳和胡振华（2012）探讨了中国工业经济增长与碳排放的脱钩关系。可见，运用脱钩理论分析工业行业发展与碳排放的关系是当前研究的主流方法。国内外开展了大量的研究，但是现有研究主要集中在全国或者某个市域、都市圈的层面，针对省域层面具体的细分工业行业发展与碳排放的脱钩关系分析则更少，因而，地方（省、市）有针对性地开展节能减排就缺少了理论指导或参考，这也就注定了某个省域工业细分行业发展与碳排放的脱钩关系分析的重要性。

湖南省作为传统工业大省，其节能减排政策推行得较早，并且开展了一些区域的循环经济试点，在全国工业行业低碳发展中具有一定的典型性，也就凸显了分析湖南工业行业发展与碳排放的脱钩关系的典型性和示范性。基于此，本书尝试运用脱钩理论分析湖南工业行业发展与碳排放的脱钩关系，为湖南制定下一步节能减排政策提供借鉴的同时，也为其他省份提供示范。

12.2 脱钩关系分析方法与数据来源

12.2.1 脱钩关系分析方法

目前，国际上分析脱钩关系主要采用两种方法：一种方法是利用最早提出脱钩理论的 OECD（2002）构建的脱钩指标，可以简单表述为经济增长速度与碳排放的增长速度的对比，直接通过两者的增长率比较，得出两种脱钩关系，即相对脱钩状态和绝对脱钩状态，相对脱钩状态即二者的增长率均为正且碳排放的增长率小于经济增长率；绝对脱钩状态即碳排放增长率为负而经济增长率为正的状态。另一种方法是 Tapio（2005）在 OECD（2000）提出的脱钩指标测度方法的基础上引入中间变量，如在分析经济增长和碳排放之间的脱钩关系过程中引入了交通运输量作为中间变量，以动态考察两者之间关系的灵敏度，获得对脱钩关系更深入的解释。近年来，国内外一些学者根据 Tapio（2005）计算脱钩关系的指数公式，引入不同的中间变量，对一些具体的行业发展与碳排放关系进行脱钩分析，取到了较好的效果。而笔者认为，考虑到工业行业碳排放的实际情况，即工业行业碳排放的控制主要是通过源头上的节能或者生产过程中的减排来实现，因而工业行业发展与碳排放的脱钩关系分析要考虑这两方面的因素。利用 Tapio（2005）的方法，引入终端能源消耗这一中间变量，分析工业行业发展和碳排放的脱钩关系是完全可行的。可以构造相关的脱钩弹性指数基本计算公式如下：

$$T=\frac{\frac{\Delta C}{C}}{\frac{\Delta E}{E}}\times\frac{\frac{\Delta E}{E}}{\frac{\Delta GIO}{GIO}}=\frac{\frac{\Delta C}{C}}{\frac{\Delta GIO}{GIO}} \tag{12-1}$$

$$P=\frac{\frac{\Delta C}{C}}{\frac{\Delta E}{E}} \tag{12-2}$$

$$J=\frac{\frac{\Delta E}{E}}{\frac{\Delta GIO}{GIO}} \tag{12-3}$$

式（12-1）中，T 为脱钩弹性指数；C 为碳排放量（按照标准煤碳排放计算）；E 为终端能源消耗（包含 8 种能源）；GIO 为行业工业生产总值；$\frac{\Delta C}{C}$、$\frac{\Delta E}{E}$、$\frac{\Delta GIO}{GIO}$ 分别为碳排放增长率、终端能源消耗增长率和行业工业生产总值增长率。

脱钩弹性指数（T）通过引入中间变量终端能源消耗（E），在动态反映工业行业发展与能源消耗和碳排放三者之间关系的同时，直接反映工业行业生产总值的规模变动引起碳排放增长的情况，可以从总体上判断工业的某个细分行业总体碳排放的变动情况。与此同时，式(12-2)、式(12-3)进一步将工业行业碳排放的因素分解为减排和节能两个方面，并以两个细分的弹性指标来衡量，其中式(12-2)为工业行业碳排放与其生产总值增长之间的减排弹性指数(P)的计算公式，式(12-3)为工业行业碳排放与其生产总值增长之间的节能弹性指数(J)的计算公式，依据这两个细分弹性指标为区域调整能耗结构、降低碳排放提供科学依据。

需要强调的是，在计算脱钩关系的过程中，对于关键因素即碳排放的测度，选取工业行业实际消耗的原煤、原油、天然气、焦炭、煤油、柴油、汽油、燃料油等8种终端能源的消耗量来衡量。考虑到具体能源的碳排放量差异，利用能源的碳排系数和将各种能源折算成标准煤的折标系数，以统一碳排放量的计算。能源的碳排放总量计算式如下：

$$C=\sum_{i=1}^{8}\alpha_i\times\beta_i\times\gamma_i \tag{12-4}$$

式中，α_i为第i种能源的消耗量；β_i为第i种能源的碳排放系数；γ_i为第i种能源的标准煤折算系数；$i=1,2,\cdots,8$，分别表示从原煤到燃料油8种能源。主要能源的碳排放系数和折标系数如表12-1所示。

表12-1　主要能源的碳排放系数和能源折标系数

能源种类	原煤	原油	天然气	焦炭	煤油	柴油	汽油	燃料油
碳排放系数 /10^4t/10^4tce	0.755 9	0.586	0.448	0.855	0.571	0.592	0.554	0.619
折标系数 /10^4tce/10^4t	0.714 3	1.429	1.330	0.971	1.471	1.475	1.471	1.429

资料来源：能源碳排放系数为2008IPCC发布的权威数据。能源折标系数取自权威通则《综合能耗计算通则》(GB/T 2589-2008)。

12.2.2　脱钩关系判别标准

脱钩关系判别标准是分析工业行业发展与碳排放脱钩关系的关键，因而正确选取脱钩关系判别标准是分析两者关系的前提。如前文所述，目前脱钩关系判别标准主要有两类：第一类是 OECD（2002）提出的两种状态，即相对脱钩状态和绝对脱钩状态；第二类是 Tapio（2005）在 OECD 提出的脱钩关系测度方法的基础上提出的三大类脱钩指标八小类脱钩状态，如表 12-2 所示。本书考虑到工业行业发展的实际情况，结合当前研究的一些成果，认为 Tapio(2005) 的脱钩关系判断指标可以运用到工业行业发展与碳排放的脱钩关系分析当中，即在利用脱钩指数弹性、减排弹性以及节能弹性分析工业行业发展与碳排放脱钩关系当中也是适用的。

表 12–2　弹性指数与脱钩关系判断

环境压力	工业行业增长	弹性	脱钩类型	脱钩状态
＞0	＞0	（1.2，+∞）	扩张负脱钩	负脱钩
＞0	＜0	（-∞，0）	强负脱钩	
＜0	＜0	（0，0.8）	弱负脱钩	
＞0	＞0	（0，0.8）	弱脱钩	脱钩
＜0	＞0	（-∞，0）	强脱钩	
＜0	＜0	（1.2，+∞）	衰退脱钩	
＞0	＞0	（0.8，1.2）	增长连接	连接
＜0	＜0	（0.8，1.2）	衰退连接	

注：碳排放代表环境压力，GIO 水平代表工业行业增长。弹性指数有 3 个临界值，即 0、0.8 和 1.2，依次把脱钩状态划分为 8 种类型。

12.2.3　数据来源

2006—2013 年的湖南省工业各行业生产总值数据全部取自 2007—2014 年湖南省统计年鉴，即规模以上工业企业各种分组的主要生产指标中对各行业工业总产值和工业增加值的统计部分（因湖南省统计年鉴只对行业规模以上工业企业的相关数据做了统计）；2006—2013 年湖南省 8 种主要能源消费量也来源于 2007—2014 年湖南省统计年鉴，即主要能源按工业行业分组消费量统计部分；相应的工业行业生产总值增长率和能源消费增长率则为该年度相应数据与前一年度相应数据之比并减去 1 来计算。

12.3 湖南工业行业发展与碳排放的脱钩关系分析

12.3.1 工业生产总值增长与碳排放的脱钩弹性分析

根据本书界定的碳排放量的计算方法以及脱钩弹性指数计算公式，可以计算 2006—2013 年湖南工业生产总值增长和碳排放量变化之间的脱钩弹性指数，并对湖南省工业生产总值增长与碳排放的脱钩状态做出科学判断，如表 12-3 所示。

表 12-3 2006—2013 年湖南省工业生产总值增长与碳排放量的脱钩状态分析

年份	工业生产总值增长（以 GIO 增长率衡量）	环境压力（以碳排放量变化衡量）	脱钩弹性	脱钩类型	脱钩状态
2006	0.201	0.086	0.427 9	弱脱钩	相对脱钩
2007	0.243	0.121	0.497 9	弱脱钩	
2008	0.184	0.025	0.135 9	弱脱钩	
2009	0.205	0.039	0.190 2	弱脱钩	
2010	0.234	0.076	0.324 8	弱脱钩	
2011	0.201	0.098	0.487 6	弱脱钩	
2012	0.146	−0.032	−0.219 2	强脱钩	绝对脱钩
2013	0.139	−0.033	−0.237 4	强脱钩	

实际上，从表 12-3 就可以直接看出，2006—2013 年湖南工业总的发展和碳排放之间的脱钩状态可以用一句话描述，就是“湖南省工业发展和碳排放的关系呈现出相对脱钩到绝对脱钩的趋势”。同时，可以将这种关系划分为两个阶段：第一阶段，2006—2011 年的相对脱钩阶段。2006—2011 年湖南省工业发展和碳排放之间呈现的是弱脱钩的关系，尽管工业发展和环境压力都呈现出增长的趋势，但是脱钩弹性介于 0 到 0.8 之间，属于弱脱钩的关系。第二阶段，2012 年至今的绝对脱钩阶段。2012 年至今，湖南省工业发展和碳排放之间呈现

的是强脱钩的关系，这说明，这两年来湖南的碳排放总量在不断降低，而工业发展的可持续性增长增强，因而2012年和2013年的脱钩弹性出现负值，表现为强脱钩的状态。另外，从“十一五”以来湖南省工业发展和碳排放之间的脱钩状态来看，没有出现复钩的现象，说明湖南通过“十一五”以来所采取的降低碳排放，走低碳经济发展之路是十分见成效的，尤其近年来推进新型工业化过程中，有效地降低了碳排放，实现了工业行业的低碳发展，使得湖南省工业发展对碳排放的依赖度一直在降低，并没有出现反弹的形势，显现出湖南工业发展的良性增长态势，其节能减排经验必然对其他区域有一定的示范价值。

12.3.2　工业细分行业发展与碳排放的脱钩弹性指数、节能与减排弹性指数

根据本书界定的脱钩弹性指数、节能弹性指数以及减排弹性指数计算公式，可以计算2006—2013年湖南省工业细分行业发展和碳排放之间的脱钩弹性指数、节能弹性指数与减排弹性指数，并通过上述总体阶段划分的依据，对湖南省工业细分行业发展与碳排放的脱钩状态的阶段性特征做出详细、科学的判断。在对工业细分行业分析之前，参考了一些经验做法和专家建议，对于碳排放量几乎可以忽略不计的行业予以剔除，没有纳入细分行业碳排放脱钩关系的具体分析，从38个工业细分行业中选取了26个行业作为细分对象展开分析，先对26个细分行业发展与碳排放的脱钩弹性指数进行计算，结果如表12-4所示。

表12-4　2006—2013年湖南省工业行业发展与碳排放的脱钩弹性指数分析

大行业	细分行业	2006—2011年		2012—2013年	
		脱钩弹性	状态	脱钩弹性	状态
采掘业	煤炭开采和洗选业	0.272	弱脱钩	0.210	弱脱钩
	黑色金属矿采选业	0.908	增长连接	0.288	弱脱钩
	有色金属矿采选业	0.341	弱脱钩	0.183	弱脱钩
	非金属矿采选业	0.306	弱脱钩	0.040	弱脱钩
制造业	农副食品加工业	0.353	弱脱钩	0.112	弱脱钩

续表 12-4

大行业	细分行业	2006—2011 年		2012—2013 年	
		脱钩弹性	状态	脱钩弹性	状态
制造业	食品制造业	0.286	弱脱钩	0.071	弱脱钩
	饮料制造业	0.348	弱脱钩	0.039	弱脱钩
	烟草制品业	−0.021	强脱钩	−0.032	强脱钩
	纺织业	0.637	弱脱钩	0.015	弱脱钩
	木材加工及木、竹、藤、棕、草制品业	0.773	弱脱钩	0.183	弱脱钩
	造纸及纸制品业	0.527	弱脱钩	0.039	弱脱钩
	石油加工、炼焦及核燃料加工业	0.729	弱脱钩	0.252	弱脱钩
	化学原料及化学制品制造业	0.534	弱脱钩	0.113	弱脱钩
	医药制造业	0.233	弱脱钩	0.101	弱脱钩
	塑料橡胶制品业	0.499	弱脱钩	0.132	弱脱钩
	非金属矿物制品业	0.551	弱脱钩	0.164	弱脱钩
	黑色金属冶炼及压延加工业	0.932	增长连接	0.230	弱脱钩
	有色金属冶炼及压延加工业	0.615	弱脱钩	0.355	弱脱钩
	金属制品业	0.559	弱脱钩	0.299	弱脱钩
	通用设备制造业	0.516	弱脱钩	0.269	弱脱钩
	专用设备制造业	0.447	弱脱钩	0.211	弱脱钩
	交通运输设备制造业	0.261	弱脱钩	0.463	弱脱钩
	电气机械及器材制造业	0.691	弱脱钩	0.414	弱脱钩
	通信设备、计算机业	0.654	弱脱钩	0.327	弱脱钩
	废弃资源综合利用业	0.051	弱脱钩	0.106	弱脱钩
电力、燃气及水的生产和供应业	电力、热力的生产和供应业	0.389	弱脱钩	0.195	弱脱钩

注：限于篇幅，本书不再对各种原始数据进行罗列和计算，表中 2006—2011 年和 2012—2013 年的数据以年均数据进行计算与分析（表 12-5 同）。

从表 12-4 的 2006—2013 年湖南省工业行业发展与碳排放的脱钩弹性指数分析可以得知三个主要的结论：一是 2006—2013 年，湖南省工业行业发展对碳排放的依赖性仍然存在，表现为选取的 26 个细分行业脱钩状态以弱脱钩为主，说明湖南工业行业发展的节能与减排任务还比较重；二是尽管湖南省工业行业发展与碳排放之间仍然呈现弱脱钩关系，但是脱钩的趋势很明显，表现为 2012—2013 年湖南省工业大部分细分行业的发展与碳排放的脱钩弹性指数比 2006—2011 年下降幅度大，在一定程度上也反映了湖南以节能减排作为调整经济结构、转变发展方式的重要抓手，取得了显著的成效；三是从这些细分的工业行业来看，与碳排放脱钩关系变化趋势较为明显的主要集中在烟草制造业、交通运输设备制造业、废弃资源和废旧材料回收加工业、煤炭开采和洗选业、电气机械及器材制造业等，而这些行业是传统的高耗能行业，2006—2013 年，湖南加大了对这些行业技术改造与升级的投入力度，推动了这些行业的低碳发展，成效也是十分明显的。

进一步深入对湖南工业行业发展与碳排放的脱钩关系分析，利用前述式（12-2）和式（12-3），从节能和减排两个方面对其进行因果链分解，得出的结果如表 12-5 所示。

从表 12-5 的分析结果看，主要可以得出四个结论：一是从湖南省工业行业发展与碳排放的节能弹性指数和减排弹性指数分析结果来看，节能弹性指数显示大部分工业细分行业发展与碳排放存在弱脱钩或者强脱钩的关系，这说明湖南省工业行业发展过程中节能与工业行业碳排放的关系并不十分显著，在一定程度上说，也说明湖南工业行业节能对降低碳排放的空间仍然巨大。而与此同时，减排弹性指数显示大部分工业细分行业发展与碳排放存在强负脱钩，甚至扩张负脱钩的关系，这表明湖南工业行业减排对降低碳排放产生了一定的作用，这既与湖南省注重工业行业技术改造升级投入有关，也与执行较为严格的碳排放控制有关，可以说，减排的效果还是比较明显的。如“十一五”以来湖南省坚持控制高排放行业发展，大力推动淘汰落后产能，如关停小火电机组，淘汰水泥、造纸、铁合金等传统高排放的落后产能，并补贴这些关停企业，使

表 12–5　2006—2013 年湖南省工业行业发展与碳排放的节能弹性和减排弹性指数分析

细分行业	2006—2011 年				2012—2013 年			
	节能弹性	状态	减排弹性	状态	节能弹性	状态	减排弹性	状态
煤炭开采和洗选业	0.596	弱脱钩	0.457	弱脱钩	−0.088	强脱钩	−2.383	强负脱钩
黑色金属矿采选业	−0.090	强脱钩	−10.079	强负脱钩	−0.751	强脱钩	−0.383	强负脱钩
有色金属矿采选业	−0.525	强脱钩	−0.649	强负脱钩	−0.367	强脱钩	−0.499	强负脱钩
非金属矿采选业	0.084	弱脱钩	3.634	扩张负脱钩	−0.494	强脱钩	−0.081	强负脱钩
农副食品加工业	0.009	弱脱钩	40.266	扩张负脱钩	0.181	弱脱钩	0.621	弱脱钩
食品制造业	−0.159	强脱钩	−1.795	强负脱钩	−0.138	强脱钩	−0.516	强负脱钩
饮料制造业	−0.178	强脱钩	−1.959	强负脱钩	0.224	弱脱钩	0.175	弱脱钩
烟草制品业	5.114	扩张负脱钩	−0.004	强脱钩	−1.034	强脱钩	0.031	弱负脱钩
纺织业	−0.104	强脱钩	−6.129	强负脱钩	−0.423	强脱钩	−0.035	强负脱钩
木材加工及木、竹、藤、棕、草制品业	−0.122	强脱钩	−6.315	强负脱钩	0.212	弱脱钩	0.862	增长连接
造纸及纸制品业	0.200	弱脱钩	2.628	扩张负脱钩	−0.498	强脱钩	−0.077	强负脱钩
石油加工、炼焦及核燃料加工业	0.151	弱脱钩	4.811	扩张负脱钩	0.137	弱脱钩	1.847	扩张负脱钩
化学原料及化学制品制造业	0.378	弱脱钩	1.413	扩张负脱钩	−0.144	强脱钩	−0.789	强负脱钩

续表 12-5

细分行业	2006—2011 年				2012—2013 年			
	节能弹性	状态	减排弹性	状态	节能弹性	状态	减排弹性	状态
医药制造业	−0.014	强脱钩	−16.305	强负脱钩	0.265	弱脱钩	0.380	弱脱钩
塑料橡胶制品业	−0.121	强脱钩	−4.120	强负脱钩	3.179	弱脱钩	0.042	弱脱钩
非金属矿物制品业	0.067	弱脱钩	8.250	扩张负脱钩	0.001	弱脱钩	111.924	扩张负脱钩
黑色金属冶炼及压延加工业	0.069	弱脱钩	13.595	扩张负脱钩	0.067	弱脱钩	3.439	扩张负脱钩
有色金属冶炼及压延加工业	−0.057	强脱钩	−10.759	强负脱钩	−0.545	强脱钩	−0.651	强负脱钩
金属制品业	0.386	弱脱钩	1.445	扩张负脱钩	−0.056	强脱钩	−5.306	强负脱钩
通用设备制造业	−0.547	强脱钩	−0.944	强负脱钩	−1.514	强脱钩	−0.178	强负脱钩
专用设备制造业	−0.225	强脱钩	−1.982	强负脱钩	−0.816	强脱钩	−0.259	强负脱钩
交通运输设备制造业	−0.582	强脱钩	−0.448	强负脱钩	−1.565	强脱钩	−0.296	强负脱钩
电气机械及器材制造业	0.190	弱脱钩	3.628	扩张负脱钩	−0.979	强脱钩	−0.423	强负脱钩
通信设备、计算机业	0.010	弱脱钩	62.420	扩张负脱钩	−0.935	强脱钩	−0.350	强负脱钩
废弃资源综合利用业	0.366	弱脱钩	0.138	弱脱钩	0.648	弱脱钩	0.164	弱脱钩
电力、热力的生产和供应业	0.973	增长连接	0.400	弱脱钩	−0.765	强脱钩	−0.254	强负脱钩

得企业开始进入转型升级的轨道，有效抑制了碳排放的反弹。二是从节能弹性指数来看，也有一些行业在节能方面对降低碳排放起了一些作用，这些行业包括塑料橡胶制品业，废弃资源综合利用业，医药制造业，饮料制造业，木材加工及木、竹、藤、棕、草制品业，以及农副食品加工业，石油加工、炼焦及核燃料加工业，黑色金属冶炼及压延加工业，非金属矿物制品业等，这些行业通过减少化石能源使用等途径，对降低碳排放起到了一定的作用。三是从减排弹性指数来看，也有一些行业努力在减排方面加强对碳排放的控制，起到了明显的效果，这些行业包括金属制品业，煤炭开采和洗选业，化学原料及化学制品制造业，有色金属冶炼及压延加工业，食品制造业，有色金属矿采选业，黑色金属矿采选业，造纸及纸制品业，非金属矿采选业，通用设备制造业，交通运输设备制造业等。这些行业如果按大类来划分的话，以有色金属矿采选业、黑色金属矿采选业、非金属矿采选业为主的采掘业主要通过执行严格的碳排放控制制度来达到减排的效果，如通过关停一些小型企业、排放不达标的企业等，从而达到抑制碳排放增加的目的，而制造业当中的金属制品业、煤炭开采和洗选业、化学原料及化学制品制造业、造纸及纸制品业、通用设备制造业、交通运输设备制造业等则在排放过程中执行严格的技术处理等，实现废气排放总量的控制，从而实现碳排放量的有效控制。四是从2012—2013年湖南省工业大部分细分行业的发展与碳排放的节能弹性指数以及减排弹性指数与2006—2011年的减排与节能相比较，减排在降低碳排放量方面的效果更加明显：一方面，从节能来看，说明湖南工业行业的高耗能形势较为严峻；另一方面，从减排效果来看，也意味着大部分工业细分行业能源利用效率和能源结构有了明显的改善，未来在继续控制碳排放的过程中，更应该厉行节能措施。

12.4 对策建议

从上述分析来看，工业行业发展与碳排放的脱钩关系呈现复杂化的态势，新常态下，应以“节能、减排”为主线，深入优化产业结构，调整能源消费结构，在推动工业行业可持续发展的同时，有效地控制好碳排放。

12.4.1 继续严格执行减排政策

建立严格的环境保护奖惩制度，减少碳排放过量的行为。进一步完善减排统计、监测和评价考核体系，严格实施单位GDP能耗和二氧化碳排放强度降低目标责任考核，考核结果向社会公布，严格实行问责制。同时，加大对减排技术创新与转化的支持扶持力度，制定或完善促进减排的财政政策，加强碳排放领域的金融服务，形成减排的激励和约束机制。

12.4.2 厉行工业行业节能措施

实施工业企业能效提升计划。一方面，在重点耗能行业全面推行能效对标，强化重点用能企业节能管理和技术改造，推动工业企业节约能源的有效实施。与此同时，探索促进企业节能的长效机制，推进合同能源管理，发挥企业在节能减排中的责任主体作用，加快企业节能的自觉行动。另一方面，应把应用新技术实现企业节能作为重要举措和抓手，加快信息技术和工业技术融合形成的新型节能减排技术的研发和应用步伐。在进一步加大节能资金投入、大力推广应用节能先进工艺技术的同时，要加快企业技术创新体系建设，加强产学研联合，把推广应用和创新有机结合起来，形成有企业特色的自主节能减排技术体系。

另外，应让工业企业转变发展观，形成节能的良好氛围，改变以数量规模求效益的传统观念，从思想上真正认识到节能对企业、对社会的重要意义。与此同时，通过广播电视、报纸、网络等各种媒体，加强对企业节能的宣传教育，如大力宣传《节约能源法》《环境保护》等法律法规，增强企业的节约意识和环保意识。要把宣传和教育结合起来，使企业了解掌握基本节能知识，把节约资源和保护环境观念渗透在企业的日常运转当中，切实推动节能效果提升。

12.4.3 深入优化产业结构

进一步加快转变经济发展方式，调整和优化产业结构，加快发展低能耗低排放产业。一方面，用现代技术改造和提高传统产业，通过对传统产业的技术改造，不断改进生产技术，推动传统优势产业向“资源节约型、环境友好型”方向发展，用技术提升产业，促进信息化和工业化深度融合，努力实现传统工业部门的升级换代，适当调整轻、重工业的结构，稳步推进节能降耗和淘汰落后产能，以优化工业内部结构来减轻节能减排压力。另一方面，注重发展高新技术产业，大力建设生态工业，力争服务业和战略性新兴产业增加值占 GDP 的比重有明显提升。根据湖南的基础和优势产业特色，可以优先发展先进装备制造业、新能源、新材料、信息、生物、节能环保、文化创意等新兴产业。

12.4.4 科学调整能源消耗结构

推动资源利用方式从根本上改变，实行能源消费总量控制，尽量降低化石能源的使用比例，严格实行煤炭消费目标责任管理。新上耗煤项目，要严格实行煤炭消耗等量或减量替代政策。与此同时，要加快推进能源高效利用以及清洁能源的推广，大力利用非化石能源，推行循环经济，采用清洁生产技术，降低消耗，减少污染，优化能源资源配置，提高生产率，以此让能源消耗结构最优化，达到降低碳排放量的目的。

第 13 章　湖南 ABS 冶炼企业效益与碳排放的脱钩关系动态比较

13.1　引　言

近年来，全球变暖已成为全世界最关心的环保问题，而导致全球变暖的重要原因是二氧化碳的排放过多。工业企业是碳排放的关键性来源。因此，如何做到工业企业的效益增长的同时，碳排放量也得到较好的控制，这一困境成为摆在工业企业发展面前的重要问题。早在 2005 年国家制定“十一五”规划的时候，就明确提出要推动企业节能减排，党的十八大则提出了建设生态文明和美丽中国的愿景，强调企业要节能减排实现低碳发展，那么摆在企业面前的就是要认清自身的形势，找准当前的工业企业效益与节能减排的动态变化情况，为科学做好节能减排工作提供科学指导。

在国外，学术界对工业企业效益与碳排放的关系的早期研究主要是利用经济学图解法分析工业企业效益与碳排放的关系，如主要的分析方法有 EKC 曲线分析法、投入产出分析法、结构图分解法等。如 Samouilids 和 Mitropoulos（1984）、Grossman 和 Kruerger（1991）等先后利用这些方法并借助图形直观探讨两者的关系。随着跨学科知识的不断渗透，学者开始借助协整分析、回归模型、生态足迹等理论与分析方法分析工业企业效益和碳排放之间的静态相关性，并适当解释这种导致这些关系的因素等。如 Andersen、Mikael Skou、

Mattila、Tuomas 先后运用统计学方法、生态足迹理论分析了碳排放的相关问题。近年来，一些组织和学者开始关注碳排放脱钩关系研究，如 OECD(2002)、Tapio（2005）、Freitas L.（2011）等是运用脱钩理论研究碳排放的典范。

国内众多学者开始仿效研究碳排放的脱钩关系。如赵一平等（2006）、彭觅和吕斌等（2010）、刘竹和耿涌等（2011）、王欢芳和胡振华（2012）、程会强和陈豹（2013）纷纷从行业、区域、企业等视角探讨其发展与碳排放的关系，拓展了脱钩理论在中国的运用。

总体而言，运用脱钩理论分析工业企业效益与碳排放的关系是当前研究的主流方法，国内外开展了大量的研究，但是因为各企业特点各异以及时间演进规律，注定了实证和动态测度某个工业企业效益与碳排放的脱钩关系显得十分必要。本研究选取 ABS 冶炼公司为例，尝试运用脱钩理论动态分析工业企业效益与碳排放的脱钩关系，在分析工业企业效益的低碳发展轨迹的基础上，借鉴其经验为其他企业推动低碳发展、实现工业企业质量效益提供示范。

13.2 分析方法与数据来源

13.2.1 脱钩指标

脱钩指标是分析工业企业效益与碳排放关系的关键，因而正确利用脱钩指标是分析两者关系的前提。如前文所述目前脱钩指标主要有两类：第一类是最早提出脱钩理论的 OECD（2002）构建的脱钩指标，其指标可以简单表述为工业企业效益速度与碳排放的增长速度的比较，通过比较判断脱钩状态，提出了两种状态：一种为相对脱钩状态，即二者的增长速度均为正且碳排放的增长慢于工业企业效益的增长；第二种为绝对脱钩状态，即碳排放增长为负而工业企业效益为正的状态。第二类是 Tapio（2005）在 OECD 提出的脱钩指标测度方法的基础上，引入中间变量和脱钩弹性，动态考察因素之间的灵敏度，并提出了三大类脱钩指标八小类脱钩状态，如表 13-1 所示。此外，还有专家提出了复钩关系，意即工业企业效益与碳排放之间仍然保持着较大的关联性，从两者的比率来看，工业企业效益率与碳排放量增长率同步增长，或者同步降低，而且脱钩弹性指数较高，为 0.8~1.2 之间的连接状态。本研究综合考虑三种指标的现实意义，认为利用 Tapio（2005）的方法对工业企业效益和碳排放关系的判定更为精确。其脱钩弹性指数的基本计算公式如下：

$$T = \frac{\frac{\Delta C}{C}}{\frac{\Delta E}{E}} \times \frac{\frac{\Delta E}{E}}{\frac{\Delta GIO}{GIO}} = \frac{\frac{\Delta C}{C}}{\frac{\Delta GIO}{GIO}}$$

式中：T 为脱钩弹性指数；C 为碳排放量（按照标准煤碳排放计算）；E 为终端能源消耗（包含 4 种能源）；GIO 为工业总产值；$\frac{\Delta C}{C}$、$\frac{\Delta E}{E}$、$\frac{\Delta GIO}{GIO}$分别为碳排放增长率、终端能源消耗增长率和工业总产值增长率。

脱钩弹性（T）通过引入中间变量终端能源消耗（C），动态反映工业企业效益与能源消耗和碳排放三者之间的关系，反映工业企业效益的小规模变动引起碳排放增长的情况，因而可以为企业调整能耗、降低碳排放提供科学依据。

表 13–1　脱钩弹性指数与脱钩关系判断

工业企业效益（以工业增加值增长率衡量）	环境压力（以碳排放量变化衡量）	脱钩弹性	脱钩类型	脱钩状态
＞0	＞0	T＞1.2	扩张负脱钩	负脱钩
＜0	＞0	T＜0	强负脱钩	
＜0	＜0	0＜T＜0.8	弱负脱钩	
＞0	＞0	0＜T＜0.8	弱脱钩	脱钩
＞0	＜0	T＜0	强脱钩	
＜0	＜0	T＞1.2	衰退脱钩	
＞0	＞0	0.8＜T＜1.2	增长连接	连接
＜0	＜0	0.8＜T＜1.2	衰退连接	

注：对 Tapio（2005）的研究成果整理和总结，碳排放代表环境压力，工业增加值水平代表工业企业效益。弹性脱钩指数 T 有三个临界值 0、0.8 和 1.2，依次把脱钩状态划分为四种类型。

13.2.2 碳排放指标

对碳排放的测度，选取原煤、电力、燃料油、天然气等4种冶炼行业企业所需的主要终端能源来衡量ABS冶炼公司“十一五”以来各年度的主要能源消耗水平，通过ABS冶炼公司实际消耗的这4种能源量来计算能源消耗总量。具体能源的碳排放则还需利用能源的碳排放系数和各种能源的折标系数折算成标准煤，以统一碳排放量的计算。能源的碳排放总量为：

$$C=\sum_{i=1}^{4}\alpha_i\times\beta_i\times\gamma_i$$

式中：α_i 为第 i 种能源的消耗量；β_i 为第 i 种能源的碳排放系数；γ_i 为第 i 种能源的标准煤折算系数；$i=1, 2, 3, 4$ 分别表示从原煤到天然气4种能源。冶炼企业主要终端能源的碳排放系数和折标系数如表13-2所示。

表 13–2 冶炼企业主要能源的能源折标系数和碳排放系数

冶炼企业能源种类	原煤	电力	燃料油	天然气
折标系数 /10^4tce/10^4t	0.7143	1.229	1.429	1.330
碳排系数 /10^4t/10^4tce	0.7559	1.814	0.619	0.448

资料来源：能源折标系数取自权威通则《综合能耗计算通则》（GB/T 2589-2008）；能源的碳排放系数根据2008IPCC发布的权威数据而得。

13.2.3 数据来源

2006—2013年的ABS冶炼公司工业总产值数据全部取自2006—2013年“ABS冶炼公司年度报告”（ABS冶炼公司工业增加值水平按不变价计算，以剔除价格因素对工业增加值的影响）。2006—2013年ABS冶炼公司的4种主要能源消费量也来自2006—2013年“ABS冶炼公司年度报告”，而2014年的ABS冶炼公司工业总产值数据和能源消费量数据来源于1~10月份上报政府相关部门的规模工业综合能源消费量数据提取。相应的工业总产值增长率和能源消费增长率则为该年度相应数据与前一年度相应数据之比并减1来计算。

13.3　ABS 冶炼公司工业企业效益与碳排放的动态脱钩分析

13.3.1　碳排放总量分析

根据碳排放总量计算的方法计算 ABS 冶炼公司 2006—2013 年能源消耗的碳排放水平，如图 13-1 所示。

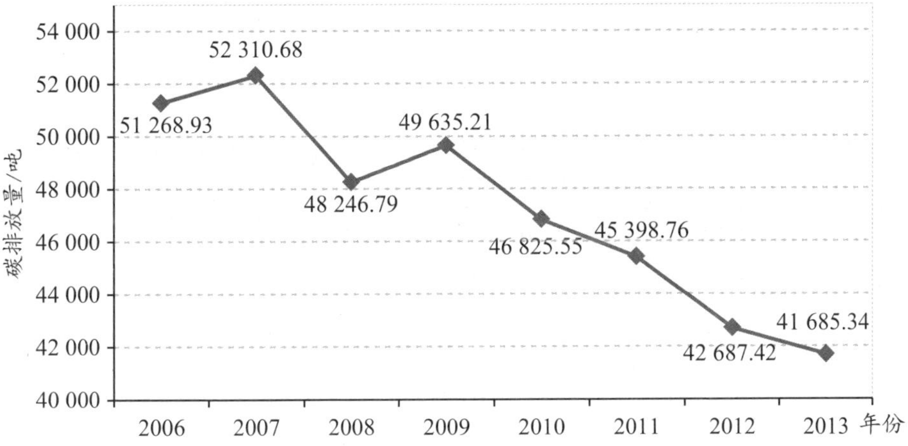

图 13–1　2006—2013 年 ABS 冶炼公司碳排放量的变化趋势

总体上看，在当代时代发展的趋势和中国国内节能减排状况的双重压力下，“十一五”以来，ABS 冶炼公司大力推行节能减排工作，其成效主要分为两个阶段：第一阶段，从 2006 年到 2009 年，这 4 年间 ABS 冶炼公司碳排放量呈现波动起伏的趋势，先后经历了 2007 年和 2009 年的碳排放量增高，2007 年碳排放量一度达到 52 310.93 吨，碳排放波动起伏一方面是因为这个阶段处于技术改造升级与落后产业淘汰阶段，有一个适应过程，使得碳排量呈现波动起伏。第二阶段，从 2009 年至今，ABS 冶炼公司碳排放量呈现出连续下降的趋势，显示出公司良好的碳排放情况，节能减排的效果逐步凸显，与此同时，公司的工业效益也得以提高，发展质量有了稳步提高。2013 年公司实现年碳排放量 41 685.34 吨，比 2007 年（52 310.68 吨）整整降低了 1 万多吨的碳排放量，降低比例达到 25.48%。总体上看，随着 ABS 冶炼公司不断推进节能减排与低碳企业发展战略，未来 ABS 冶炼公司碳排放量的减缓趋势应当是十分明显的，而与此同时，工业增长的质量效益也是十分明显的。

13.3.2 脱钩分析

根据本书界定的碳排放量的计算方法以及脱钩弹性指数计算公式，可以计算 2006—2014 年 ABS 冶炼公司工业企业效益和碳排放之间的脱钩弹性指数，并对 ABS 冶炼公司工业企业效益与碳排放的脱钩状态做出科学判断，如表 13-3 所示。

表 13-3　2006—2014 年 ABS 冶炼公司工业企业效益与碳排放的脱钩状态分析

年份	工业企业效益（以工业增加值增长率衡量）	环境压力（以碳排放量变化衡量）	脱钩弹性	脱钩类型	脱钩状态
2006	−0.080 8	0.020 3	−0.251 4	强负脱钩	负脱钩
2007	−0.098 9	−0.077 7	0.785 6	弱负脱钩	负脱钩
2008	0.034 1	0.028 8	0.844 5	增长连接	连接
2009	−0.060 2	−0.056 6	−0.940 2	衰退连接	连接
2010	−0.035 1	−0.030 4	−0.866 0	衰退连接	连接
2011	−0.046 4	−0.059 7	−1.286 6	衰退脱钩	脱钩
2012	0.066 3	−0.023 4	−0.352 9	强脱钩	脱钩
2013	0.086 6	−0.020 3	−0.234 5	强脱钩	脱钩
2014	0.083 4	−0.037 0	−0.443 6	强脱钩	脱钩

从表 13-3 就可以看出，2006—2014 年 ABS 冶炼公司工业企业效益和碳排放之间的脱钩状态可以简单概括，即 ABS 冶炼公司工业企业效益和碳排放的关系呈现出“负脱钩到连接到强脱钩的趋势”。同时，可以将这种关系划分为三个阶段：第一阶段，2006—2007 年的负脱钩阶段。即 2006—2007 年 ABS 冶炼公司企业效益和碳排放之间呈现的是负脱钩的关系。2006 年 ABS 冶炼公司工业增加值呈现负增长的趋势，与此同时碳排放却呈现增长的趋势，因而，其

碳排放与企业效益呈现出强负脱钩的状况，反映了 2006 年公司有较高的减排压力，减排工作任重道远。而 2007 年公司采取了一些措施，如限制能耗使用，但与此同时带来的是企业效益的降低，因此出现了弱负脱钩，这也说明公司效益增长和碳排放之间还存在较强的关联性。第二阶段，2008—2010 年的连接阶段。2008 年公司继续推行节能减排，同时也努力通过技术升级，提高生产效率，实现了生产效率的提高，工业总产值也实现了一定程度的增长，但是碳排放也出现了一定程度的增长，与单位能耗相比是降低了，但是总体而言，能耗随着产值提高出现了上升的趋势，因而，能耗与企业效益之间呈现出增长连接的关系，企业效益的增长并没有摆脱对能耗的依赖，但是随着技术升级，慢慢地淘汰了 ABS 冶炼公司的一些落后产能，能耗又慢慢开始呈现降低趋势，但企业的技术适应期还没过，故在 2009 年与 2010 年两年间，公司效益与能耗呈现的是衰退连接的阶段。第三阶段，即 2011 年至 2014 年的脱钩阶段。随着公司技术升级的不断推进，生产效率大大提升，公司与此同时加强了节能减排考核与管理，严格单位能源使用与排放，因而，在 2011 年经历了衰退脱钩之后，公司的能耗大大降低，而效益呈现出增长的趋势，并表现为强脱钩的状态。这说明 ABS 冶炼公司通过“十一五”以来所采取的降低碳排放措施、走低碳企业发展之路是十分见成效的，有效地降低了碳排放，实现了工业企业效益提升，使得 ABS 冶炼公司效益对碳排放的依赖度降低，并没有出现反弹的现象，显现出良性的效益增长态势，其发展经验必然对其他企业有一定的示范价值。

与此同时，从 ABS 冶炼公司工业增加值增长率和碳排放量增长率的对比曲线（如图 13-2），可以很清楚地看到工业企业效益和碳排放关系的趋势。

不难发现，从图 13-2 可以发现另一个现象，即 ABS 冶炼公司工业增加值增长率和碳排放增长率两条曲线是近乎对称的。这也说明，在一定程度上，ABS 冶炼公司的效益尽管对碳排放的依赖度在降低，但是其依赖的关系仍然存在。这主要是因为 ABS 冶炼公司正处于转型升级的中后期阶段，未来仍然需要大力推行节能减排，强化节能减排考核与管理，走低碳发展之路。

此外，通过分析 2006—2014 年 ABS 冶炼公司单位工业增加值（1 亿元）能

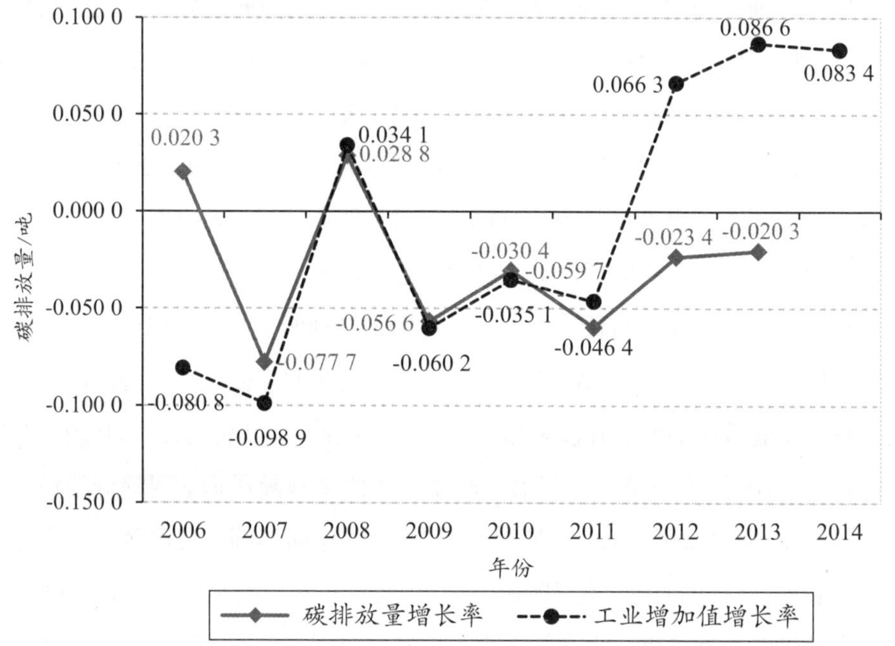

图 13-2　2006—2014 年 ABS 冶炼公司工业增加值增长率和碳排放量增长率

耗值（如图 13-3 所示），可以发现，ABS 冶炼公司单位工业增加值能耗值呈现下降趋势，从 2006 年 1 亿元的工业增加值需要接近 0.6 万吨碳排放量，到如今只需一半还不到的碳排放量（0.269 万吨），足见 ABS 冶炼公司单位工业增加值能耗值呈现出急剧下降的趋势。

这主要得益于“十一五”以来 ABS 冶炼公司作为以有色金属资源深加工为主的工业企业，把节约能源和充分利用资源、降低成本、降低能耗当成企业提高经济效益、走可持续发展之路的重要手段来抓。公司采取了一系列节能降耗的有效措施，努力打造资源节约型企业。一是加强能源控制，采取有效措施，强化用电管理，降低电能消耗，提高用电效率，主要措施有：一方面，在冶炼系统用电量较大的电解熔铸工序执行峰谷用电，尽可能避开高峰用电，使低谷用电量占到总用电量的 40% 以上，年可节约电费 230 多万元。另一方面，对各变压器台站精心管理，在保证安全供电的前提下，合理调整变压器档位，使变压器输出功率与所需负载功率相匹配，从而大大地降低了变压器空载损耗和

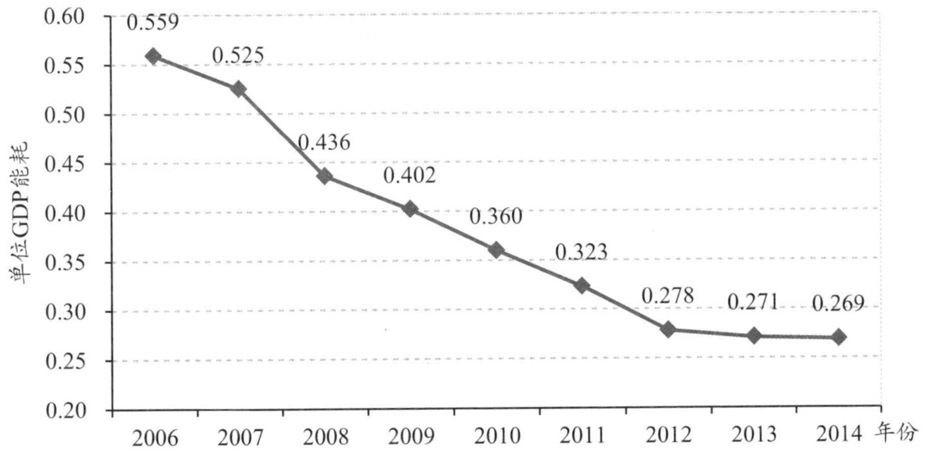

图 13-3　2006—2014 年 ABS 冶炼公司单位工业增加值能耗值

负载损耗，提高了系统功率因数，极大地降低了电能损耗。二是加强了节能减排的管理。ABS 冶炼公司主要领导把节能减排工作当成公司的头等大事来抓，经常召开专题会议研究节能减排工作。公司确定了一名高管领导，主抓节能减排和环保工作；并设立了环保和能源管理的职能部门，实施环保和能源管理；设立了能源管理统计岗位，建立了能源统计台账；在水、电、气等主要能耗环节都配备了计量器具，并定期进行鉴定和校准；实施了环保和节能减排工作目标责任制，与各分子公司签订了年度工作目标责任书，年终进行严格考核，实施奖罚兑现；在月度工资分配中把节能降耗、成本控制、环保管理作为主要指标进行考核，与当月工资分配紧密挂钩，实施奖罚兑现。这一系列制度有利于确保节能减排长效稳定。三是持续的技术改造与升级。一方面，投资 120 多万元对 35kV 和 10kV 供电站进行谐波治理，其中 35kV 供电站出口功率因数由原来的 88% 上升到 98%，10kV 供电站出口功率因数由原来的 77% 增长到 98%，两项改造年可节约用电 1 317.49 万度，节约电费 568.63 万元。另一方面，在供配电系统选用经济截面的电线和电缆，选用高效、环保型节能灯具和变压器、电动机等高效节能型的电器设备，极大降低了电能消耗，提高了电能利用率。总之，公司采取的一系列节能减排措施，使得公司开始进入转型发展的轨道，有效抑制了能耗反弹，同时推动了公司的可持续发展。

13.4 结论与启示

13.4.1 结论

根据2006—2013年ABS冶炼公司工业总产值以及能耗情况，计算ABS冶炼公司的工业增加值、碳排放量、能源消耗量，从总量分析和动态脱钩分析可以得到如下结论与启示：第一，ABS冶炼公司碳排放总量呈现波动起伏的态势，直至碳排放呈现持续降低的趋势，这主要得益于ABS冶炼公司推行转型升级与技术改造，在经历适应期之后，便可以达到减排的目的；同时，通过转型升级提升了单位能耗的工业增加值，工业企业效益的质量和速度都得到了有效提高。第二，工业企业效益对碳排放的脱钩呈现负脱钩到强脱钩的趋势，这种趋势说明，工业企业效益对能源的依赖度在下降，但作为工业企业，能耗降低有一个过程，而且对能源的依赖在一定程度上都可能存在，因而节能减排的任务仍然存在，需要进一步加大节能减排的力度。第三，制度管理和严格考核在工业企业节能减排中显得十分重要，建立科学的能耗管理制度，严格单位能耗考核，是促进工业企业能耗降低的重要手段。

13.4.2 启示

基于以上分析结论，可以说“十一五”以来ABS冶炼公司推行的节能减排和低碳发展成效十分显著，对于其他企业进一步推进节能减排和低碳发展有着借鉴意义，因此，所得启示和建议主要有以下几点。

一是要加快企业技术改造，引进先进装备，营造工业企业效益成长的优势。工业企业低碳化发展的关键在于转型升级，而转型升级的关键是技术装备升级。因此，工业企业要通过加大技改投入，提高工业企业产品科技含量、产品附加值和品牌效应，推进传统技术转型升级。一方面，加大技改投入。要充分利用各级政府对工业企业技改的扶持政策，争取有利的政策扶持，以增加有效的技改投入，引进先进装备或改善生产线生产效率。另一方面，工业企业要注重科技研发，夯实自身在节能减排方面的实力，充分利用“外脑”“外智”，推动政产学研合作，为工业企业节能减排出效益创造更好的发展环境。

二是切实加强用能管理。一方面，要加强对企业能源消费量、高耗能产品用电量、高耗能产品产量等情况的跟踪监测，对能源消费和高耗能产品增长过快的生产线，应合理控制能源使用。另一方面，要进一步抓好重点环节的节能工作。切实落实淘汰落后产能的目标责任，加快淘汰落后产能。

三是完善节能减排体制机制。一方面，要切实抓好“万元工业增加值能耗及降低率”考核指标的严格考核。另一方面，建立一个适应节能降耗所需的制度保障体系，加强能耗的科学管理。如建立激励机制，利用制度推动节能减排工作的落地。

第四篇

专题研究与政策建议

第14章　科技研发视角下的各地区工业企业竞争力评价

14.1 引 言

在全球化程度日益加深、知识经济时代已到来的背景下，科技研发成为衡量一个国家创新能力的重要指标，一个国家或企业的科研能力成为其是否具有核心竞争力的评判标准。在国家技术进步、经济增长过程中，科技研发有着十分突出的地位。科技研发实现了经济与技术的结合，它是技术进步的核心。工业一直是拉动经济增长的主要动力，工业企业对产业发展、经济增长的拉动作用和贡献也很大。工业企业竞争压力不断加强，给工业企业带来了许多挑战，其中科技研发的总体水平成为其发展的重要因素所在，而如何在科技研发与创新中取胜，成为工业企业生存和发展的关键。科学技术要成为推动经济增长的主要力量，必须从知识形态转化为物质形态，从潜在的生产力转化为现实的生产力，而这一转化，正是在科技研发这一环节中实现的。

企业进行技术创新是提高竞争力的重要途径之一。技术创新对于企业来说就是抓住市场机会，根据市场需求开发新产品、引进新技术，从而抓住消费者的眼球来获取高额利润。随着互联网的兴起，许多工业企业已不适宜当今时代发展趋势，这种情况下，工业企业需要利用科技进行经济转型，提高企业竞争力。与此同时，企业科研能力水平的提升也可以加大企业的产品竞争优势，不断进行科学技术研究，推出改进型和创新型产品，以适应越来越细化的市场需求，提高企业生产效率，降低成本，通过价格竞争优势来占据市场份额。

本书基于科研角度来进行分地区规模以上工业企业竞争力的分析，选取了外商投资量、规模以上企业单位数、高校毕业生人数、地区 GDP 和技术市场交易额 5 个影响因素，研究如何以科技创新能力和水平的提高来提升工业企业竞争力，推动工业企业结构调整和经济转型，寻找正确的生存和发展之路，促进区域经济发展，缩小地区间经济发展差距，促进地区经济稳步增长。

14.2　科技研发视角下工业企业竞争力评价指标体系的构建

郭继鸣（2003）从信息技术水平、技术创新能力、组织管理能力与人力资本、企业文化、资本运营能力等方面设计了评价指标体系并对全国各地的工业竞争力进行了评价。王荣俊等人（2017）从科技创新能力、生存能力、环境因素、企业资源等方面设计了评价指标体系并对全国各地的工业竞争力进行了评价。李伟民、张颖（2016）从区域创新基础竞争力、区域创新环境竞争力、区域创新投入竞争力、区域创新产出竞争力等方面设计了评价指标体系并对全国各地的工业竞争力进行了评价。张贡生、陈奎（2012）从规模投入、规模产出、生产绩效、市场影响力、科技创新力、生态竞争力等方面设计了评价指标体系并对全国各地的工业竞争力进行了评价。李梦觉（2008）从经济绩效、产业增长力、市场竞争力、技术创新竞争力、涉外竞争力、经济实力、生态竞争力等方面设计了评价指标体系并对全国各地的工业竞争力进行了评价。张志明、曹钰（2009）从生产力水平、创新能力、扩张能力等方面设计了评价指标体系并对全国各地的工业竞争力进行了评价（具体指标见表 14-1）。

以上评价体系中都设置了科研创新对工业企业竞争力的影响，由此可看出科研的重要性，基于此，本书从科技视角出发，选取各地区规模以上工业企业研究与试验发展（R&D）活动及专利情况和新产品开发及生产情况中选取 R&D 人员全时当量、R&D 经费、R&D 项目数、专利申请数、发明专利、有效发明专利数、新产品开发项目数、新产品开发经费支出、新产品消费收入和出口构成评价指标体系（见表14-2）。

表14-1　现有评价体系指标汇总

作者	目标层	具体指标
郭继鸣 任红亚 王志新	信息技术水平	信息技术拥有率、设备先进程度、信息技术投资收益率、信息技术投入增长率
	技术创新能力	是否拥有较完备的技术支撑、技术创新投入率、技术开发人员比例、新产品获益率
	组织管理能力与人力资本	组织结构的合理性、全员劳动生产率、人均利税率、高级管理人员综合素质指数
	企业文化	企业文化适应性、聚合力、企业文化建设投资率、附加经济价值
	资本运营能力	企业融资率、企业资信度股利支付率
王荣俊 崔跃武 兰国辉 王梦玲	科技创新能力	申请发明专利笔数、科研投入比例、科技人员比例
	生存能力	市场占有率、销售利润率、劳动生产率
	环境因素	行业竞争状况、政府政策
	企业资源	员工的学历程度、技术人员比例
李伟民 张颖	区域创新基础竞争力	经济基础、产业基础、企业基础、对外开放
	区域创新环境竞争力	基础设施环境、市场环境、制度环境、人才培养
	区域创新投入竞争力	R&D经费、科技人员增长率、科研经费增长率
	区域创新产出竞争力	专利授权数、科技论文发表数、专利和许可收入
张贡生 陈奎	规模投入	资产总计、企业单位数、固定资产原价、固定资产净值、流动资产周转次数、流动资产合计
	规模产出	工业总产值、利润总额
	生产绩效	总资产贡献率、全员劳动生产率、资金利税率
	市场影响力	市场占有率
	科技创新力	R&D经费占总产值比重
	生态竞争力	防水治理率、废物利用率工业三废综合利用产值

续表 14-1

作者	目标层	具体指标
张贡生 陈奎	经济绩效	成本费用利润率、全员劳动生产率、利润总额
	产业增长力	增加值、市场占有率
	市场竞争力	产品销售率、产品销售收入、科技人员百分比、R&D 经费占 GDP 比重
李梦觉	技术创新竞争力	新产品产值率、专利批准率、R&D 经费支出总数
	涉外竞争力	利用外资总规模、出口比重
	经济实力	工业总资产、固定资产总额、总资产贡献率
	生态竞争力	废水利用率、废物利用率、废气利用率、工业三废综合利用产值
张志明 曹钰	生产力水平	全员劳动生产率、成本费用利用率
	创新能力	出口交货值率
	扩张能力	企业增长率、销售增长率

表 14-2 科技研发视角下的工业企业竞争力评价指标体系

目标层	指标	代码	单位
基于科技研发视角的工业企业竞争力评价指标体系	R&D 人员全时当量	X_1	人时
	R&D 经费	X_2	万元
	R&D 项目	X_3	项
	专利申请数	X_4	件
	发明专利	X_5	件
	有效发明专利数	X_6	件
	新产品开发项目数	X_7	项
	新产品开发经费支出	X_8	万元
	新产品销售收入	X_9	万元
	出口	X_{10}	万元

14.3 科技研发视角下的工业企业竞争力评价

14.3.1 采集原始数据

本书根据基于科技研发视角的工业企业竞争力评价指标体系，选取2015年各地工业企业的研究与试验发展活动及专利情况、工业企业新产品开发及生产情况统计数据，31个省区市工业企业的研究与试验发展活动，以及专利情况和新产品开发及生产情况提取数据见表14-3。

从表14-3可以看出，广东、山东、江苏、浙江、上海等东部沿海地区对科技研发投入较高，其中，广东位于榜首。东部沿海地区具备地理位置和国家政策支持等优势，且深圳为我国电子科技产品生产中心，其对科技产品要求高，这就要求其必须在科研方面投入大量资金，其科研产出也位居前列。而西部偏远地区，其科研投入有一定差距，专利申请书件数、发明专利件数等数据都位居榜尾，其科研投入与产出都较低。

14.3.2 进行数据标准化处理与相关分析

运用SPSS统计分析软件对31个省区市基于科技研发视角的工业企业竞争力指标进行标准化处理，以消除无量纲与数量级的不同。通过SPSS自动对原始数据进行标准化处理，所以得到的变量都是指经过标准化处理后的变量，同时通过系数相关矩阵相关选项得到相关矩阵，见表14-4。

从表14-4可知，不管是科研投入和产出，或者是科研投入之间、科研产出之间，这10个指标之间存在着极其显著的关系，可见许多变量之间直接的相关性比较强，证明它们存在信息上的重叠。因此，需进行主成分的选取，明确基于科技研发视角的规模以上工业企业竞争力评价的主要指标。

表 14-3　各地区规模以上工业企业科研投入与产出原始数据

地区	R&D 人员全时当量(人时)	R&D 经费(万元)	R&D 项目数(项)	专利申请数(件)	发明专利(件)	有效发明专利数(件)	新产品开发项目数(项)	新产品开发经费支出(万元)	新产品销售收入(万元)	出口(万元)
全国	2 638 290	100 139 330	309 895	638 513	245 688	573 765	326 286	102 708 342	1 508 565 473	291 326 776
北京	50 773	2 440 875	7 554	20 024	10 281	23 749	10 580	3 053 943	35 640 401	2 438 988
天津	84 291	3 526 665	11 393	16 721	6 507	17 422	9 800	2 684 642	57 277 739	11 308 812
河北	79 452	2 858 051	8 358	10 396	3 393	7 740	7 489	2 465 369	34 762 445	3 268 926
山西	28 927	1 008 950	2 232	3 569	1 303	4 468	1 910	681 688	8 333 433	1 583 621
内蒙古	29 190	1 186 261	1 801	2 585	1 031	2 175	1 228	640 669	6 648 406	571 053
辽宁	19 097	2 418 803	5 422	9 190	4 131	10 372	5 494	2 442 027	33 373 490	3 430 873
吉林	23 202	861 541	2 014	1 972	787	2 649	2 548	1 167 919	18 227 484	405 640
黑龙江	31 762	880 392	3 080	3 902	1 752	3 351	2 760	722 307	5 110 495	353 881
上海	94 981	4 742 443	11 089	21 725	10 740	30 815	14 378	5 716 228	74 709 344	10 798 363
江苏	441 304	15 065 065	51 720	119 927	41 744	85 485	57 204	17 117 386	244 632 694	58 104 240
浙江	316 672	8 535 689	51 940	80 512	17 242	31 642	55 123	8 989 328	18 8391 393	37 286 842
安徽	96 791	3 221 422	14 100	45 598	19 967	28 568	175 025	3 804 434	58 822 307	4 665 204
福建	99 180	3 469 810	10 929	24 916	6 880	12 424	9 737	2 973 967	355 255 547	11 022 029
江西	31 321	1 474 698	4 403	8 561	2 522	4 765	4 635	1 445 062	20 586 019	2 165 579

续表 14-3

地区	R&D 人员全时当量(人时)	R&D 经费(万元)	R&D 项目数(项)	专利申请数(件)	发明专利(件)	有效发明专利数(件)	新产品开发项目数(项)	新产品开发经费支出(万元)	新产品销售收入(万元)	出口(万元)
山东	241 395	12 911 718	30 778	42 289	19 621	33 785	28 306	11 221 423	146 984 304	17 948 132
河南	131 051	3 688 252	11 764	16 518	5 250	11 305	9 780	3 065 512	57 894 206	28 730 299
湖北	86 813	4 072 726	8 647	17 315	7 227	16 965	8 934	3 644 392	56 769 152	1 939 520
湖南	83 821	3 525 450	6 646	18 175	7 591	19 087	6 402	3 315 134	7 3497 969	5 096 888
广东	411 059	15 205 497	37 375	106 038	51 672	177 047	43 456	18 310 389	226 425 002	74 841 360
广西	19 000	769 190	2 397	4 613	2 005	3 731	2 781	903 957	16 333 703	457 673
海南	3 325	111 841	570	441	312	1 378	500	105 791	1 330 871	153 505
重庆	45 129	1 996 609	6 544	20 239	6 758	6 328	7 352	2 388 537	45 351 174	10 731 971
四川	56 841	2 238 051	6 609	21 912	8 085	17 601	6 971	2 145 687	28 924 767	4 508 088
贵州	14 916	457 303	1 619	3 782	1 953	4 096	1 623	424 215	39 944 834	473 911
云南	16 381	619 588	3 017	3 751	1 493	4 605	2 503	631 962	5 132 031	198 914
西藏	43	2 602	21	17	14	90	16	2 986	56 367	0
陕西	45 052	1 725 829	4 054	7 521	3 036	7 506	4 434	1 637 909	10 409 950	1 030 964
甘肃	12 578	486 077	1 572	2 230	698	1 884	1 291	392 974	5 740 962	507 159
青海	1 285	65 029	150	305	144	271	121	98 825	228 191	890

续表 14-3

地区	R&D 人员全时当量(人时)	R&D 经费(万元)	R&D 项目数(项)	专利申请数(件)	发明专利(件)	有效发明专利数(件)	新产品开发项目数(项)	新产品开发经费支出(万元)	新产品销售收入(万元)	出口(万元)
宁夏	5 470	200 453	1 125	1 429	761	908	981	182 332	2 826 884	259 931
新疆	7 188	366 180	972	2 340	788	1 553	924	331 351	4 943 911	43 523

表 14-4 各地区规模以上工业企业科研投入与产出相关系数矩阵

	R&D 人员全时当量	R&D 经典	R&D 项目数	专利申请数	发明专利件	有效发明专利数	新产品开发项目数	新产品开发经费支出	新产品销售收入	出口
R&D 人员全时当量	1.000	0.998	0.998	0.998	0.995	0.984	0.891	0.998	0.980	0.992
R&D 经费	0.998	1.000	0.995	0.995	0.995	0.984	0.885	0.999	0.978	0.987
R&D 项目数	0.998	0.995	1.000	0.996	0.989	0.974	0.896	0.994	0.978	0.986
专利申请数	0.998	0.995	0.996	1.000	0.997	0.986	0.906	0.997	0.979	0.991
发明专利	0.995	0.995	0.989	0.997	1.000	0.994	0.905	0.997	0.974	0.990
有效发明专利数	0.984	0.984	0.974	0.986	0.994	1.000	0.878	0.989	0.961	0.989
新产品开发项目数	0.891	0.885	0.896	0.906	0.905	0.878	1.000	0.888	0.869	0.872
新产品开发经费支出	0.998	0.999	0.994	0.997	0.997	0.989	0.888	1.000	0.977	0.991
新产品销售收入	0.980	0.978	0.978	0.979	0.974	0.961	0.869	0.977	1.000	0.971
出口	0.992	0.987	0.986	0.991	0.990	0.989	0.872	0.991	0.971	1.000

14.3.3　主成分提取

主成分个数提取原则为主成分对应的特征值大于1的前 m 个主成分。特征值在某种程度上可以被看成是表示主成分影响力度大小的指标，如果特征值小于1，说明该主成分的解释力度还不如直接引入一个原变量的平均解释力度大，因此，一般可以用特征值大于1 作为纳入标准。通过 SPSS 软件进行因子分析，得到总体方差分析表，如表 14-5 所示。

表 14–5　各地区规模以上工业企业科研投入与产出总体方差分析

成分	初始特征值			提取平方和载入		
	合计	方差的 %	累积 %	合计	方差的 %	累积 %
1	9.719	97.194	97.194	9.719	97.194	97.194
2	0.191	1.909	99.103			
3	0.047	0.468	99.570			
4	0.025	0.247	99.818			
5	0.013	0.129	99.946			
6	0.003	0.031	99.978			
7	0.001	0.015	99.993			
8	0.001	0.005	99.998			
9	0.000	0.002	99.999			
10	0.000	0.001	100.000			

提取方法：主成分分析。

通过表 14-5（方差分解主成分提取分析）可知，提取 1 个主成分，即 $m=1$。这说明只有一个主成分对基于科技研发视角的规模以上工业企业竞争力影响较大。同时，在进行因子分析的过程中，得到了因子得分系数，如表 14-6 所示。

从表 14-6（因子得分系数矩阵）可知 R&D 人员全时当量、R&D 经费、R&D 项目数、专利申请数、发明专利、有效发明专利数、新产品开发项目数、新产品开发经费支出、新产品销售收入、出口在 F 成分上都有较高负荷，说明 F 成分可以反映科研投入与产出这 10 个指标的关系。所以提取 1 个主成分是可以基本反映全部指标的信息，所以决定用 1 个新变量来代替原来的 10 个变量。

表 14-6 因子得分系数矩阵

	成分 F		成分 F
R&D 人员全时当量	0.998	有效发明专利数	0.988
R&D 经费	0.996	新产品开发项目数	0.911
R&D 项目数	0.995	新产品开发经费支出	0.998
专利申请数	0.999	新产品销售收入	0.981
发明专利	0.998	出口	0.991

14.3.4 竞争力综合得分

这一个新变量的表达还不能从输出窗口中直接得到，需要将其特征向量运用 SPSS 描述性功能求出来，与标准化后的数据相乘，然后就可以得出主成分表达式如下：

$$F=0.320ZX_1+0.319ZX_2+0.319ZX_3+0.320ZX_4+0.320ZX_5+0.320ZX_6+0.292ZX_7+0.320ZX_8+0.315ZX_9+3.118ZX_{10}$$

根据以上公式可分别计算研究与试验发展活动，以及专利情况和新产品开发和生产情况综合主成分值，并对其按综合主成分值进行排序，即可对各地区进行综合评价比较，结果见表 14-7。

从表 14-7 可看出各地区综合得分差异较大。为了便于分析，基于综合得分对这些地区进行分类，如表 14-8 所示。

从综合得分来看，科技研发视角下各省、直辖市之间工业企业竞争力水平存在较大差异，水平较高的地区为东部沿海发达地区，这些地方自古以来地理位置优越，经济发展水平高，工业企业本身也重视科研投入与产出；水平较弱的为西藏、青海、新疆等偏远西北部地区，这些地区经济水平暂时还比较低，工业企业数量少，工业企业本身科研投入低，科研产出也相对低；处于中等地位的为中东部地区，其工业企业科技研发投入也处于中等水平，不高也不低。所以，工业企业科研竞争力与地区经济发展的相关性极大，与地区经济发展水平成正比。

表 14-7　基于科技研发视角的工业企业竞争力综合评价结果

省份	综合主成分 F	排名	省份	综合主成分 F	排名	省份	综合主成分 F	排名
广东	5.1	1	湖南	−1.31	12	黑龙江	−1.97	22
江苏	3.96	2	四川	−1.45	13	吉林	−1.97	23
浙江	1.85	3	湖北	−1.48	14	内蒙古	−1.98	24
山东	0.4	4	河北	−1.56	15	云南	−1.99	25
河南	0.1	5	辽宁	−1.62	16	甘肃	−2.02	26
安徽	−0.33	6	江西	−1.78	17	新疆	−2.06	27
北京	−0.50	7	陕西	−1.83	18	宁夏	−2.06	28
福建	−0.59	8	山西	−1.9	19	海南	−2.08	29
上海	−0.77	9	贵州	−1.95	20	青海	−2.1	30
天津	−0.94	10	广西	−1.95	21	西藏	−2.11	31
重庆	−1.11	11						

表 14-8　层次归类

工业企业科研竞争力综合评价值	省、直辖市
第一层次：综合评价值＞ 1	广东、江苏、浙江、山东、河南
第二层次：0 ＞综合评价值＞ −2	安徽、北京、福建、上海、天津、重庆、湖南、四川、湖北、河北、辽宁、江西、陕西、山西、贵州、广西、黑龙江、吉林、内蒙古、云南
第三层次：综合评价值＜ −2	甘肃、新疆、宁夏、海南、青海、西藏

14.4 科技研发视角下各地区规模以上工业企业竞争力分析

14.4.1 各地区科研投入与产出不均衡现状比较突出

从表14-7可知，在基于科研视角的各地区工业企业科技研发投入与产出综合评价中，广东、江苏、浙江等东部沿海地区的工业企业竞争力处于领先地位；中部地区和东北老工业基地等地区的工业企业竞争力则处于中等地位；而西部地区和海南等地的工业企业竞争力处于第三梯队地位。

另外，从综合竞争力得分情况来看，仅5个省区市综合竞争力得分为正，26个省区市综合竞争力得分为负，得分为负的省区市占据80%以上，由此可看出，我国工业企业科研投入与产出整体不足。由此可看出，各地区规模以上工业企业应加大科研投入与产出，提升自身的竞争力。

14.4.2 促进各地区规模以上工业企业的科研投入与产出均衡发展

从前文数据来看，各地区规模以上工业企业的科研投入与产出发展主体依然在东部沿海经济发达地区，中西部、东北老工业地区则相对较少。因此，东部沿海经济发达地区政府应继续加大对东部地区规模以上工业企业科研投入与产出的扶持力度；中西部、东北老工业地区政府应鼓励中西部、东北老工业基地工业企业加大科研投入与产出，促进这些地区规模以上工业企业的科研投入与产出的可持续发展。同时，各地区工业企业之间应加强联系，鼓励东部发达沿海地区工业企业在中西部等地进行投资或设立分公司，从而带动中西部等地区工业企业的科研投入与产出增加，使得规模以上工业企业的科研投入与产出均衡发展。

14.5 科技研发视角下各地区规模以上工业企业竞争力的影响因素分析

14.5.1 原始数据收集

根据现有的研究成果，本研究认为可能影响工业企业竞争力的因素为地区

GDP、规模工业企业单位数、高校毕业生数、外商投资和技术市场交易额。收集上述 5 个可能影响因素的指标值，并进行描述性统计分析，如表 14-9 所示。

表 14–9　变量名称与统计描述

变量	代码	变量含义	均值统计量	标准差统计量	偏度统计量	峰度统计量
地区 GDP	X_1	反映各地经济发展水平，单位为万元	22 797.42	18 301.38	1.40	1.82
规模工业企业单位数	X_2	各地中小型企业数量，单位为个数	2 054.97	2 316.96	2.09	4.70
高校毕业生数	X_3	大学及专科毕业生人数，单位为个数	219 640.84	137 479.15	0.50	−0.59
外商投资	X_4	外商在各地的投资额，单位为万元	6 605.55	9 329.46	2.62	6.92
技术市场交易额	X_5	高新技术在各地的交易额，单位为万元	3 022 039.52	6 237 855.18	4.37	21.58

将各地区 GDP、规模工业企业单位数、高校毕业生数、外商投资和技术市场交易额等数据收集之后，可以看出东部沿海地区经济发展水平较高，外商投资多，规模企业单位数较多；西部偏远地区经济发展水平低，外商投资少，其投资价值低；中部地区经济发展水平、外商投资水平、规模企业单位数等排名都较为靠前；而高校毕业生数则是中部地区较多，湖南、四川等内陆城市教学质量高，且人口众多。

14.5.2　模型估计与检验

运用 SPSS 进行回归分析，有几个变量通过了拟合优度检验，如表 14-10 所示。规模工业企业单位数、地区 GDP 和高校毕业生数等对各地区规模以上工业企业竞争力有显著的正向作用，外商投资和技术市场交易额呈现不显著作用。

表 14–10 进入回归系数表

系数					
模型	非标准化系数		标准系数	*t*	Sig.
	B	标准误差	试用版		
（常量）	−2.106	0.155		−13.567	0.000
地区 GDP	0.000	0.000	0.046	0.238	0.014
规模工业企业单位数	0.001	0.000	0.679	4.541	0.000
高校毕业生数	0.000	0.000	−0.181	−1.453	0.059
外商投资	0.000	0.000	0.422	3.328	0.103
技术市场交易额	0.000	0.000	−0.011	−0.213	0.135

根据 SPSS 线性回归分析可知，地区 GDP、规模工业企业单位数、高校毕业生数的显著性较高，属于极其显著，因此地区 GDP、规模工业企业数、高校毕业生数对工业企业科研竞争力的影响较大。相较之，技术市场交易额的 Sig.=P=0.135，外商投资的显著值超过了 0.1，均属于不显著因素，因此可以排除技术市场交易额和外商投资对工业企业科研竞争力的影响。

14.6 实证结果分析

地区 GDP、规模工业企业单位数、高校毕业生数对基于科研视角的工业企业竞争力具有正向显著影响，这说明地区 GDP 越高、规模工业企业单位数和高校毕业生数越多，对工业企业竞争力的提高就越有有利影响。企业竞争力分为三个层面，第一层面是产品层，包括企业产品生产及质量控制能力、企业的服务、成本控制、营销、研发能力；第二层面是制造层，包括各经营管理要素组成的结构平台、企业内外部环境、资源关系、企业运行机制、企业规模、品牌、企业产权制度；第三层面是核心层，包括以企业理念、企业价值观为核心的企业文化，内外一致的企业形象，企业创新能力，差异化、个性化的企业特色，稳健的财务，拥有卓越的远见和长远的全球化发展目标。科技创新是提高企业核心竞争力的基础、动力和关键，对工业企业的竞争力具有至关重要的作用。而当今一些省区市工业企业在科技研发等方面的竞争力存在一定的差距。地区 GDP 对各省份工业企业科研创新力有一定的促进作用。一些发达地区率先进行科技创新，研发型公司的数量在不断增加，其重视产品本土化，不断进行研发，给工业企业带来了高新技术的学习机会。企业自主研发能力的提升主要还取决于地区自身的经济发展水平。

规模企业单位数对企业科研竞争力的影响也是非常显著的，其规模大小直接影响了 R&D 经费投入，从而影响了科技产出，规模以上企业的科技投入越高，其专利申请数越多，新产品产出就越高。例如重庆 2015 年规模以上企业单位数达到了 1362 个，其 R&D 经费投入和产出相较于 2014 年，增长速率十分大。然而，科技型中小企业是技术创新活力的源泉，是实现技术跨越的重要力量。这些中小型企业有国家政策支持，其经营理念、企业能力、经营策略 、创新意愿等方面会比规模以上企业更具创新意识和创新能力，其创新策略也更加灵活。在依托科技创新提升企业竞争力时，既要注重规模以上企业的作用，同时也要兼顾中小企业的创新能力。

科研人员是企业创新的重要条件，而高校毕业生是科研人员的重要组成部分。在进行科技创新的过程中，不仅应该考虑科研投入，还应考虑科研产出。各省区市高校毕业生数对当地企业的科技创新水平有积极影响。高校毕业生受教育程度高，其具备与时代接轨的创新能力和创新意识。作为企业，在进行科技投入时，应格外注重招揽高校人才。

而各省区市 GDP 和技术市场交易额对企业竞争力的作用不显著，相关性小。各省区市 GDP 只反映了各省区市经济发展水平，技术交易市场额只反映了技术市场规模大小，其并不能直接影响企业竞争力。

14.7　对策建议

上述研究表明，促进工业企业科技投入和自主知识产权对于加快工业企业本身核心竞争力的形成意义重大。因此，为了加快各地区工业企业竞争力的形成，需要政府、企业和社会各界互相配合，通力合作，增强工业行业的科技创新能力，从而促进各地方和全国经济的发展。

14.7.1 国家及各地方政府应加大政策支持力度，扶持地区工业企业科研创新能力成长

（1）应当加强对工业企业科技研发的引导和服务，制定并落实激励与扶持工业企业科技研发的政策措施，建立部门联动协作机制，营造有利于工业企业科技研发的良好环境，激发企业科技研发活力。加大对工业企业科技研发的资金补助，在企业新技术研发初期，加大科技投入支持力度，降低和减轻企业的负担和压力。

（2）促进工业企业科技研发以市场为导向，坚持工业企业自主与政府引导相结合，鼓励工业企业、科研院所、地区高等学校协同科技研发，鼓励社会资源参与工业企业科技研发活动，促进科研成果转化为现实生产力。

（3）制定相关引进技术的政策，合理利用新技术对工业企业科研竞争力的积极作用，激发企业的创新热情，促进工业企业在学习先进技术的同时，不断提升自身自主研发能力。

14.7.2 工业企业自身应进一步依托科技研发打造工业竞争优势

工业企业要实现产学研结合，积极与当地科研院所合作，要站在国际前沿和市场高端，不断获得科技研发的“源泉”，时时关注市场需求，为科技研发定好位；工业企业科技研发要在自身品牌上下功夫，今天的特色，就是明天的品牌，今天的社会是竞争的社会，要树立自己的竞争优势；工业企业要加大 R&D 经费的投入，要建立与创新产品相匹配的重点实验室，要调动员工科技研发的积极性，建立科技研发奖励机制，调动员工参与的积极性。

14.7.3 各地社会各界应积极为工业企业科技研发创造条件

工业企业科技研发需要大量的人才，各地高校应积极与当地工业企业合

作，建立人才输送机制，既保证各地高校的毕业生就业率，又为工业企业科技研发创造条件；外商资金雄厚，应积极与外商合作，寻求资金支持与技术投入，加快工业企业科技研发的运作，建立竞争优势，促进工业企业的发展。

14.7.4　规模企业应加强技术交流合作，打造科研技术联盟

规模企业之间可加强技术交流合作，也可与科技型中小企业通力合作发展，各自发挥自身优势，共同提升科研能力。同时，科研能力较强的省区市也可扶持科技研发能力较弱的省区市，促进中国创造能力和经济发展，致力于用“中国创造”取代“中国制造”，使中国制造能力越来越强大。

第15章 经济增长视角下的湖南工业与其经济增长关系研究

15.1 引 言

城镇化、工业化一直被认为是支撑区域经济增长的重要引擎。党的十八大以来，中国坚持走中国特色新型城镇化、工业化的发展道路。2014年中国城镇化率达到54.77%，工业占GDP的比重为35.82%，同时GDP增长率保持在7%以上（7.4%），实现了经济增长的既定目标，在全球经济下行的整体趋势下，能够实现经济稳定持续增长。这表明，中国抓住了经济社会发展的战略机遇，而推进新型城镇化和工业化是确保这种目标实现的根本手段。然而，依托新型城镇化与工业化促进区域经济增长的空间有多大，省区市与省区市之间显然也是有所区别的。理论界通过大量的研究论证了新型城镇化或工业化与区域经济增长的关系，一方面，学者研究了新型城镇化与区域经济增长的关系，如刘霞辉（2003）以及张廷海、戴倩雯（2015）相继研究了全国和广东省城市化与对应范围区域经济增长之间的关系。另一方面，学者研究了工业化与区域经济增长的关系，如罗来武和雷蔚（2006）、高萍和孙群力（2008）、王君（2013）研究了工业化与中国高速经济增长的关系。此外，还有学者探索城镇化、工业化、农业现代化的发展与经济增长之间的关系（贾云赟，2012）。但现有研究至少还有两个方面需要弥补：一是对于具体省份的实证测度还比较少，如对湖南的具体研究几乎没有；二是对新型城镇化、工业化与经济增长三者关系的研究几乎没有。当前，湖南正在实施“四化两型”战略，而“四化两型”战略恰恰一头连着工业化，一头连着新型城镇化，因而，以湖南为例，研究新型城镇化、工业化以及经济增长之间的关系，对打造湖南经济发展“新高地”有着至关重要的意义。

15.2　湖南工业与其经济增长关系实证

15.2.1　变量选取及数据预处理

本书选取湖南省1992—2014年的GDP增长率、人口城镇化率、工业化率数据为实证分析的样本数据（限于篇幅，不再一一列出具体数据），数据来源于《湖南统计年鉴（2016）》。以GDP增长率衡量区域经济增长水平（记为*ZGDP*），以新型城镇化（记为*URBAN*）、工业化率（即工业增加值与地区生产总值的比值，记为*GO*）为变量，分析新型城镇化和工业化对湖南省经济增长的影响。

由于数据的对数变换不改变原有的协整关系，并能使其线性趋势化，在一定程度上可以消除时间序列中存在的异方差现象，因此对变量进行自然对数变换，分别记为ln*ZGDP*、ln*URBAN*、ln*GO*，用dln*ZGDP*、dln*URBAN*、dln*GO*分别表示各变量的一阶差分。

本书运用EViews 6.0进行数据分析和建模。

15.2.2　变量的平稳性检验

由于所选取的变量数据均为年度时间序列数据，在时间序列分析中，为避免“伪回归”现象，需先检验变量的平稳性。本书采用ADF单位根检验方法对各变量的对数序列及其差分序列进行平稳性检验，结果见表15-1。

由表15-1可知，在5%的显著性水平下原序列都是不平稳序列，而差分序列都是平稳序列。因此，ln*ZGDP*、ln*URBAN*、ln*GO*都是一阶单整序列，即新型城镇化、工业化与经济增长可能存在长期稳定的协整关系，并且可以直接用最小二乘法确定其协整关系。下面先对变量进行协整检验。

表 15–1　单位根检验结果

变量	检验类型（c, t, k)	ADF 检验值	1% 临界值	5% 临界值	10% 临界值	结论
ln*ZGDP*	(0, 0, 1)	1.371 0	−2.626 1	−1.938 5	−1.559 6	不平稳
dln*ZGDP*	(0, 0, 1)	−3.723 7	−2.638 6	−1.940 6	−1.558 9	平稳 ***
ln*URBAN*	(c, t, 1)	−1.620 7	−4.378 5	−3.608 6	−3.163 7	不平稳
dln*URBAN*	(c, 0, 0)	−8.946 2	−3.712 2	−2.982 3	−2.566 7	平稳 ***
ln*GO*	(c, t, 0)	−1.992 3	−4.351 9	−3.596 6	−3.157 1	不平稳
dln*GO*	(c, 0, 0)	−4.669 4	−3.712 2	−2.982 3	−2.566 7	平稳 ***

注：检验形式 (c, t, k) 中的 c、t、k 分别表示模型中的常数项、时间趋势和最优滞后阶数；*、**、*** 分别表示参数估计在 10%、5% 和 1% 的水平下显著，下同。

15.2.3　滞后阶数的确定

进行 Johansen 协整检验前需确定模型的最优滞后阶数，滞后阶数的选取可直接影响被估参数的有效性。通过多次实验，当滞后阶数为 2 时，AR 根均落于单位圆内，说明模型是稳定的，可以保证检验结果的有效性。同时利用滞后长度标准的 6 个准则进行检验比较，并考虑模型的拟合优度情况。其选择准则的取值情况如表 15-2 所示，通过比较分析，确定选择滞后两阶。

表 15–2　滞后阶数选择准则取值情况

Lag	logL	LR	FPE	AIC	SC	HQ
0	−5.561 972	NA	2.92	0.910 664	1.109 621	0.953 843
1	90.103 57	145.776 1*	1.54	−6.676 531	−5.681 748*	−6.460 637
2	110.891 3	23.757 37	1.19*	−7.132 502*	−5.341 892	−6.743 894*

注：* 表示根据该准则选定的阶数。

15.2.4　协整检验

Johansen 协整检验是基于回归系数的协整检验，本研究利用特征根迹检验

（trace 检验）方法对 ln*ZGDP*、ln*URBAN*、ln*GO* 三个变量进行协整检验，如表 15-3 所示。

表 15-3　迹统计量检验结果

零假设	特征值	最大特征统计量	3% 临界值	Prob 值
None*	0.772 4	75.899 4	45.941 9	0.000 0
At most 1*	0.718 6	44.716 8	28.605 2	0.000 3
At most 2*	0.522 3	18.249 5	14.874 9	0.015 4
At most 3	0.141 8	3.096 9	3.687 8	0.063 2

由表 15-3 可知，迹统计量检验结果表明，在 5% 的显著性水平下，三个变量之间存在两个协整关系。这说明在 95% 的置信水平下，湖南省的新型城镇化、工业化与其经济增长之间存在长期稳定的协整关系。这是因为，新型城镇化是人口的城镇化，大量人口涌入城市，创造大量的需求，激发消费空间，为工业化发展提供持久推动力，并推动工业转型升级，进一步提高工业创造供给的能力和提供就业的机会，为推进城镇化打下坚实的经济基础。两者相辅相成，促进了区域经济的增长。同时，根据变量平稳性检验结果，可直接用最小二乘法确定其协整关系，协整关系表达式为：

$$\ln ZGDP = 0.729\,8 \ln URBAN + 0.270\,2 \ln GO \tag{15-1}$$

$$(9.586\,7^{***}) \qquad (4.154\,2^{***})$$

Adjusted R-squared：0.958 3　Durbin-Watson stat：1.899 2

模型的拟合优度检验调整后 R^2（0.958 3）结果表明，模型的拟合度较好，D.W. 检验值接近 2，表明该模型不存在明显的序列相关性。协整关系式式（15-1）表明，湖南省的新型城镇化和工业化对经济增长都产生了正向影响。人口城镇化率每增长一个单位，将会促进 GDP 增长率增加 0.729 8 个单位。工业化率每增加一个单位，会促进 GDP 增长 0.270 2 个单位。同时，协整关系也表明，长期来看，新型城镇化对湖南经济增长的正向影响效应大于工业化对经济增长的正向影响效应。

15.2.5 Granger 因果检验

Granger 因果检验可用于检验一个变量的滞后变量是否可以引入其他变量方程中。一个变量如果受到其他变量的滞后影响，则称它们具有 Granger 因果关系，因而 Granger 因果检验结果与滞后期的选择有关。为分析湖南省新型城镇化、工业化与经济增长之间长期稳定的均衡关系是否构成因果关系，本书对变量进行 Granger 因果检验。检验结果如表 15-4 所示。

表 15–4 Granger 因果关系检验结果

原假设	滞后 1 期		滞后 2 期		滞后 3 期	
	F 统计量	结论	F 统计量	结论	F 统计量	结论
ln*URBAN* 不是 ln*ZGDP* 的格兰杰原因	0.959 8	接受	1.089 6	接受	0.703 5	接受
ln*ZGDP* 不是 ln*URBAN* 的格兰杰原因	16.372 8	拒绝	7.556 9	拒绝	9.585 6	拒绝
ln*GO* 不是 ln*ZGDP* 的格兰杰原因	20.042 5	拒绝	2.270 6	接受	2.366 5	接受
ln*ZGDP* 不是 ln*GO* 的格兰杰原因	1.789 5	接受	1.486 8	接受	1.458 9	接受
ln*GO* 不是 ln*URBAN* 的格兰杰原因	14.365 4	拒绝	1.702 5	接受	3.987 4	拒绝
ln*URBAN* 不是 ln*GO* 的格兰杰原因	0.957 7	接受	1.556 6	接受	0.684 5	接受

由变量之间的 Granger 因果关系检验结果可知，在 5% 的显著性水平下，短期内，ln*GO* 是 ln*ZGDP* 的单向 Granger 原因；长期来看，ln*GO* 均不是 ln*ZGDP* 的 Granger 原因，但 ln*ZGDP* 是 ln*URBAN* 的单向 Granger 原因，ln*GO* 也是 ln*URBAN* 的单向 Granger 原因。

这意味着，一方面，从短期看，工业化仍然是湖南省经济增长的原因，这说明了短期内可以利用工业化对经济增长的正效应。湖南正处于工业化中后期，工业化还远未实现，与全国工业化发展水平相比也有较大差距，仍然有提升工业化水平的空间。与此同时，湖南是投资主导型经济增长模式（外贸依存度低，还不到 10%），而消费增长幅度一般比较稳定，因此，从三驾马车拉动经济增长来看，短期内只有保持合理的工业投资规模和速度。另一方面，从长期来看，新型城镇化与湖南经济增长的关系更加显著。尽管湖南推进新型城镇化取得明显进展，城镇化率已经达到47.96%，但是与全国平均水平的54.77%还有很大的差距，意味着有很大的空间和潜力。

15.3 对策建议

15.3.1 进一步加快新型工业化，进一步提升工业化的质量

一是要围绕湖南优势产业，着力培育有竞争力的传统优势产业，努力发展壮大新兴产业。从湖南的实际情况看，应努力发展轨道交通、工程机械、精细化工、有色精深冶炼等传统优势产业。同时，应努力发展壮大生物医药、新材料、新能源、计算机等新兴产业。二是要围绕低碳、环保等两型目标，优化升级产业结构，重点实现对钢铁、有色、化工、建材等传统产业升级步伐。

15.3.2 进一步提升城镇综合承载能力，提高人口城镇化率

一是要科学编制城镇规划。做好工业和城镇规划的相互衔接和深度融合。二是加强城镇基础设施建设，完善城镇综合交通体系、社会基础设施、商业服务网点，提升城镇综合承载能力。三是优化城市生态环境，提高城市宜居水平。

15.3.3 进一步促进城乡区域协调发展

一是加快城乡一体化，不断扩大城镇基本公共服务覆盖范围。二是进一步推进制度创新，促进城乡统筹发展，营造人口合理流动的政策环境和各类资本向城市聚集的投融资环境。

第16章　品牌视角下的科技投入及自主知识产权与工业品牌成长关系研究

16.1　引　言

改革开放以来，“中国奇迹”式的经济增长令世人震撼。工业作为拉动经济增长的主要动力，对经济增长的贡献率越来越明显，这有赖于一批优秀的工业品牌企业创造的效益。然而，进入知识经济时代，产品生命周期不断缩短，工业企业宏观经营环境发生了巨大变化，企业之间的竞争变得越来越激烈，传统依靠高资本消耗、大规模劳动投入、低技术进步的发展方式已经成为中国经济进一步加速发展的障碍，中国经济发展进入了必须进行增长方式转变的关键时期。对于工业来说，必须努力提高自主创新能力，逐步实现从“中国制造”向“中国创造”的转变，打造拥有自主知识产权的工业品牌。而如何进行经济增长方式转变，作为微观主体的工业企业应该如何做，这是摆在大家面前的一个重要问题。

毋庸置疑，技术投入已经成为工业企业提高经济效益、打造竞争优势的内在源泉。然而，由于技术投入产生的成果具有非排他性、非竞争性的特点，单纯依靠技术投入并不能保证工业企业独占其成果。很多工业企业尽管对技术投入比较多，但其产生的效益并没有形成独占优势。因此，在强化自主知识产权时代，技术投入只是工业企业生存和竞争的必要条件，而加强对技术投入产出成果的保护，形成自主知识产权往往比技术投入本身更加重要。党和国家领导人在讲话中也多次强调自主知识产权的重要性，尤其是《中华人民共和国国民经济和社会发展第十二个五年规划纲要》中提出“推动工业自主品牌建设”以及2011年7月26日，工业和信息化部、国家发展和改革委员会、财政部、商务部、中国人民银行、国家工商行政管理总局、国家质量监督检验检疫总局联合印发《关于加快我国工业企业品牌建设的指导意见》，直接指出坚持以工业企业为主体，通过促进工业企业提高自主创新能力和品牌培育意识以及商标注册、运用、管理和保护能力，增强品牌附加价值和影响力。无论是国家规划还是部委指导意见，都充分反映了加大科技投入、提高自主知识产权的工业品牌培育已经成为迫在眉睫的重要事情。而众所周知，在激烈的市场竞争中，拥有自主知识产权就拥有了法定的竞争优势，把技术优势、知识产品优势固定成了企业的竞争优势，自主知识产权竞争优势又源自自主核心技术和自主品牌，自主核心技术依赖于科技投入力度，而工业企业建立在拥有自主知识产权和自主核心技术的基础上，工业品牌则更能打造市场竞争优势。众多的事实也表明具有自主知识产权的工业品牌企业能够持久地掌控终端消费市场，获取持久成长效应。如经2008年金融危机洗礼后，众多工业企业频繁陷入“名牌流星”的成长困境，缘于众多企业在培育名牌过程中以规模制造优势和营销宣传炒作为突破迅速获取了市场利润，提高了品牌知名度，但却未建立与工业品牌高速成长相匹配的自主知识产权，以致这类工业品牌在市场竞争中难以生存。而一些拥有自主知识产权的工业品牌企业却凭借加大科技投入，形成了一批自主知识产权，具备了较强的风险抵御能力，在金融危机中反而呈逆势上扬的成长趋势。如华为技术有限公司通过自主创新实现了高速增长，已跻身于全球电信设备商“一线”阵营。因此，可以说技术投入与自主知识产权以及工业品牌之间是一个相互关联、相互促进的统一体。摒弃传统的经济增长模式，通过加大工业企业技术投入，形成一批具有自主知识产权的品牌企业是中国转变经济增长方式的重要战略选择。未来，在面临经济日益全球化的国内外市场竞争中，工业企业必须通过加大科技投入，形成自主知识产权，打造自主品牌，在科研人才、技术、企业管理和品牌培育等方面形成综合竞争优势。

近年来，湖南工业发展已经取得了瞩目的成就，尤其是机械装备工业的发展更是让人惊叹，机械装备工业也成为湖南省实施新型工业化以来首个产值过千亿元的产业。目前，工业已经成为湖南社会经济发展的生力军，对湖南经济发展的贡献率稳步提升，支撑和带动作用日益凸显，已经成为湖南省新型工业化的主导产业。一部分工业企业通过加大科技投入，提高自主创新能力，打造知识产权战略，涌现出了三一重工、中联中科、山河智能、楚天科技等众多工业企业自主创新的排头兵。一些工业企业已经拥有了一批具有自主知识产权的专利和品牌产品，到“十二五”期末，仅湖南机械装备工业就实现了行业总量规模过万亿元，同时形成了一批千亿元、百亿元和十亿元级的工业配套企业。湖南工业发展已经步入了快速发展的轨道。湖南工业发展的经验不仅举世瞩目，而且值得推荐。基于此，本研究结合湖南省工业企业发展的情况展开调查，探讨转变经济增长方式形势下，工业企业如何从粗放式增长模式，转向依靠科技投入，加快形成自主知识产权的工业品牌，寻找出工业企业自主创新发展工业品牌的影响因素和突破的路径，最终促进工业企业依靠科技投入，形成自主知识产权品牌，走上可持续发展道路。

16.2　品牌视角下工业品牌成长的逻辑推理

强调科技投入及创新对经济发展与企业竞争力打造具有重要作用的相关研究最早可以追溯到卡尔·马克思。正如美国学者谢勒所认为的，马克思是最早将资本积累与科技创新结合起来的专家，这也是马克思不同于19世纪中期其他的经济学家对资本主义基本的天才的察觉。内森·罗森伯格的研究也印证了这一重要管理，他在《技术进步的历史编年学》一文中也着重强调了国际上最著名的科技创新领域专家熊彼特教授的重要发现，也是源于从马克思有关科技进步在长期增长中的核心作用、有关科技进步的连续性质以及演进性的一些重要理论中得到相应的启示。可以说，马克思开启了科技投入与创新研究的重要工作。但随后很长一段时间，都没有学者在这方面进行深入的研究。熊彼特作为世界上最早系统化研究科技创新的专家，最早提出了科技创新的理论体系和概念框架，为促进经济增长提供了决策。其早期的研究主要从技术门槛的角度，对欧洲众多的小型企业进行了研究，并提出产业进入的技术门槛较低，容易为企业创新提供切入点，这时企业可能打破原有的生产、组织和销售方式，利用技术领域创新对已有的企业构成竞争优势。而他后期的研究从制度的视角，对一些具有产业优势地位的大企业进行了研究，发现制度化是科技创新的重要前提，并指出研发实验室在技术创新过程中有着重要的作用，而大企业具有这方面的独特优势。他提出，垄断力量和企业规模是科技创新的重要影响因素，即垄断力量与技术创新之间存在着正相关关系；大企业比小企业承担着更大比例的科技创新份额。而后学术界对科技投入创新的研究纷纷展开，相关文献如雨后春笋般涌现出来，研究方法从定性分析到定量分析、从理论研究到实证研究，围绕着创新过程中的影响因素进行了分析。如 Scherer 认为，科技创新人员强度与市场集中度是影响企业科技投入产出的重要因素，并进一步指出，市场份额、技术机会、销售收入增长率、进入壁垒和政府资助资金等对工业企业发展有很大的影响。Rosenberg 发现市场份额对企业研究的投入有着显著的影响。Teece 认为，专利、版权、秘密和技术的缄默是影响科技投入与创新独占性的主要因素。Jefferson 等学者的研究发现，产权结构对技术创新行为有着重要的影响。而国外的这些研究基本上都是从制度、规模以及垄断性的角度对企业科技投入以及自主知识产权进行研究，对于建立在自主知识产权基础上的品牌体系构建系统的研究还比较少，对于行业的研究则更少。

国内对于科技投入、自主知识产权研究文献颇丰。国内的学者一方面肯定了科技投入对企业的重要性，如张德芬指出国家应当给予支持引进和开发先进的技术，提高我国工业技术水平，打造工业企业的综合竞争力。李文鹏、李春成、黄永春分析了科技投入、自主知识产权以及工业品牌之间的联动关系。另一方面，学者们分别提出了影响科技投入、自主知识产权、工业品牌培育的重要因素。如陈勇鸣认为企业规模、科研人员的引进和投入对工业企业研发创新有很重要的影响，也在一定程度上成为自主知识产权品牌的重要影响因素。李玉璧、赵远亮认为自主知识产权产生的重要因素是技术的创造与管理。另外，王毅、刘明珍、杨莹、张莉专门论述了自主知识产权如何影响工业品牌的生成机制，认为自主知识产权通过专利、商标、版权等因素来形成垄断性竞争优势品牌。除此之外，学者们还提出了促进工业品牌成长的相应对策。如周谦、张光辉、张蓓、刘学理、王兴元指出应加大科技投入力度，保护自主知识产权，从而提高工业品牌的自主品牌力度，促进工业企业可持续与跨越式发展。

总之，纵观国内外相关文献，对于企业科技投入、自主知识产权以及品牌生成机制的相关研究比较多，对其影响因素的研究主要源自熊彼特对企业技术创新的相关理论假设，即规模和制度的角度。当然，也有些学者引入了市场、技术等变量，但是，众所周知，企业的发展离不开宏观环境，离不开所处的行业环境，这就使得以往对于企业科技投入、自主知识产权与企业品牌生成的机理研究可能对某些区域和某些行业缺乏指导性，因此，就需要系统全面地从行业和区域的角度来对具体企业的科技投入以及基于科技投入的自主知识产权产生与品牌培育进行有针对性的研究，从而提供更加有针对性的指导意见，在推动区域行业发展的同时，为其他区域行业发展提供借鉴。有鉴于此，本研究从湖南省工业行业企业发展的调查入手，对科技投入、自主知识产权与工业品牌成长展开实证分析。

16.3 研究方法与模型变量

16.3.1 研究方法

科技投入、自主知识产权与工业品牌成长研究过程中对被解释变量工业品牌这一因变量的衡量只能用离散变量，因其不遵循统计学上要求的正态分布，由普通最小二乘法和加权最小二乘法估计出的系数的标准差和 T 检验值不适宜于统计学的假设检验，所以不能用普通最小二乘法和加权最小二乘法进行估计。为了分析影响科技投入、自主知识产权与工业品牌成长过程中的因素，进一步明确其作用大小和影响程度，本书利用 Logit 模型对湖南省内长株潭三市、娄底市、郴州市、常德市、张家界市等典型城市的 100 个大中小型工业企业样本进行分析，以求更客观地分析影响工业品牌成长的有关科技投入与自主知识产权产生的因素的作用方向，更准确地测定其影响程度。同时，以该工业企业是否成长为工业品牌企业为因变量，对影响工业企业品牌成长的科技投入与自主知识产权因素进行分析。那么科技投入、自主知识产权与工业品牌成长三者之间的关系模型可以表示为：

$$\ln\frac{Y_i}{1-Y_i}=\alpha_0+\alpha_1X_1+\cdots+\alpha_iX_n \qquad (i=1,2,\cdots,n)$$

式中：Y_i 为工业企业成长为工业品牌企业的概率（“已经是”=1，“还不是”=0）；X_i 表示第 i 个影响因素；α_i 表示第 i 个影响因素的回归系数；α_0 表示回归方程的回归常数。

16.3.2　模型变量

工业品牌成长可能会受到多方面因素的影响。借鉴学者的研究成果，本研究将影响工业品牌成长的因素分为三个层面，即企业层面、政策层面、社会层面，并各选取一些变量进行影响因素分析。本研究将影响因素进行归纳后选取以下变量作为解释变量：

（1）企业层面：企业年龄、企业性质、企业规模、科研人员比重、企业年度科研投入、企业专利数、企业商标。

（2）政府层面：政府的资金补贴、政府的科技指导、政府对企业专利的奖励标准。

（3）社会层面：行业技术协会的支持、企业品牌信息散布的渠道、当地配套的社会支撑。

各变量具体定义及赋值的标准如表 16-1 所示。

表 16–1 变量具体定义及赋值的标准

变量分类	变量	代码	变量含义及取值
企业层面	企业年龄	X_1	根据生命周期并结合中国社会发展历程：3 年内的 = 1，3 ~ 10 年 = 2，10 ~ 18 年 = 3，18 ~ 32 年 = 4，32 年以上 = 5
	企业性质	X_2	反映企业性质，国有企业 = 1，民营企业 = 0
	企业规模	X_3	营业收入 40 000 万元以上为大型企业，取值为 1；营业收入 2 000 万 ~ 40 000 万元为中型企业，取值为 2；营业收入 300 万 ~ 2 000 万元为小型企业，取值为 3；营业收入 300 万元以下的为微型企业，取值为 4
	科研人员比重	X_4	科研人员占员工的比例，为百分比形式
	企业年度科研投入	X_5	企业年度科研投入资金占所有投入资金的比例，为百分比形式
	企业专利数	X_6	企业申请注册的专利数目，单位为个数
	企业商标	X_7	企业是否注册为商标，若注册 = 1，若未注册 = 0
政府层面	政府的资金补贴	X_8	反映政府是否对企业科技投入给予补贴：有 = 1，无 = 0
	政府的科技指导	X_9	反映政府是否对企业给予技术指导：有 = 1，无 = 0
	政府对企业专利的奖励标准	X_{10}	反映政府是否对企业申请到专利给予奖励：有 = 1，无 = 0
社会层面	行业技术协会的支持	X_{11}	反映企业所在地是否有专门的行业协会：有 = 1，无 = 0
	企业品牌信息散布的渠道	X_{12}	反映工业企业散布信息的多寡程度：广泛 = 1，狭窄 = 0
	企业配套的社会支撑	X_{13}	反映企业所在地配套的设施，如基础设施等：缺乏 = 1，不缺乏 = 0

16.4 实证分析

16.4.1 数据来源与样本描述

本书受国家软科学计划资助和湖南省软科学重点项目资助，对湖南省内长株潭三市、娄底市、郴州市、常德市、张家界市等的工业企业开展实地调研。受调研的企业共100家，调查数据覆盖了机械制造、食品制造业、采矿工业、石化工业、医药设备制造等多个行业，数据为样本企业2010年的截面数据。此次调查的主要目的是要了解工业企业科技投入、自主知识产权与品牌培育的基本情况，收集描述工业企业科技投入与自主知识产权及品牌的相关数据，为以下的分析和建模提供经验事实和数据来源。与以往的调查相比，样本数量及其包含的信息足够丰富，足以支持深入的实证分析，而且样本具有较强的代表性，既包括了大中小型企业，又包括了不同行业的工业企业，能够较好地反映湖南省工业企业在科技投入、自主知识产权及工业品牌成长方面的现状。基于本书研究目的，特从调研中选取这些相关数据进行分析与处理，通过剔除数据不齐全的无效样本后，有效样本涉及工业企业86家，样本统计描述见表16-2。

16.4.2 模型估计与检验

根据前面所述研究方法，将上述13个可能影响因素赋值后，运用SPSS 17.0对二元Logit模型进行回归分析。13个变量全部通过了拟合优度检验，得出结果见表16-3。

从表16-3可知，政府的资金补贴、企业专利数、企业商标、科研人员比重、企业年度科研投入、政府对企业专利的奖励标准、企业规模、政府的科技指导、企业年龄、企业性质、行业技术协会的支持对工业品牌成长有显著的正向作用。企业品牌信息散布的渠道、企业配套的社会支撑呈现不显著的负向作用。而这其中政府的资金补贴有着强有力的显著作用，企业专利数、政府的科技指导、企业年龄也有较强的显著作用。

表 16–2　变量名称与统计描述

变量名称	代码	均值	标准差	偏度	峰度
		统计量	统计量	统计量	统计量
企业年龄	X_1	3.139 5	1.064 54	−0.285	−0.448
企业性质	X_2	0.500 0	0.502 93	0.000	−2.048
企业规模	X_3	2.197 7	0.878 77	0.132	−0.830
科研人员比重	X_4	0.042 274	0.020 557 2	0.302	−0.663
企业年度科研投入	X_5	0.067 286	0.019 405 2	−0.151	−0.241
企业专利数	X_6	14.616 28	7.290 878	0.683	0.205
企业商标	X_7	0.953 5	0.211 83	−4.384	17.626
政府的资金补贴	X_8	0.755 8	0.432 12	−1.212	−0.544
政府的科技指导	X_9	0.767 4	0.424 94	−1.289	−0.348
政府对企业专利的奖励标准	X_{10}	0.802 3	0.400 58	−1.545	0.397
行业技术协会的支持	X_{11}	0.790 7	0.409 20	−1.455	0.118
企业品牌信息散布的渠道	X_{12}	0.744 2	0.438 88	−1.139	−0.719
企业配套的社会支撑	X_{13}	0.779 1	0.417 31	−1.369	−0.128

表 16–3　Logit 模型估计结果

	B(回归系数)	标准误值	卡方值	自由度	显著性值	指数值
企业年龄	0.529	1.953	2.406	1	0.021**	20.682
企业性质	0.678	1.692	0.334	1	0.063*	2.658
企业规模	6.690	2.426	1.229	1	0.068*	14.732
科研人员比重	10.289	104.649	1.671	1	0.096*	5.691
企业年度科研投入	8.979	118.955	2.687	1	0.091*	0.000
企业专利数	16.859	0.423	4.134	1	0.042**	2.361
企业商标	12.259	15 670.667	0.000	1	0.099*	210 930.239

续表 16-3

	B(回归系数)	标准误值	卡方值	自由度	显著性值	指数值
政府的资金补贴	36.020	4.537	0.443	1	0.006***	0.049
政府的科技指导	2.684	3.207	0.700	1	0.013**	14.642
政府对企业专利的奖励标准	7.253	4.200	2.982	1	0.084*	1 412.535
行业技术协会的支持	0.837	2.828	0.088	1	0.087*	0.433
企业品牌信息散布的渠道	−4.608	5.369	1.091	1	0.296	272.573
企业配套的社会支撑	−3.474	4.103	2.489	1	0.115	0.002
常量	−34.571	15 670.671	0.000	1	0.998	0.000

注：*、**、*** 分别表示在 0.1、0.05、0.01 的水平上显著。常数项不显著。

16.4.3　实证结果分析

16.4.3.1　企业层面

企业专利数、企业年龄对工业品牌的成长有显著影响，而且是呈现正的显著影响。这就说明，工业企业专利越多，发展历程越丰富，对工业品牌的成长就越有利。进一步分析认为，要实现由“中国制造”到“中国创造”，其核心目标是建立有自主知识产权和自主品牌的民族工业企业。增强民族工业企业的核心竞争能力不仅需要一个发展的过程，而且这其中必须有自己的自主知识产权。要提高“中国创造”的品牌意识，在积累经验的基础上，不断推进企业多出专利，让其成长为拥有自主知识产权的工业品牌。在这方面，湖南的机械装备工业企业表现非常突出，如三一重工授权的有效专利2147件，成为全球最大的混凝土机械制造商；中联中科已经累计申请国内外专利800多项，成为全球产品链最齐备的工程机械品牌。这些企业的经历充分地说明，通过专利可形成一批自主知识产权，进而形成国际上都具有重大影响力的工程机械企业品牌。

科研人员比重、企业年度科研投入对工业品牌成长的影响也是非常显著的，科研人员的比重和企业年度科研投入是产生专利的重要条件。产生专利必须依赖科技投入，形成自主知识产权，而企业在这方面又必须充当重要角色。在进行科研投入的过程中，在充分考虑投入产出的基础上，企业必须意识到投入形成的长期效应和长效机制，不断增加科技投入，提高科研人员的待遇，形成一批拥有自主知识产权的自主工业品牌。如山河智能每年研发投入费用达到销售总收入的6%，获得专利技术200余项，在短短的十来年时间，成功上市并跻身于全球工程机械制造商50强。从事制药装备研发、生产与销售的机电一体化的楚天科技股份有限公司更是不惜一切代价吸引行业科研工作者，重金聘请国内著名的医药机械工程领域专家，多方面激励科研人员。不到十年时间，楚天科技从一家地方小型企业（永州的一个县城）成长为中国工业行业的排头兵企业，成为拥有近500项专利的著名制药装备研发企业。

企业规模、企业性质、企业商标也是影响工业品牌成长的重要因素，一直以来，无论是熊彼特对科技创新的两个假设，还是后来研究者对科技创新的实证研究都表明，规模和制度是影响企业科技研发实力，进而影响自主知识产权形成的重要因素，也是影响工业品牌成长的关键因素，并且大企业在这方面具有独到的优势。本研究的实证也证明了这一点：大企业拥有自主创新、科技投入实力强的先天优势，大企业往往通过加大科技投入力度，形成了一批拥有自主知识产权的自主工业品牌。如老牌国有企业湘电集团有限公司，经过七十多年的发展，已经成长为我国电工行业的骨干企业，国家重大技术装备的生产、研制基地，国防装备定点生产厂家，装备制造工业领域的世界知名品牌。

16.4.3.2 政府层面

政府的资金补贴是影响工业品牌成长的最重要因素，本研究的实证分析充分地验证了这一点，政府资金补贴在5%的显著水平下具有最显著的影响。这是因为，政府的资金补贴是激励工业企业进行科技投入的关键因素。理性的工业企业经营者在决定进行科技投入研发某项新技术时，首先会考虑其经济效益。研发某项新技术通常需要一定的资金投入，政府的资金补贴可以减轻工业企业在进行某项新技术研发时的投入，降低工业企业的投入成本，有利于促进企业开展新技术研发。同时，政府的补贴在一定程度上为工业企业进行新技术研发提供了底气，进一步降低了工业企业研发的沉没成本。可见，在研发工业生产新技术方面，国家需要继续加大对企业科技的投入和补贴，最大限度地减少工业企业科技投入的负担和压力。湖南省在这方面做得比较好，早在20世纪90年代初，湖南就出台了关于科技兴湘的决定，省里每年确定一批重大科技攻关方向，安排相应的资金、物资，由相关部门牵头组织推广。近年来，湖南省工业行业取得了可喜的成就，这得益于省委省政府对工业企业发展的高度重视和政策保障。如2009年湖南省人民政府一号文件就专门出台了《关于促进工业企业平稳较快发展的若干意见》，明确减轻企业行政性收费，减轻企业社会负担，大力拓展工业企业融资渠道，并强调增加中小工业企业发展专项资金规模、增加中小工业企业贷款贴息资金规模。各县市也积极响应，如宁乡县等相应出台了一些提供贴息资金的文件。这些政策的出台，有力地激发了工业企业投入研发的激情，促进了工业企业科研成果的大批量产生。仅2009年湖南共申请专利15 948件，其中发明专利授权1 754件，同比增长46.49%，居中西部第一位。

政府对企业专利的奖励既是保护知识产权的需要，也是促进知识产权转化成生产力的重要因素，更是工业品牌成长的必要手段。近年来，湖南各级政府高度重视自主创新，拥有一大批新研发的科技成果。同时，随着知识产权保护意识的逐步深入人心，发明专利的授权数量节节上升。为了推动更多科技成果的涌现，湖南省还成立了专项科研基金，鼓励企业和单位展开研究，加强保护专利的知识产权，并结合学习贯彻新修订的《专利法》，为进一步塑造自主知识产权、促进工业品牌成长的长效机制奠定了基础。湖南工程机械产业从1989年起步，现在已成为湖南在国内外具有重要影响的“名片产业”和“名牌产业”。湖南工程机械产业成功的关键就在于走了一条具有湖南特色的自主创新道路。

政府的科技指导为企业明确科研攻关方向、稳定市场提供了重要的途径，实证研究也表明政府的科技指导对于工业企业品牌成长是十分必要的。政府的科技指导为企业指明了方向，如湖南省内各市州成立了一些科技服务小分队，开展大走访工业企业活动，以解企业发展之忧、商企业发展之计、谋企业发展之道，尤其是为企业带去新的科技理念和技术，不仅为企业的发展减少了成本，而且为企业的高效率发展提供了思路，促进了工业企业的快速成长。

16.4.3.3 社会层面

行业技术协会的支持与工业品牌成长呈现正相关，且影响显著。行业协会的支持对工业品牌的成长有一定的促进作用。湖南省成立了省轴承制造工业协会、省化学化工学会、省工业经济协会、省机械工业设计与工艺协会、省汽车工程学会、省有色金属工业企业管理协会等100多个，覆盖了工业行业各细分行业，而且行业协会的交流不仅可以保障行业内企业规范化运行，而且能带来新的信息，可以互相助推工业品牌的推广。

企业品牌信息散布的渠道以及企业配套的社会支撑对于工业品牌成长呈现负相关，这主要是因为工业品的生产和推广主要是面向大客户，传统的消费品营销推广手段，如广告等，与工业品营销领域的推广手段有着显著不同，工业品营销主要是通过关系营销和深度营销来实现，而单一通过营销宣传这一手段对于工业品营销来说似乎不如上述手段见效，因此，企业品牌信息散布的渠道对工业品牌的成长似乎影响不显著。而企业配套的社会支撑也具有同样的影响，企业配套的社会支撑对于工业品牌成长也是不显著的。

16.5 启示与对策建议

上述研究表明，维持、强化政府的政策引导与支持，加快推进工业企业科技投入和自主知识产权对于加快工业品牌的成长意义重大。因此，为了加快工业品牌的成长，需要政府、企业和社会各界互相配合，通力合作，做大做强工业品牌，促进地方乃至全国经济的发展。

16.5.1 政府应加大政策支持力度扶持工业品牌成长

第一，通过各种方式继续加大对工业企业科技研发提供资金补助的力度，尤其在新技术研发初期的科技投入方面政府要加大支持的力度，降低企业的负担和压力。可以设立工业企业科技研发专项资金，对于重大科技攻关项目给予优先扶持，并拓宽工业企业融资渠道，增强其融资能力，为工业品牌企业科技投入研发提供贴息资金，全力扶持工业企业科技研发。

第二，推行合理的专利奖励标准。目前对于专利的奖励，还没有统一的标准。各地区可以根据自身实际情况，通过推行合理的专利奖励标准，保护自主知识产权，将科技投入的成果转化为法定的专利权，进一步转化为工业生产力和工业品牌，从而形成竞争优势。

第三，继续加大政府的科技指导，为工业企业的整体发展把关、服务，尤其是结合政府政策性支持，对工业企业进行科技政策宣讲和科研奖励标准宣讲，激发工业企业加大科研投入，促进知识产权产生。

16.5.2 企业应进一步依托科技、知识产权来打造工业品牌竞争优势

未来工业企业的竞争将是核心技术的竞争和知识产权的竞争。具有自主知识产权的核心技术产品和工业品牌，不仅可以使工业企业形成自己的技术壁垒，而且还可以避免陷入工业产品市场的恶性竞争。因此，工业企业应进一步依托科技投入、知识产权来打造品牌竞争优势。一方面，工业企业应大力引进科研人员，配备必要的科研人员和骨干力量，形成科研团队和梯队，给予科研人员专门的福利和薪酬保障，激发科研人员全身心投入科技研发当中，并适当拉开科研人员的收入差距，形成团队内你追我赶的研发气氛，促进高效的成果产出。另一方面，工业企业应保障科技投入资金来源，每年安排销售收入或者利润额的一定比例投入科技研发当中，并加大对科技研发成果的保护和奖励力度，对于获得专利的项目给予奖励，加速知识产权形成生产力，促进工业品牌的成长。同时，工业企业应在知识产权不断推陈出新的基础上，做大做强工业企业规模，利用各种途径做强和做优企业，在条件成熟的情况下，加快推进工

业企业上市，拓展工业企业融资渠道和资金实力，为工业企业的可持续发展和品牌成长注入活力和动力。

16.5.3 社会各界应积极为工业品牌的形成和成长营造良好的环境

首先，各地区应根据地区工业行业发展的情况，有针对性地建立行业协会，此举既可以促进整个行业内企业的交流和合作，同时也有利于信息的沟通，如价格定位、网络共享、市场拓展等，为品牌的形成和市场的合理配置提供基础。

其次，各地区应为工业品牌的推广提供一些便利，如可以利用当地舆论优势，为本土的企业做好宣传工作。同时，挖掘当地的文化，融入企业中，形成稳定的工业品牌。

最后，应做好工业企业的配套措施，如做好基础设施建设，保障工业发展必要的条件形成，为工业企业做大做强做好服务和配套。

第17章　能源消费量视角下湖南省各地州市能源消耗结构比较

17.1　引　言

规模以上工业企业在生产运作中需要消耗能源。在我国，主要能源包括原煤、洗精煤、焦炭、天然气、原油、汽油、煤油、柴油、燃料油、液化石油气和电力等。随着中国经济的高速发展，我国的能源需求量，尤其是优质能源的需求量也将持续上升。但是各地区消耗能源的结构和数量呈现较大的差异。就湖南来说，近年来，在省委省政府的领导下，全省上下坚持稳中求进总基调，牢固贯彻落实新发展理念，坚持以提高发展质量和效益为中心，以推进供给侧结构性改革为主线，全省经济发展稳中向好、稳中趋优，全省规模工业综合能源消费量温和回升，能源消费结构优化，支撑经济平稳运行。在湖南省各地州市能源消耗结构中，主要消费煤炭类型的能源，其次是电力天然气和原油类的消费。为分析各地州市在能源消耗过程中的差距，对工业转型升级和绿色发展提供现实依据，本研究通过模型数据分析，比较湖南各地州市的能源消耗，对影响湖南省规模以上工业企业主要能源消费量的因素进行对比，根据比较的结果对湖南省能源消费结构优化给出合理的建议。

17.2 湖南省各市州规模以上工业企业主要能源消费量的指标选取

在我国，能源消耗问题成为全社会关注的热点问题，国内多位专家、教授都对此问题展开讨论与研究。对湖南的研究，如曾红（2012），指出长沙作为湖南省的省会城市，生产消费中第一产业和第二产业能源消费量占能源总量的比重呈下降趋势，第二产业中的单位工业值能耗下降，但也指出能源消费中存在以下问题：煤炭消费占能源消费总量的比重过高，而电力和天然气占能源生产消费的比重比较大，其中制造业消耗煤炭、石油、电力和天然气的数量过高，工业内部能耗还有很大的下降空间。刘祥谦（2009）认为，从总体上说，湖南省能源需求是呈增长趋势，尤其是第二产业的快速发展，出现了全省范围内煤、电、油、气的大量消耗，导致全省能源消耗的增加。毛凌琳（2017）阐述了湖南省长期存在着以煤炭为主的污染性能源占比过高，而如天然气、电力等优质能源的占比不是很高，并认为这种能源消费结构造成诸多的环境问题，同时指出在湖南省经济社会快速发展的形势下，湖南省固定资产投资也呈现出快速发展的趋势，而每年建成的固定资产项目投产后均需要消费大量的能源，工业化和城市化的发展也会促进能源消费的进一步增加。

总之，纵观国内外相关文献，对于规模以上工业企业主要能源消耗的相关研究比较多，同时，对于工业企业的能源消耗的未来发展趋势及相关的发展趋势也都作了比较全面的阐述。但是，工业企业的发展离不开宏观环境，更离不开能源总量结构。因此，需要系统全面地从整个大的环境来对湖南省的能源消耗情况进行研究，从而提供更加有针对性的指导意见，为推动地区工业企业转型发展提供现实依据。鉴于此，本研究从对湖南省工业企业能源消耗的调查入手，分析各市州能源消耗比重，同时进行能源消耗的影响因素的研究。

对各地区规模以上工业企业主要能源消费量的比较进行科学评价的前提是评价指标的选取，本研究主要考察能源消耗的结构，因此选取能源指标为各主要能源使用率，如原煤、洗精煤、焦炭、天然气、原油、汽油、煤油、柴油、燃料油、液化石油气和电力的消费量数据进行比较，同时进行了进一步的分类。

表 17–1　指标体系

目标层	规模以上工业企业主要能源消费量比较指标体系					
具体指标	能源合计	原油	煤油	汽油	柴油	原煤
	燃料油	天然气	电力	焦炭	洗精煤	液化石油气

其中，规模以上工业企业能源消费量的数据可以从湖南省各地区规模以上工业企业主要能源消费量的指标中提取。

17.3　湖南省各市州规模以上工业企业主要能源消费量比较

17.3.1　采集原始数据

本书根据湖南省各市州规模以上工业企业主要能源消费量比较指标体系，选取了湖南省2015年各市州规模以上工业企业主要能源品种消费量进行描述性统计。各市州规模以上工业企业主要能源消耗情况描述性统计数据见表17-2。

表 17–2　湖南省 2015 年各市州规模以上工业企业主要能源消费量描述性统计

	极小值	极大值	均值	标准差
能源合计（吨标准煤）	491 943.00	27 231 036.00	7.790 9	8.585 37
原煤（吨）	341 779.00	19 003 622.00	4.883 3	4.806 31
洗精煤（吨）	69.00	5 517 079.00	922 183.400 0	1.944 33
焦炭（吨）	297.00	4 763 443.00	706 314.615 4	1.467 63
天然气（万立方米）	25.00	45 778.00	10 088.153 8	14 907.962 97
原油（吨）	6.00	8 784 421.00	1.756 9	3.928 49
汽油（吨）	468.00	78 983.00	13 889.214 3	23 778.817 13
煤油（吨）	5.00	43 932.00	4 289.818 2	13 150.055 94
柴油（吨）	1 284.00	138 993.00	34 698.357 1	40 209.171 18
燃料油（吨）	416.00	185 660.00	31 082.444 4	61 730.304 66
液化石油气（吨）	18.00	109 963.00	13 825.000 0	33 601.542 34
电力（万千瓦时）	62 618.00	1 249 142.00	658 065.642 9	3.090 28

从表 17-2 的数据，结合各地州市的实际，可以得出结论：除了经济发展较快的长沙、株洲、湘潭这三个地市规模以上工业企业主要能源消耗的综合能源消耗量较大以外，另外还有岳阳和娄底这两个地市规模以上工业企业主要能源消耗的综合能源消耗量较大，而张家界和娄底这两个地市能耗较小。

17.3.2 进行数据标准化处理与相关分析

运用 SPSS 统计分析软件对湖南省规模以上工业企业主要能源消费量指标进行标准化处理，以消除无量纲与数量级的不同。通过 SPSS 自动对原始数据进行标准化处理，得到的变量都是经过标准化处理后的变量，同时通过系数相关矩阵相关选项得到相关矩阵，如表 17-3 所示。

从表 17-3 中可知，规模以上工业企业能源合计的消费量与原煤、焦炭、柴油以及电力这几个指标存在着极其显著的关系，洗精煤、汽油、天然气和煤油存在显著关系，可见许多变量之间直接的相关性比较强，证明它们存在信息上的重叠。因此，需进行主成分的选取，明确规模以上工业企业主要能源消耗量的主要指标。

17.3.3 主成分提取

主成分个数提取原则为主成分对应的特征值大于 1 的前 m 个主成分。特征值在某种程度上可以被看成是表示主成分影响力度大小的指标，如果特征值小于 1，说明该主成分的解释力度还不如直接引入一个原变量的平均解释力度大，因此，一般可以用特征值大于 1 作为纳入标准。运用 SPSS 软件进行因子分析，得到总体方差分析表，见表 17-4。

通过表 17-4(方差分解主成分提取分析) 可知，提取 2 个主成分，即 $m=2$。这说明有 2 个主成分对于规模以上工业企业能源消耗最具解释力。同时，在进行因子分析的过程中，得到了各因子得分系数，见表 17-5。

从表 17-5(各因子得分系数矩阵) 中提取了 2 个主成分，可作为 2 个新的变量，故决定用 2 个新变量来代替原来的 12 个变量。

表 17-3　相关矩阵

	能源合计（吨标准煤）	原煤（吨）	洗精煤（吨）	焦炭（吨）	天然气（万立方米）	原油（吨）	汽油（吨）	煤油（吨）	柴油（吨）	燃料油（吨）	液化石油气（吨）	电力（万千瓦时）
能源合计（吨标准煤）	**1.000**	0.987	0.890	0.915	0.888	0.783	0.895	0.805	0.933	0.783	0.719	0.964
原煤（吨）	0.987	**1.000**	0.892	0.919	0.881	0.699	0.875	0.725	0.907	0.766	0.730	0.973
洗精煤（吨）	0.890	0.892	**1.000**	0.996	0.685	0.502	0.675	0.525	0.712	0.597	0.577	0.825
焦炭（吨）	0.915	0.919	0.996	**1.000**	0.728	0.527	0.713	0.552	0.752	0.637	0.616	0.864
天然气（万立方米）	0.888	0.881	0.685	0.728	**1.000**	0.712	0.965	0.738	0.941	0.869	0.820	0.934
原油（吨）	0.783	0.699	0.502	0.527	0.712	**1.000**	0.781	0.999	0.832	0.661	0.500	0.683
汽油（吨）	0.895	0.875	0.675	0.713	0.965	0.781	**1.000**	0.801	0.969	0.748	0.687	0.920
煤油（吨）	0.805	0.725	0.525	0.552	0.738	0.999	0.801	**1.000**	0.851	0.685	0.530	0.711
柴油（吨）	0.933	0.907	0.712	0.752	0.941	0.832	0.969	0.851	**1.000**	0.777	0.698	0.941
燃料油（吨）	0.783	0.766	0.597	0.637	0.869	0.661	0.748	0.685	0.777	**1.000**	0.958	0.803
液化石油气（吨）	0.719	0.730	0.577	0.616	0.820	0.500	0.687	0.530	0.698	0.958	**1.000**	0.772
电力（万千瓦时）	0.964	0.973	0.825	0.864	0.934	0.683	0.920	0.711	0.941	0.803	0.772	**1.000**

表 17-4 解释的总方差

成分	初始特征值			提取平方和载入		
	合计	方差的 %	累积 %	合计	方差的 %	累积 %
1	9.671	80.592	80.592	9.671	80.592	80.592
2	1.055	8.795	89.387	1.055	8.795	89.387
3	0.796	6.636	96.023			
4	0.346	2.883	98.906			
5	0.068	0.571	99.477			
6	0.026	0.217	99.694			
7	0.024	0.201	99.895			
8	0.010	0.083	99.978			
9	0.002	0.014	99.992			
10	0.001	0.008	100.000			
11	3.059	0.000	100.000			
12	9.743	8.119	100.000			

表 17-5 各因子得分系数矩阵

变量	成分		变量	成分	
	F_1	F_2		F_1	F_2
能源合计（吨标准煤）	0.984	−0.093	汽油（吨）	0.936	0.147
原煤（吨）	0.965	−0.184	煤油（吨）	0.827	0.488
洗精煤（吨）	0.827	−0.482	柴油（吨）	0.962	0.150
焦炭（吨）	0.859	−0.454	燃料油（吨）	0.861	0.081
天然气（万立方米）	0.948	0.066	液化石油气（吨）	0.799	−0.064
原油（吨）	0.804	0.512	电力（万千瓦时）	0.970	−0.126

17.3.4　竞争力综合得分

这 2 个新变量的表达还不能从输出窗口中直接得到，需要将其特征向量运用 SPSS 描述性功能求出来，与标准化后的数据相乘，然后就可以得出主成分表达式如下：

$$F_1 = 0.316ZX_1 + 0.31ZX_2 + 0.266ZX_3 + 0.276ZX_4 + 0.305ZX_5 + 0.259ZX_6 + 0.0.301ZX_7 + 0.2661ZX_8 + 0.309ZX_9 + 0.277ZX_{10} + 0.257ZX_{11} + 0.312ZX_{12}$$

$$F_2 = -0.091ZX_1 - 0.179ZX_2 - 0.469ZX_3 - 0.442ZX_4 + 0.064ZX_5 + 0.498ZX_6 + 0.143ZX_7 + 0.475ZX_8 + 0.146ZX_9 + 0.079ZX_{10} - 0.062ZX_{11} - 0.123ZX_{12}$$

通过上述两个新变量，代入经标准化处理的数据可以计算 2 个变量的得分值，然后以每个主成分所对应的特征值占所提取主成分总的特征值之和的比例作为权重计算主成分综合模型，得到综合模型如下：

$$F = 0.276ZX_1 + 0.262ZX_2 + 0.194ZX_3 + 0.206ZX_4 - 0.281ZX_5 + 0.282ZX_6 + 0.285ZX_7 + 0.287ZX_8 + 0.293ZX_9 + 0.257ZX_{10} + 0.226ZX_{11} + 0.269ZX_{12}$$

根据主成分综合模型即可计算综合主成分值，并对其按综合主成分值与规模以上工业企业主要能源消耗量进行比较，结果见表 17-6。

表 17–6　各地区规模以上工业企业主要能源消耗量分析结果

	F_1	排名	F_2	排名	F	排名
全省	10.79		−0.44		9.69	
长沙市	−0.20	4	0.38	2	−0.14	4
株洲市	0.17	3	0.12	4	0.16	2
湘潭市	−0.60	5	−1.14	12	−0.65	5
衡阳市	−1.08	6	−0.01	9	−0.97	6
邵阳市	−1.15	8	0.01	7	−1.04	8
岳阳市	1.53	1	3.02	1	1.68	1
常德市	−1.23	9	−0.04	10	−1.12	9
张家界市	−1.64	14	0.05	5	−1.47	13

续表 17-6

	F_1	排名	F_2	排名	F	排名
益阳市	−1.40	10	0.00	8	−1.26	10
郴州市	−1.13	7	−0.11	11	−1.03	7
永州市	−1.47	13	0.03	6	−1.32	12
怀化市	−1.43	12	0.00	8	−1.29	11
娄底市	0.25	2	−2.00	13	0.03	3
湘西州	−1.41	11	0.13	3	−1.26	10

通过表 17-6 的综合排名结果可以看出，长沙、株洲、岳阳、娄底和湘潭的综合排名较靠前，说明这几个城市的能源消耗比重较大，而湘西、张家界、怀化和永州的综合排名相对靠后，说明这几个城市的能耗较小。

17.4 湖南省各地区规模以上工业企业主要能源消费量的比较结果分析

17.4.1 湖南省各地区主要能源消费量呈现显著差异

从综合评价结果来看，原煤消费量最大的地区是娄底市，最少的是湘西州；天然气消费量最大的是长沙市；原油消费量最大的地区是岳阳市；汽油消费量最大的是长沙市，最少的是湘西州；煤油消费量最大的是岳阳市；燃料油消费量最大的是株洲市；液化石油气消费量最大的是株洲市；电力消费力最大的是长沙市，最少的是张家界市。娄底市是湖南省主要产煤区之一，煤炭资源及产量在全省占有重要位置，煤炭工业在娄底市发展中起着重要作用，高耗能行业比重高，能源消耗大。湘西州地理位置偏僻，近年来主要发展农业、旅游业，第二产业分布较少，所以消费量较少。石化产业是岳阳市重要支柱产业，形成了包括石油炼制与加工、化肥、农药、有机化工基本原料、三大有机合成材料、精细化工、化工机械等石油化工产业群。长沙市作为湖南省省会，人口基数大，经济规模大，规模以上工业企业数量多，所以能源消费量比较大。

17.4.2　湖南省各地区规模以上工业企业主要能源消费量有所差别

长沙市规模以上工业企业主要消费原煤，其次是电力、原煤，原油消费很少。株洲市主要消费原煤，其次是电力、燃料油，煤油消费较少。湘潭市主要消费原煤、洗精煤，其次是焦炭。衡阳市主要消费原煤，其次是焦炭。邵阳市主要消费原油，其次是原煤，原油消费最少。岳阳市主要消费原油，其次是原煤、电力。常德市主要消费原煤，其次是电力。张家界市主要消费原煤，其次是电力。益阳市主要消费原煤，其次是电力。郴州市主要消费原煤，其次是电力。永州市主要消费原煤，其次是电力。怀化市主要消费原煤，其次是电力。受地理位置、工业发展基础、产业结构等因素影响，湖南省各地区主要能源的产出存在差异，导致了湖南省各地区规模以上工业企业主要能源消费量有所差别。

表 17–7　地区消费能源量的排序

排序	原煤	洗精煤	焦炭	天然气	原油	汽油	煤油	柴油	燃料油	液化石油气	电力
1	娄底	娄底	娄底	长沙	岳阳	长沙	岳阳	岳阳	株洲	株洲	长沙
2	郴州	湘潭	湘潭	株洲	衡阳	岳阳	株洲	长沙	岳阳	邵阳	常德
3	岳阳	郴州	衡阳	岳阳	湘潭	邵阳	郴州	湘西	怀化	岳阳	娄底
4	常德	怀化	郴州	衡阳	长沙	衡阳	邵阳	衡阳	衡阳	怀化	衡阳
5	衡阳	邵阳	永州	常德	邵阳	株洲	长沙	永州	湘潭	长沙	湘潭
6	益阳	株洲	怀化	郴州		益阳	衡阳	郴州	常德	永州	岳阳
7	长沙	衡阳	株洲	湘潭		郴州	常德	株洲	长沙	常德	郴州
8	湘潭	常德	常德	娄底		湘潭	娄底	娄底	邵阳	湘潭	株洲
9	邵阳	湘西	长沙	益阳		娄底	永州	邵阳	娄底	娄底	怀化
10	株洲		邵阳	邵阳		常德	湘潭	湘潭		湘西	益阳
11	永州		益阳	张家界		怀化	怀化	常德		郴州	邵阳
12	怀化		岳阳	永州		永州		益阳			永州
13	张家界		湘西	湘西		张家界		怀化			湘西
14	湘西		张家界	怀化		湘西		张家界			张家界

17.5 湖南省规模以上工业企业主要能源消费差异的影响因素

17.5.1 可能的变量选取与数据分析

在构建规模以上工业企业主要能源消费量的影响因素变量之前，对相关研究进行了系统的阅读，结合现有研究，本研究认为应该选取一些密切关联、可比性强的变量，通过实际数据科学评判，展开分析，从而得出哪些因素影响规模以上工业企业主要能源消费量，并深入分析其内在机理。本书最终选取的几个主要的影响因素的定义见表 17-8。

表 17–8 变量含义

变量	代码	变量含义
企业单位个数	X_1	企业单位个数对规模以上工业企业主要能源消耗的影响
地区工业生产总值	X_2	地区生产总值对规模以上工业企业主要能源消耗的影响
轻工业	X_3	轻工业能源消耗的大小
重工业	X_4	重工业消耗能源的大小

规模以上工业企业主要能源消耗可能会受到多方面的影响，借鉴学者的研究成果，本研究将影响规模以上工业企业主要能源消耗的因素分为企业单位个数、地区工业生产总值、重工业和轻工业。统计数据的描述统计见表 17-9。

表 17–9 描述统计量

变量	变量符号	均值	标准差	均值	标准差
企业单位个数	X_1	981.29	590.348	981.285 7	590.347 80
地区工业生产总值	X_2	2 006.023 571	1.814 833 6	2 006.023 6	1 814.833 59
轻工业	X_3	618.14	906.459	618.142 9	906.459 46
重工业	X_4	598.86	318.129	598.857 1	318.129 11

17.5.2　模型估计与检验

根据前文所述研究方法，将上述 4 个可能影响因素赋值后，进行回归分析，2 个变量通过了拟合优度检验，得出结果见表 17-10。从表 17-10 可知，地区工业生产总值和重工业对规模以上工业企业主要能源消耗有显著的正向影响。企业单位个数和轻工业表现出不显著作用。而这其中重工业表现出强的显著作用，其次是地区工业生产总值。

表 17–10　回归模型估计结果

变量	变量符号	*B*	*t*	Sig.
企业单位个数	X_1	0.248	0.240	0.553
地区工业生产总值	X_2	−0.307	−0.612	0.061
轻工业	X_3	−0.146	−0.539	0.601
重工业	X_4	0.251	2.171	0.051

17.5.3　分析与启示

重工业是影响湖南省规模以上工业企业主要能源消费量的重要因素，且影响显著，本研究的实证分析充分验证了这一点。在湖南，重工业包括钢铁工业、冶金工业、机械、化学、材料学等工业。湖南省重工业企业数量较多，这些企业的发展对主要能源的消费有拉动作用。

地区生产总值也是影响湖南省规模以上工业企业主要能源消费量的重要因素，且影响显著。从以上的研究与分析可知，工业生产总值对工业能源的消耗的确有着很明显的作用，通常来说，工业能源的消耗对工业生产总值有较强的影响力，但是这两个因素相互之间是相互影响的。在湖南省工业企业主要集中于长沙市、株洲市、岳阳市和郴州市，而这几个市的能源消耗在整个湖南省所占比重同样较大，这就能够很好地说明工业生产总值对能源的消耗具有较显著的影响。

17.6 对策建议

（1）严控高耗能行业的能耗增长。一是严格控制高耗能、低能效项目重复建设和过剩行业盲目发展，结合年度节能目标完成情况，强化行业能耗的源头管控。二是加强对高耗能行业的节能调度和分析力度，鼓励高耗能企业从设备、工艺、管理等方面积极进行技术升级改造，进一步降低产品单位能耗。三是推动低能耗产业加快发展，充分发挥“一带一部”区位优势，培育发展新兴业态，推动湖南省生产性服务业向专业化和价值链高端延伸，由生活性服务业向精细化和高品质转变。

（2）加大供给侧结构性改革力度。一是探索并推动湖南省电力交易市场化改革，构建和完善电力市场交易平台，实现发电资源优化配置，降低火力发电企业成本，释放能源价格改革红利。二是努力降低煤炭消费比重。通过政策控制、市场引导等方式推动清洁能源消费。提高天然气、电力、生物质颗粒等清洁能源比重，努力降低煤炭消费，促进能源消费结构的多元化。

（3）保障清洁能源供应。一是加大风能、太阳能和生物质能等一次能源的开发和使用力度，结合湖南省实际，科学规划一次能源产业的发展模式。二是保障天然气供应。自“气化湖南”工程全面启动以来，湖南天然气的需求持续增长，但天然气的供应受到各方面的制约，出现较大缺口，供需矛盾开始显现。2017年11月以来，受外来天然气供应紧张和北方“煤改气”项目推进等重大因素影响，湖南天然气出现供应紧张局面。为此建议，建立天然气储气调峰体系，建立健全应急机制和供气监管协调机制，确保安全稳定供气。

第18章 绿色化发展视角下湖南工业竞争力提升的对策建议

18.1 引 言

2015年3月24日，中央政治局会议上首次提出了“绿色化”概念，十八届五中全会又提出了“创新、协调、绿色、开放、共享”五大发展理念。这些都凸显了将绿色化发展理念渗透到各行各业当中的迫切性和重要性。工业是国民经济的基础性产业，也是湖南省经济增长的重要支柱和来源。按照绿色化发展理念推进湖南工业转型发展，既是贯彻落实党中央、国务院关于工业绿色发展的一系列部署的客观要求，又是加快生态文明建设的必然选择，更是助推湖南“十三五”乃至今后更长时期经济可持续和跨越式发展的关键所在。

18.2 湖南工业绿色化发展现状

近年来，湖南通过“四化两型”建设，工业发展取得了明显的成效，为绿色化的发展奠定了坚实的基础。

一是一批科技含量高、资源消耗低、环境污染少的绿色工业逐步涌现。其中，高端制造业发展风生水起，催生出三一、中联、南车时代等一批优势本土高端制造业企业；工业自主创新能力备受关注，C/C复合材料、天河超级计算机、中低速磁悬浮列车让湖南创造走上了世界舞台，受世界瞩目；汽车工业发展呈现磅礴之势，让湖南快速成长为中国第七大汽车产业基地。

二是绿色工业的比重不断提升。如“十二五”期间，湖南省七大战略性新兴产业年均增长 17% 以上，高新技术产业年均增长 26.3%，在工业中的占比稳步提升。其中，电子信息、轨道交通、医药、电气、汽车等新兴优势行业对全省规模工业增长的贡献率合计达 40% 左右。

三是工业“绿色”准入制度和政策扶持机制基本形成。湖南省将能耗标准作为新建工业企业审批、核准和备案的强制性门槛。另外，还制定实施《全省工业固定资产投资项目节能评估和审查制度》，制定并出台了十几项产业准入能耗标准，对湖南传统的钢铁、水泥、造纸、化工、有色、冶金等重点行业生产工艺也在实行严格的环评审批管理，为打造绿色工业“保驾护航”。与此同时，湖南省正在加大节能重点项目建设，积极引导和支持企业加快节能技术改造。此外，采取了积极淘汰落后产能的措施，如湖南省首批工业行业淘汰落后产能的企业就达 243 家，涵盖钢铁、煤炭、铝业等行业企业。

18.3 湖南工业绿色化发展存在的主要问题与障碍

尽管湖南在工业绿色发展、节能减排、淘汰落后产能等方面取得了成就，但总体而言，距离绿色化发展的要求还有一定的差距，主要表现在：

一是传统工业往高端产业转型的力度不够和速度不快，其对生态环境的影响仍然存在。如湖南有色工业发展过程中，采选冶生产占全行业比重仍然过高，资源、能源消耗较大，且产业链条较短，技术水平较低，高附加值产品较少，对环境造成的影响仍然较大。

二是工业经济增长依靠高能耗的重化工业的拉动局面并没有得到扭转。湖南工业耗能占全省能源消费总量的 70% 以上，而高耗能企业能耗占全省工业能耗总量的 90%，且六大高耗能行业主营业务收入占全部规模工业的 36.2%，仍高出全国平均水平。

三是工业绿色化转型的支撑力度不够。如引领发展的电子、汽车等高端消费工业比重较低，都低于全国平均水平。且绿色工业集中度不高、配套能力不强、支撑研发的经费投入不足、区域发展不平衡等问题依然突出。

18.4 湖南工业绿色化发展的机遇与对策

新常态下，湖南正处于工业化发展的中后期，也是工业转型升级的关键期，更是工业绿色化发展不可多得的机遇期。这源于湖南有着后发达地区资源丰富、环境容量相对较大的优势，以及突出的人才优势和区位优势，为工业绿色化转型发展提供了有利条件。同时，也迎来了“一带一部”、融入“长江经济带”的战略性机遇，且洞庭湖生态经济区上升为国家级战略区域板块，湖南省武陵山片区和湘江源头区域又成为国家生态文明先行示范区，将为工业绿色化转型发展提供更加有利的外部条件。因此，“十三五”时期，湖南要主动适应经济发展新常态，按照绿色化发展要求助推湖南工业转型发展，以调整工业结构为主线，以科技创新为动力，以供给侧改革为抓手，以工业发展质量和效益为中心，不断提升工业整体实力和竞争力，推动湖南由工业大省向工业强省跨越。

对此，按照绿色化发展理念助推工业转型升级和竞争力提升，要通过“组合拳”精准出击。一是要调整工业结构，努力构建绿色化的工业体系。一方面，要加快培育发展新兴产业，选择切合全球发展趋势，且资源消耗少、科技含量高、产品附加值高、产业成长性好、湖南优势明显的新兴产业进行培育，如大数据、新能源、新材料、节能环保、先进装备制造等产业，并据此培育一批高新技术产业群和新兴产业群。另一方面，要推动传统产业升级。提升传统产业的技术含量，延伸产业链条，提高附加值，推动传统产业向集群化和高端化方向发展。二是以创新驱动战略为动力，为工业绿色化转型提供支撑。一方面，优化创新创业环境。以长株潭国家自主创新示范区建设为契机，在绿色化工业生产技术研发、相关科技项目产业化落地上全面发力，不断培育具有创新能力和良好发展前景的企业。另一方面，加强工业技术创新。加大企业工艺、技术、装备的改造，全面提高企业的资源能源利用率和降低污染物排放。三是要以供给侧改革为抓手，助推工业发展走资源节约型、环境友好型、产品高端型发展之路。一方面，要大力倡导工业绿色发展理念，破除唯 GDP、唯经济效益的片面利益观，提高工业的“绿色准入门槛”，减少无效供给。另一方面，要抢抓中国制造 2025 带来的机遇，主动对接轨道交通、大数据、大健康、航空航天、新能源、生物医药、新材料、节能环保等新兴工业市场，增加有效供给。四是要进一步健全工业绿色化准入制度，加强绿色化发展的政策支持，强化督导考评，促进工业绿色高效发展。同时，要坚决遏制部分行业过剩落后产能的盲目发展，加快淘汰高耗能行业，并积极推进重点行业企业资源节约和循环利用。

第19章　产能过剩治理视角下湖南工业行业发展的对策建议

19.1　引　言

近年来，受多方面因素影响，部分工业行业出现产能过剩，一定程度上困扰着宏观经济的增长和一些区域的可持续发展，湖南作为工业大省，也面临着同样的问题。新阶段亟须以问题为导向，寻找湖南产能过剩的根源，提出有效的治理策略，促进湖南经济社会的稳定持续发展。为此，笔者进行了相关调研并提出了具体的建议。调研发现，湖南工业行业快速发展过程中，部分行业开始出现产能过剩的现象，既有钢铁、水泥等传统产业，也有微型计算机设备、移动通信手机等新兴产业，在一定程度上不利于湖南经济的持续健康发展。因此，化解产能过剩是现阶段湖南省产业结构调整和转型升级面临的关键问题和难题。而认清湖南产能过剩的具体行业，并为其制定化解过剩产能的具体策略，不仅有利于推进湖南工业行业有序发展，而且可为湖南经济发展提供新动能，更是助推湖南“十三五”乃至今后更长时期经济可持续和跨越式发展的关键所在，迫切需要从供给端和需求端综合发力，强调供给侧改革，为推动湖南工业可持续和跨越式发展做出贡献。

19.2 产能过剩的相关研究

资源的优化配置是经济学研究的基本问题，而如何实现资源的最优配置也一直是理论界和实践界关注的重点问题。近年来，受市场、政策等多种资源配置因素的影响，工业行业涌现出产能过剩的“痼疾”，并困扰着部分区域经济的增长和可持续发展。如我国工业的总体产能利用率低于 80%，有部分行业产能利用率只有 70% 左右。不仅钢铁、电解铝、平板玻璃等传统工业行业出现产能过剩，而且光伏、风电设备等新兴产业也都出现了不同程度的产能过剩。如果将庞大的在建和拟建生产能力计算在内，产能过剩问题将更加严重。可以说，化解产能过剩已成为当前经济工作中的一个棘手的问题。因而，寻找产能过剩的成因与有效化解策略成为国内外研究的重点和热点问题。纵观目前的研究，主要集中在以下几个方面。

19.2.1 关于产能过剩的内涵、测度与类型研究

19.2.1.1 关于产能过剩的内涵

学术界分别从微观、中观和宏观角度对产能过剩给出了不同的定义。如张伯伦（Chamberlin，1933）教授就从微观视角提出产能过剩即垄断竞争下平均成本高于边际成本的情况。贝恩（Bain，1959）、鹤田俊正（1988）等从中观视角提出产能过剩即行业产品供给过度或生产能力过剩的一种表征现象。思朋斯（Spence，1976）、迪克西特和斯蒂格里茨（Dixit & Stiglitz，1977）等从宏观视角提出产能过剩即宏观经济政策刺激下企业的“过度进入”导致产品生产量大于整个市场需求的情形。

19.2.1.2 关于产能过剩的测度与界定

到底用什么标准衡量产能“过剩”，用什么方法去测度，学术界开展了大量的研究，目前主要集中在产能利用水平的界定上。贝当古（Betancourt，1985）、罗尔夫（Rolf）等（1995）、韩国高（2010）、齐红倩等（2014）、钟春平

和潘黎（2014）等利用生产函数法对行业产能利用水平进行度量来测度产能过剩，并指出产能利用率低于 70% 就会出现较为严重的产能过剩。此外，苏恩森等（Suensson，1980）、黛安等（Diane，2002）、何彬（2009）、詹姆斯（James，2002）、边雅静和沈利生（2004）分别运用生产要素拥挤度、投入产出效率、峰值分析法等计算方法对产能过剩进行测度与界定。

19.2.1.3　关于产能过剩的类型

部分专家将中国产能过剩归纳为“中国式”产能过剩，并对产能过剩类型提出了不同的划分方法，如周劲和付保宗（2011）的二分法：周期性和非周期性产能过剩；杨建龙（2011）的三分法：周期性、结构性和长期性产能过剩；陈文玲（2013）的四分法：周期性、结构性、体制性和绝对性产能过剩；金碚（2011）的五分法：周期性、竞争性、阶段性、政策性和体制性产能过剩。这些研究也在一定程度上解释了产能过剩的成因。

19.2.2　关于产能过剩的成因研究

对于产能过剩成因，学术界有不同的观点。纵观目前关于产能过剩成因的现有文献主要有三类主流解释。

19.2.2.1　由经济结构失衡造成

在国外，赫哈里发和迈德（Shaiokh & Moudud，2004）等认为长期投资的单一取向会导致经济结构不优而造成单一行业产出的过剩。在国内，张维迎（1998）、周黎安（2004、2007）、杨培鸿（2006）、皮建才（2008）、陈晓霞（2014）认为政府主导的投资结构“跟风现象”与地方政府追求 GDP 增长背景下的“重复建设”导致经济结构失衡，进而形成产能过剩。夏茂森和彭七四（2013）、张倩肖和董瀛飞（2014）认为过度依赖资源和能源的经济结构是造成产业结构雷同，进而引起产品过剩的根本原因之一。

19.2.2.2　由市场失灵造成

认为市场失灵造成产能过剩的专家认为，产能过剩主要是由作为市场微观主体的企业决策导致。林毅夫（2007、2010）等用“潮涌”现象解释产能过剩，他认为企业的“盲目”投资导致市场同类产品“井喷”并由此激化了产能过剩危机。张新海和王楠（2009）、李静和杨海生（2011）、孙巍和赵天宇（2014）根据林毅夫的研究观点，分别从企业投资决策的认知性偏差、投资盲目性根源以及市场需求诱导机制等方面阐述了市场失灵对产能过剩形成的影响。

19.2.2.3 由政策体制扭曲造成

认为政策体制扭曲造成产能过剩的专家认为，产能过剩源于扭曲的政策体制因素。在国外，科尔内（Kornai，1980）、基姆（Kim，1997）、布鲁斯（Bruce，2010）等分别认为软预算约束、政府的过渡干预以及政府的过渡补贴带来了部分行业产能过剩。在国内，江飞涛、耿强和吕大国（2012），于立和张杰（2014），王立国和王磊（2014）相继阐述了体制扭曲、产业政策失调、地方政府干预对产能过剩产生的影响，他们强调了市场机制以外的政策体制扭曲是产能过剩产生的主因。

19.2.3 关于产能过剩的化解策略研究

国内外学者结合对产能过剩的成因解释，从结构调整、政策体制、市场调节等方面提出了化解产能过剩的对策。

19.2.3.1 强调依靠市场自发调节化解

主张依靠市场自发调节化解产能过剩的学者认为应让市场主导产业的优胜劣汰，让市场力量在化解产能过剩的过程中发挥作用，同时要充分关注国际国内市场发展动态，对于部分产能过剩的行业应该鼓励其开拓国际市场和深耕国内市场。萨卡尔（Sarkar，2009）、张于喆和李红宇（2010）、陶忠元（2011）、张嘉国（2012）、冯俏彬（2014）、陈文玲（2014）、张弛和张曙光（2014）等认为市场配置资源的决定性作用注定可以通过有效的市场自发调节机制来解决产能过剩问题，并建议通过增加有效需求，如借助深入扩大内需，开拓国际市场等途径来缓解产能过剩压力。

19.2.3.2　强调调整经济结构来化解产能过剩

加快调整产业结构，提高产业整体素质也是化解产能过剩的重要路径，学术界对比予以了高度关注。如李江涛（2006）、卢中原（2009）、盛朝迅（2013）、冯梅（2013）、Reinhorn（2013）、赵振华（2014）、张晓晶（2014）、史贞（2014）强调化解产能过剩更应注重供给管理，因此在化解策略上提出应注重产品结构和产业结构的调整，促进产业深化创新和转型发展。周业樑和盛文军（2007）、曹海霞（2008）、何敏峰（2014）则从信贷供给的管理方面提出控制产能过剩的策略，强调形成倒逼机制，加快产业结构的调整与转型升级。

19.2.3.3　强调深化相关体制改革来化解产能过剩

化解产能过剩必须通过进一步深化改革，构建防范和化解产能过剩的长效机制。成思危（2012）、国务院发展研究中心课题组（2014）认为要调整某些行业过度刺激的政策来缓解因过度投入形成的产能过剩。刘新宇（2010）、李正旺和周靖（2014）、冯云廷（2014）先后从充实和完善相关的环境政策、财税政策、区域治理机制等方面提出了化解产能过剩的策略。

19.2.4　关于具体行业产能过剩的测度和化解策略研究

化解产能过剩应考虑到各行各业的实际情况，学术界对此也展开了一些具体行业产能过剩的测度或化解策略研究。

19.2.4.1　关于传统工业产能过剩的测度和化解策略研究

学者们的研究主要集中在传统工业的产能过剩方面，如刘志彪和王建优（2000）以及韩国高、高铁梅和王立国（2011）研究了制造业的产能过剩测度与成因；李连济、王云（2012）构建了焦炭行业产能过剩的测度指标；陈剩勇、孙仕祺（2013）测度了1996年以来钢铁制造业产能过剩的演化进程；刘静、金浩（2014）比较了中国工业产能过剩的区域差异。

19.2.4.2　关于新兴产业产能过剩的测度和化解策略研究

近年来，也有少数学者开始关注新兴产业产能过剩问题，如陈志（2010）、姜江（2010）、邬贺铨（2011）、曹军新（2012）分析了新兴产业产能过剩的“潜在”问题。学者们普遍认为新兴产业虽然刚起步，但增速很快，要避免急于求成、低端切入、盲目扩张，同时要防止因技术准备不足，创新不够，核心技术“受制于人”而造成被动局面。熊勇清、黄健柏（2013）具体研究了光伏产业产能过剩的“困境”及其成因，并提出通过市场培育“走出去”发展等化解产能过剩的策略。

综合上述文献所述，国内外学者就产能过剩成因与化解的策略进行了大量的研究，形成了一定的理论基础和应用成果，但仔细梳理国内外研究成果，发现现有研究存在以下不足之处：一是已有研究更多地关注传统工业产能过剩问题，而关于新兴战略性产业产能过剩问题的研究较少。二是已有研究大多囿于“现状—成因—化解对策”研究的简单逻辑思维模式，且研究思路和对策建议基本雷同，对不同背景和不同情境下的产业产能过剩问题的深入研究较少。三是对产能过剩问题的理论性和系统性研究不够。如尽管现有研究探讨了产能过剩问题，但大多侧重于定性分析产能过剩困境的存在，而对其产能过剩的形成机理的理论推导、形成机制、关联效应的系统分析还不够，对如何化解产能过剩的策略探讨还较为零散，且多集中在政策建议方面，而基于国际经验的市场化解策略探索远远不够，对化解新常态下产能过剩的科学指导意义有限。

19.3 湖南工业行业产能过剩的现状

近年来，为化解产能过剩矛盾，促进经济持续健康发展，湖南在国务院出台的化解产能严重过剩矛盾的指导意见基础上，专门出台了湖南省人民政府关于化解产能过剩矛盾的实施意见，积极推动化解产能过剩工作，并配套性地出台了钢铁、煤炭等重点行业化解产能过剩的专项方案或办法，突出了“发展的思路、市场的手段、改革的措施”，全面化解产能严重过剩矛盾，并取得了一定的成效。如传统工业的平板玻璃等行业在出现全国大面积产能过剩的背景下，湖南平板玻璃行业的产能利用率达到了95.6%，原煤、钢铁、水泥等行业的产能利用率都大大超过了全国的平均水平。新兴工业的光伏产业等行业也是如此，其产能利用率达到了 90.5%。与此同时，湖南化解产能过剩整体上获得了国务院督察组的充分肯定。

但与此同时，根据工业行业产能过剩的现实情况来看，湖南产能过剩还不同程度地存在，主要体现在两个方面：一方面，产能过剩的行业比重比较高。根据北京大学国家发展研究院卢锋（2009）利用不同区段产能利用率进行的产能过剩情况初步分类（产能利用率 30% 以下为极度过剩，30%~60% 为严重过剩，60%~75% 为显著过剩，75%~80% 为轻度过剩），结合《湖南统计年鉴（2016）》公布的湖南省规模以上工业企业主要产品、生产能力及能力利用率来看，33 个主要工业行业中，有 21 个行业出现了不同程度的产能过剩，有近三分之二的行业出现了产能过剩的情况，其比重比较高。另一方面，产能过剩的行业覆盖面较广，既有传统行业，也有新兴行业。如传统行业中的铁合金、原煤、原油、农用氮磷钾化学肥料、初级形态塑料、化学纤维、水泥、钢材等出现不同程度的产能过剩；新兴行业中的微型计算机设备、移动通信手持机、汽车等也出现了不同程度的产能过剩。

19.4　湖南工业行业产能过剩的影响和问题

湖南工业行业产能过剩将给企业、社会、地方经济等造成不同程度的影响，并涌现出一些新的问题。

一是加重了企业的负担。产能过剩使得生产和销售不对称，造成销售额利润率下降，进而导致企业亏本。如近年来，湖南钢铁行业产能严重过剩，使一些钢铁企业不得不关闭一些生产线，但企业同样要承担工人、管理等方面的成本，加重了企业的负担。

二是加剧了环境的污染程度。高产量会造成资源能源的消耗量和排放量增加，如水泥、钢铁等行业的生产，需要大量的能源，生产过程中会产生烟尘、二氧化硫等污染物，废水、废气、废渣等污染物会随之增加。因此，会导致空气质量下降，雾霾天气也会越来越多，会给人们的身体健康和生活质量带来危害。

三是增加了经济下行的压力。湖南是工业大省，一直以来依赖工业行业的增长，然而，过剩的产能使得理想的回报率很难得以实现，增加了湖南宏观经济的不确定性，会使经济增长下调压力越来越显著，并由此带来一些金融风险。

导致湖南部分工业行业产能过剩问题出现，既有供给侧的原因，也有需求层的原因。从供给端看，目前湖南工业行业整体上在技术、品牌、嵌入产业链的高端方面还有一些不足，尤其是与世界水平相比，还有一定的差距，如传统行业占比仍然偏高，而这些行业既是高耗能、高污染的行业，又是产能过剩比较显著的行业。从需求端看，湖南工业行业产品受外部需求环境影响较大，如湖南比较具有优势的工程机械、汽车制造、钢铁生产、水泥等行业都因近年来建筑等行业整体需求的影响，很难创造更多新的需求。同时，在“走出去”开拓国际市场方面还缺乏氛围和各方面的引导，导致供需不畅通，造成产能过剩。

19.5 湖南工业行业产能过剩的治理对策

对此，结合国内外化解产能过剩的经验以及湖南的实际情况，要从供需两端综合发力，要通过“组合拳”精准出击，不断淘汰落后产能，积极化解过剩产能。

一是加大供给侧改革力度，严格淘汰落后产能。一方面，要让过剩产能及时退出市场，应借鉴美日等发达国家从供给端治理产能过剩的经验，依据产能利用效率、节能减排等环保达标指标，制定严格的准入制度和退出机制，尤其是对发展潜力低下和产能严重过剩的企业要实施依法退出和破产；另一方面，要利用财税政策和金融手段，对主动退出过剩产能以及转型升级的企业给予一定的奖补，利用信贷、财税、价格等经济政策杠杆“扶优汰劣”，建立有效化解过剩产能的体制机制。

二是努力促进需求端发力，积极引导和创造需求，积极去库存，化解过剩产能。一方面，继续挖掘国内市场空间，大力寻求并创造内部需求，通过调整产品结构、优化销售方式、激发消费潜力，鼓励省内过剩产业在国内寻找新的市场，缓解供需存在的矛盾，通过国内市场积极化解产能过剩。另一方面，积极拓展国际市场。充分利用“一带一路”战略支撑，畅通产能输出的渠道，积极参与世界产业分工和产业结构调整，大力鼓励湖南工业行业优势企业“走出去”发展。如目前湖南的工程机械、汽车产业、光伏产业等都有一定的优势，在国内消费相对饱和的背景下，要推动这些企业率先“走出去”发展，开拓国际市场。如湖南部分富余产能在省内是过剩产能，但在老挝、缅甸等东南亚国家却是风头正盛。如省内已经淘汰的旧款家用电器、手机等落后产品，在老挝等国都还能找到很好的市场。与此同时，帮助企业建立国际化的品牌化优势，要充分利用国际性商会组织牵线搭桥，帮助产业进行海外转移，并且提供更优质的服务来降低企业海外投资的风险。

三是建议以创新驱动战略为动力，为工业产能过剩化解和转型提供支撑。一方面，优化创新创业环境。以长株潭国家自主创新示范区建设为契机，在工业生产技术研发、相关科技项目产业化落地上全面发力，不断培育具有创新能力和良好发展前景的企业。另一方面，加强工业技术创新。加大企业工艺、技术、装备的改造力度，全面提高企业的资源能源利用率和降低污染物排放。同时，抢抓“中国制造2025”带来的机遇，主动对接轨道交通、大数据、大健康、航空航天、新能源、生物医药、新材料、节能环保等新兴工业市场，增加有效供给。

第20章　国家自主创新示范区高端产业集聚的创新能力比较

20.1　引　言

自2009年3月北京中关村获批成为第一个国家自主创新示范区以来，截至2015年10月，先后有武汉东湖（2009年12月）、上海张江（2011年3月）、深圳（2014年6月）、苏南（2014年10月）、天津（2014年12月）、长株潭（2014年12月）、成都高新区（2015年6月）、西安高新区（2015年9月）、杭州（2015年9月）相继获批国家自主创新示范区。至此，已经有10个国家自主创新示范区。

国家自主创新示范区作为推进自主创新和高技术产业发展方面先行先试、探索经验、做出示范的区域，是高端产业集聚的“高地”，因而高端产业集聚的创新能力是检验其示范性效果的重要标准。众所周知，一个区域、一个产业集聚地创新能力的培育不是一朝一夕的事情，靠的是高端产业集聚所需要素的投入、结构的改善以及功能的发挥。因此，要将国家自主创新示范区高端产业集聚的创新能力当作一个系统来开展思考，尤其是在评价其创新能力的过程中要用系统理论的思维方式进行分析。国家自主创新示范区高端产业集聚的最大特点在于高端产业的高度集中，而到底有哪些因素在影响国家自主创新示范区高端产业集聚的创新能力呢？鉴于国家自主创新示范区成立的时间都还不太久，相关的研究也比较缺乏，目前国内相关研究主要是集中在对国家级高新区创新能力的评价，在某些方面也可以提供一些借鉴。如关于高新区创新能力评价指标体系的构建，有学者从高新区创新能力构成角度出发构建评价指标体系（吴忠涛等，2014），有学者从高新区创新投入与产出角度出发构建评价指标体系（李巧等，2010），有学者从高新区创新软硬件角度出发构建评价指标体系（周元等，2003）。总之，缺乏一套全面完整的评价体系。因此，也凸显了本研究的空间和及时性。基于此，本研究结合“要素—结构—功能”的系统分析范式，构建国家自主创新示范区创新能力评价指标体系，对已经获批的10个国家自主创新示范区的创新能力进行实证比较与分析。

20.2　国家自主创新示范区高端产业集聚的创新能力评价指标体系

国家自主创新示范区高端产业集聚是以创新发展为主要驱动力，有效集聚创新资源和要素，形成以高新技术企业和高加工度企业集群发展为特征的主导产业的区域。因而，国家自主创新示范区高端产业集聚离不开有效支撑区域内企业自主创新的要素投入，要素的投入与流动将推动示范区内高端产业集聚的结构变迁与演化，要素投入越合理，越有利于结构的优化配置和功能效益的发挥。因此，国家自主创新示范区高端产业集聚完全可以借用“要素—结构—功能”的系统分析范式来构建其创新能力的评价体系。

一是要素投入。要素投入是国家自主创新示范区建设的基础，一般指资金和人才投入。由于国家自主创新示范区高端产业集聚的规模、产业发展方向各不相同，因而在选择指标上侧重选取相对量指标。现有文献中，一些专家学者提出了高新区创新能力投入的指标体系，如肖永红等（2012）选取经费总额、经费占工业总产值比重、投入年平均增长率、人员数、人员比重、高级职称人员比重等作为高新区创新能力投入指标。方玉梅等（2014）选取园区科技活动人员总数、园区研发经费内部支出总额作为高新区创新能力投入指标。林平凡等（2014）以每千人科技经费支出、研发投入占销售收入的比重作为高新区创新能力投入指标。熊曦等（2015）认为区域发展必须考虑低碳效率，建议将能耗等指标纳入区域发展评价当中。综合考虑可比性，本研究选取 R&D 经费内部支出、规模以上工业企业研发经费占销售收入比重、大专以上人员、年末从业人员、科技活动人员、中高级职称人数、科技活动经费内部支出等指标作为国家自主创新示范区高端产业集聚创新能力的要素投入的指标。

二是结构水平。结构水平即国家自主创新示范区高端产业集聚过程中，由产业结构发展层次和状态差异而体现出的创新能力差异。现有文献中，一些专家学者提出了反映高新区创新能力的结构水平的指标体系。如周海涛（2013）选取人均产值、主营业务收入区位商、新产品产值占工业总产值的比例、产销率、资产总计等作为衡量高新区创新能力的结构水平的指标体系。张协奎等（2015）选取高新技术企业数、产业结构高级化程度、高新技术产业产值以及其增加值占 GDP 比重、企业孵化器数量等作为衡量高新区创新能力的结构水平的指标体系。综合现有文献的指标选取，综合考虑数据的可获得性，本研究选取高新技术企业数、产业结构高级化程度、技术收入、产品销售收入、商品销售收入、人均技术市场成交额等指标作为反映国家自主创新示范区高端产业集聚创新能力的结构水平指标。

三是功能效应。功能效应作为国家自主创新示范区高端产业集聚的创新能力评价体系的核心，其应可直接反映国家自主创新示范区高端产业集聚的创新能力效果。现有文献中，一些专家学者提出了反映创新能力的功能效应指标体系。如李凯（2007）用知识溢出与企业衍生数来衡量高新区产业集聚创新能力的功能效应。谭谊（2012）选择千人高新技术产业收入、千人工业增加值、千人出口创汇总额来衡量高新区产业集聚创新能力的功能效应。综合考虑数据的科学性和全面性，本研究选取总收入、净利润、上缴税收、出口创汇、工业总产值、全员劳动生产率、年末资产、年末负债等指标作为反映国家自主创新示范区高端产业集聚创新能力的功能效应指标。

综上，“要素—结构—功能”分析范式下的国家自主创新示范区高端产业集聚的创新能力评价指标体系，汇总如表 20-1 所示。

表 20-1　国家自主创新示范区高端产业集聚的创新能力评价指标体系

一级指标	二级指标
要素投入	R&D 经费内部支出（千元）
	规模以上工业企业研发经费占销售收入比重（%）
	大专以上人员（人）
	年末从业人员（人）
	科技活动人员（人）
	中高级职称（人）
	科技活动经费内部支出（千元）
结构水平	高新技术企业数（家）
	产业结构高级化程度（%；高新技术产业产值 / 规模以上工业产值）
	技术收入（千元）
	产品销售收入（千元）
	商品销售收入（千元）
	人均技术市场成交额（元）
功能效应	总收入（千元）
	净利润（千元）
	上缴税收（千元）
	出口创汇（千美元）
	工业总产值（千元）
	全员劳动生产率（元 / 人）
	年末资产（千元）
	年末负债（千元）

20.3 国家自主创新示范区高端产业集聚的创新能力实证分析

20.3.1 数据来源与描述性统计

本研究先选取截至2015年9月获批的10个国家自主创新示范区为研究对象开展横向比较，以《中国火炬统计年鉴（2013）》以及各示范区统计年鉴、公开信息或报告的相关指标数据为样本数据。需要说明的是，部分指标统计口径采用示范区所在地全市的口径，如人均技术市场成交额等，这是因为单独为示范区设计的统计指标没有相关统计，因而采用全市的口径，而这也不影响研究的结果。因数据多，篇幅有限，本书仅罗列各项指标的描述性统计，见表20-2。

表 20–2 数据描述性统计

指标	极小值	极大值	均值	标准差	偏度	峰度
R&D经费内部支出	8 005 683	38 134 103	1.704 7	1.015 42	1.791	3.772
规模以上工业企业研发经费占销售收入比重	5	7	600	0.816 50	0	−1.200
大专以上人员	177 283	1 108 171	397 937.85	3.282 39	2.201	5.026
年末从业人员	317 915	1 587 911	694 662.85	5.061 01	1.313	0.083
科技活动人员	49 427	339 998	139 081	98 290.300 64	1.732	3.204
中高级职称	27 697	238 485	85 763.28	70 039.346 36	2.222	5.436
科技活动经费内部支出	13 124 630	80 944 443	3.110 7	2.346 92	25	4.416
高新技术企业数	1 169	14 929	422 600	4 840.614 49	2.382	5.913
产业结构高级化程度	38.65	80.80	57.56	17.082 29	0.312	−1.664
技术收入	9 264 659	3.40	8.678 4	1.135 87	2.468	6.328
产品销售收入	2.68	1.35	6.286 4	3.746 92	1.429	1.759
商品销售收入	7 531 310	1.01	1.660 1	3.716 58	2.631	6.940

续表 20–2

指标	极小值	极大值	均值	标准差	偏度	峰度
人均技术市场成交额	346 800	1 495 000	819 605.857 1	3.995 91	0.526	−0.175
总收入	4.60	2.50	9.616 0	7.721 71	1.698	2.372
净利润	30 323 943	1.37	5.630 4	3.876 88	1.906	3.678
上缴税收	15 801 432	1.45	4.821 6	4.461 51	2.166	4.985
出口创汇	2 971 897	68 158 319	2.346 1	2.208 23	1.618	2.966
工业总产值	2.62	1.38	5.915 9	3.672 34	2.107	4.963
全员劳动生产率	86 523	168 974	123 540.571 4	31 751.47	0.241	−1.456
年末资产	5.06	4.04	1.227 0	1.269 86	2.402	5.952
年末负债	2.97	2.24	6.659 5	7.068 54	2.458	6.167

从描述性统计可以看出，10 个国家级自主创新示范区各项指标差距较为明显，但直观地看很难看出什么规律，因此，要开展实证分析，探讨各项指标对国家级自主创新示范区高端产业集聚的竞争能力影响。

20.3.2　实证分析过程与结果探讨

20.3.2.1　确定是否适合因子分析

本书选用 KMO 检验和 Bartlett 检验，如表 20-3 所示，KMO 的检验值为 0.534，大于 0.5，表明样本适合作因子分析；Bartlett 的球形检验中卡方值为 41.387，$P = \text{Sig.} = 0 < 0.05$，则拒绝原假设，可以考虑因子分析。

表 20–3　各项参数检验结果

参数	KMO 度量	Bartlett 的球形度检验		
		近似 x^2	df	Sig.
结果	0.534	41.387	15	0.000

20.3.2.2 指标相关性检验

限于指标过多，相关关系表格没有列出。但从 SPSS 运行结果可以看出，这些变量之间的相关系数绝大部分大于 0.3，说明指标体系各变量之间具有较强的相关关系，可以进行因子分析。

20.3.2.3 因子提取

采用主成分分析法，并按照因子累计贡献率大于 90% 的标准选取公因子。结果如表 20-4 所示。

表 20–4 总体方差分析

成分	初始特征值			提取平方和载入			旋转平力和载入		
	合计	方差贡献率（%）	累积贡献率（%）	合计	方差贡献率（%）	累积贡献率（%）	合计	方差贡献率（%）	累积贡献率（%）
1	15.446	73.551	73.551	15.446	73.551	73.551	15.446	73.551	73.551
2	3.305	15.738	89.289	3.305	15.738	89.289	3.305	15.738	89.289
3	1.705	8.118	97.407	1.705	8.118	97.407	1.705	8.118	97.407

可以看出，前 3 项因子的累计方差贡献率达 97.407%，说明这 4 个因子代表的信息已经能够充分反映原有观测变量的大部分信息。因此，选取 F_1、F_2、F_3 三个公因子。为了更好地解释各因子，使因子具有命名解释性，采用具有 Kaiser 标准化的正交旋转法对因子载荷矩阵进行旋转。旋转后的因子载荷矩阵如表 20-5 所示。

从旋转后的因子载荷矩阵可以清楚地看出：影响 F_1 的指标主要包括 R&D 经费内部支出、规模以上工业企业研发经费占销售收入比重、大专以上人员、年末从业人员、科技活动人员、中高级职称人数、科技活动经费内部支出。因此，F_1 可作为国家自主创新示范区高端产业集聚的创新能力要素投入因子，简称“创新的要素投入”因子。

表 20–5　旋转后的因子载荷矩阵

因子	成分		
	1	2	3
R&D 经费内部支出	0.955	−0.096	−0.194
规模以上工业企业研发经费占销售收入比重	0.296	0.701	0.597
大专以上人员	0.994	−0.052	−0.064
年末从业人员	0.929	0.309	−0.196
科技活动人员	0.988	0.057	−0.082
中高级职称人数	0.949	−0.189	0.044
科技活动经费内部支出	0.978	−0.129	0.106
高新技术企业数	−0.205	0.950	−0.181
产业结构高级化程度	−0.163	0.648	0.722
技术收入	−0.388	0.915	−0.002
产品销售收入	0.771	0.578	−0.255
商品销售收入	−0.351	0.927	−0.089
人均技术市场成交额	0.153	0.891	0.374
总收入	−0.185	0.121	0.975
净利润	−0.057	−0.146	0.957
上缴税收	−0.066	−0.087	0.991
出口创汇	−0.033	0.404	0.891
工业总产值	−0.231	0.369	0.890
全员劳动生产率	0.593	0.057	0.751
年末资产	−0.128	−0.165	0.978
年末负债	−0.134	−0.169	0.973

影响 F_2 的指标主要包括高新技术企业数、产业结构高级化程度、技术收入、产品销售收入、商品销售收入、人均技术市场成交额。因此，F_2 可作为反映国家自主创新示范区高端产业集聚创新能力的结构水平的因子，简称“创新的结构水平”因子。

影响 F_3 的指标主要包括总收入、利润、上缴税收、出口创汇、工业总产值、全员劳动生产率、年末资产、年末负债。因此，F_3 可作为反映国家自主创新示范区高端产业集聚创新能力的功能效应的因子，简称“创新的功能效应”因子。

20.3.2.4　计算因子得分

运用因子分析法计算出各个国家自主创新示范区高端产业集聚的每一个创新能力因子的得分，如表 20-6、表 20-7 和表 20-8 所示。

表 20-6　各示范区“创新的要素投入”的因子得分、综合得分和排名

区域	F_1	排名
北京中关村	2.106 78	1
天津	−0.709 21	4
上海张江	−0.081 19	3
武汉	−0.530 89	6
深圳	−0.316 04	5
苏南	0.294 41	2
长株潭	−0.763 86	7
成都高新区	−0.956 95	10
西安高新区	−0.824 87	8
杭州	−0.873 23	9

表 20–7　各示范区“创新的结构水平”的因子得分、综合得分和排名

区域	F_2	排名
北京中关村	0.127 83	2
天津	−0.634 86	10
上海张江	0.088 85	4
武汉	−0.541 29	9
深圳	0.137 43	1
苏南	0.117 54	3
长株潭	−0.048 07	5
成都高新区	−0.481 62	8
西安高新区	−0.387 85	7
杭州	−0.050 08	6

表 20–8　各示范区“创新的功能效应”的因子得分、综合得分和排名

区域	F_3	排名
北京中关村	0.173 78	3
天津	−0.774 23	9
上海张江	0.491 96	2
武汉	−0.637 71	7
深圳	1.992 17	1
苏南	−0.547 96	6
长株潭	−0.020 39	4
成都高新区	−0.807 44	10
西安高新区	−0.736 65	8
杭州	−0.104 29	5

创新能力培育的要素投入是国家自主创新示范区高端产业集聚的必要条件，事关高端产业集聚的结构优化和功能效应发挥。从创新能力的要素投入看，中关村、苏南、上海张江排在前面，显示出它们有着较多的要素投入。如2013年，中关村期末从业人员189.9万人。其中，本科及以上学历的从业人员占从业人员总数的比重50%以上；中央“千人计划”人数占全国21%。2013年中关村科技活动人员投入和经费支出均保持20%以上的速度增长，其中科技活动人员近50万人，科技活动经费支出超过1 300亿元，达到1 319.8亿元，同比增长28.1%; R&D经费内部支出456.3亿元，占示范区增加值的比重达10.8%；每千名从业人员拥有科技活动人员263人，比同期全国高新区平均水平高出86人。这么高的投入，使得中关村拥有了较好的结构水平和功能效益。2013年，中关村实现总收入突破3万亿元大关，达3.05万亿元，规模达到批复前的3倍。

从表20-7可以看出，创新能力的结构水平最优的是深圳，其次是北京和苏南，这是因为通过自主创新示范区建设，高新技术产业在深圳成为一张闪亮的名片，目前全市有新型研究机构115家。2013年，全市高新技术产业产值1.4万亿元，六大战略性新兴产业增加值占GDP比重超过33%，对经济增长贡献率超过50%，显示出较强的结构水平，也赢得了较好的效益。

从表20-8可以看出，上海张江在投入、结构水平处于一般的情况下，其功能效应比较好，这是因为上海张江国家自主创新示范区2万多家企业中，世界500强就有200多个，形成了生物医药、电子信息、文化创意、航空航天、先进装备制造等主导产业。这些成就了上海张江较好的功能效应。当然，长株潭国家级自主创新示范区也是如此，在投入和结构都欠优的情况下，显示出较好的功能效应。这些年来，长株潭国家自主创新示范区在机电产业、工程机械、装备制造、生物医药、电子信息等产业内显示出全国独特的地位，如湘潭的机电产业、长沙的工程机械和生物医药产业、株洲的装备制造产业等在全国都很有影响力。

20.3.2.5　计算综合得分

利用各因子的方差贡献率与相应因子的得分相乘并相加，得到国家自主创新示范区高端产业集聚的创新能力综合得分，其计算公式为：

$$F = 73.551\% FAC_1 + 15.738\% FAC_2 + 8.118\% FAC_3$$

根据单项因子得分计算得出各个国家自主创新示范区高端产业集聚的创新能力综合得分及其排名，如表 20-9 所示。

表 20–9　各示范区高端产业集聚的创新能力综合评价结果

区域	综合得分（F）	排名
北京中关村	1.583 8	1
天津	−0.618 5	9
上海张江	−0.005 8	4
武汉	−0.460 0	5
深圳	0.190 6	2
苏南	0.049 1	3
长株潭	−0.602 3	8
成都高新区	−0.578 1	7
西安高新区	−0.571 0	6
杭州	−0.658 7	10

由国家自主创新示范区高端产业集聚的创新能力综合评价结果发现，排列的顺序依次是北京中关村、深圳、苏南、上海张江、武汉、西安高新区、成都高新区、长株潭、天津、杭州。尽管国家自主创新示范区高端产业集聚的创新能力形成原因各不相同，但都拥有相似的成功经验或不足之处。

高端产业集聚的创新能力综合排名靠前的国家自主创新示范区，如中关村、深圳、苏南、上海张江主要依靠提升创新的要素投入来增强国家自主创新示范区高端产业集聚的创新能力，其创新能力与这三个示范区创新能力的要素投入因子得分排名高度吻合，显示出要素投入与高端产业集聚的创新能力综合排名有着强关联性。因此，给我们的启示是要加大对高端产业集聚的要素投入，在人力资源投入和资本投入方面要花大力气，促进产业集聚的环境和氛围不断优化。

高端产业集聚的创新能力综合排名靠后的国家自主创新示范区，如天津、杭州，其创新能力排名靠后的主要原因在以下几个方面：一是国家自主创新示范区高端产业集聚的创新要素投入与功能效应的匹配性较差，投入与产出的效率不高；二是政府与市场互动不够密切，缺乏对创新资源的合理有效配置，因而，对国家自主创新示范区高端产业集聚的创新能力形成了一定的制约。

20.4 培育国家自主创新示范区高端产业集聚的创新能力的建议

基于“要素—结构—功能—环境”系统分析范式，笔者比较了 10 个国家自主创新示范区高端产业集聚的创新能力，研究认为国家自主创新示范区高端产业集聚的创新要素投入、结构水平和功能效应之间密切关联。三者对于国家自主创新示范区高端产业集聚的创新能力提升均具有非常重要的作用。因此，要从这三方面着手，加大国家自主创新示范区高端产业集聚的创新能力培育力度。

一是加大对示范区资本和人力等要素的投入力度。一方面，要加大政府对示范区的资本投入力度。政府各类创新投入应向示范区高端产业集聚区倾斜。优化科技投入结构，集中优势科技资源，重点支持示范区产业集聚区重大应用技术研究、自主知识产权核心技术开发和成果转化，提高财政科技资金的使用效益。同时，要完善支持体系，引导社会资金投入自主创新，充分发挥政府各类投融资平台和投资公司的作用，引导社会有关方面加大对高端产业集聚区的投入。另一方面，要加大对示范区人力资源的投入力度。要构建与国际接轨、与市场相适应、有利于科学发展的人才体制机制，大量聚集领军人才，改善人才队伍结构，优化人才发展环境，让示范区构筑具有全球影响力的人才战略高地。同时，要建立健全人尽其才、才尽其用的体制机制，充分调动人才创新积极性。

二是提升示范区结构水平。提升示范区结构水平要坚持规划引领，明确产业定位，聚集创新要素，实现错位发展，做强特色产业。同时，提升示范区结构水平既要盘活存量，也要增量带动。必须狠抓高端产业大项目、好项目建设，通过高水平高端产业项目扩大经济总量，提升产业水平，优化经济结构，转变发展方式，促进更多好项目落地，因地制宜地吸引各类高端产业聚集，培育自主创新示范区新的经济增长点。

三是促进功能效应的充分发挥。牢牢把握创新驱动发展的总体方向，紧紧围绕战略定位和发展目标，以推进国家自主创新示范区创新发展为着力点和突破口，充分发挥核心载体作用，加快构建适应创新驱动发展的体制机制，辐射带动区域发展从要素、投资驱动加快向创新驱动发展转变。强化创新引领功能。立足“高”、突出“新”，改进考核评价，集聚创新资源。同时，进一步加大对国家自主创新示范区改革的力度，如在土地管理制度和管理模式等方面加大改革力度，大力营造有利于创新的良好条件，不断提升自主创新能力和引领发展能力，使国家自主创新示范区成为带动创新驱动发展的强大引擎。

第21章 转型创新视角下提升长沙市工业竞争力的对策探讨

21.1 引 言

一个地区的经济发展状况在很大程度上取决于其工业的竞争力，而长沙市则明确提出了“六个走在前列”，其中之一就是在加快转型创新发展中走在前列。转型创新发展的重点在工业，因此研究工业如何适应转型创新发展，打造工业竞争力就显得十分必要。本研究就转型创新背景下长沙市工业竞争力的提升对策展开具体研究。

21.2 长沙市工业竞争力的基础现状

21.2.1 总体增速保持稳定

2000—2015年长沙市的统计年鉴数据显示，长沙市规模以上工业企业总产值呈现稳中有升的态势（见图21-1），尤其是近年来的增长速度和增长总量都是呈现较高的发展态势。有数据显示，2016年，长沙规模以上工业增加值全年增长7.9%，高于全国平均增长比率1个多百分点，在中部六省会城市中排名第三位，稳居全省第一位。

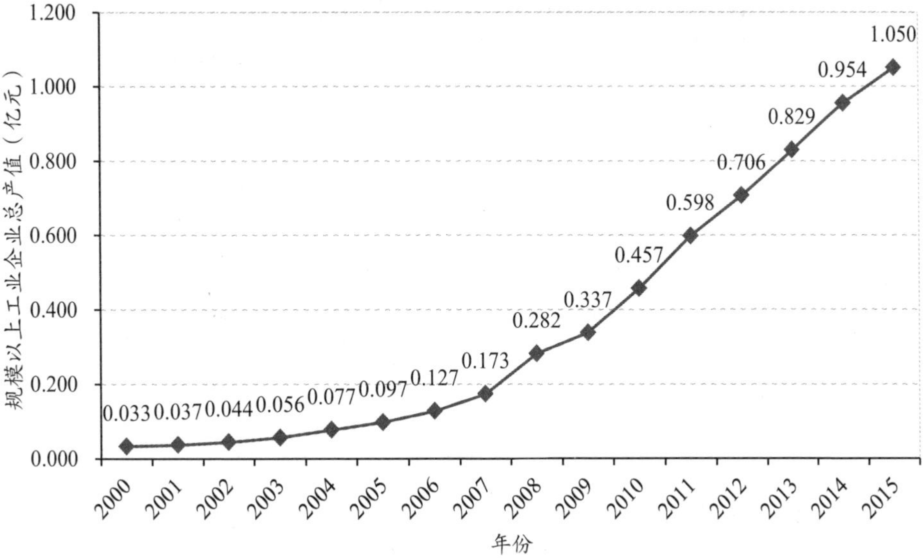

图 21-1　长沙市规模以上工业企业总产值变化态势

21.2.2　县区市工业发展增速也较为可观

县区市工业是支撑长沙整体工业提质增效、转型升级的主战场。长沙市下辖的几个县区市工业增速都大于 6%，工业增速排名靠前的宁乡市、浏阳市、望城区的工业增速都超过了 10%，以较明显优势引领这些县区（市）的区域经济稳步增长。

21.2.3　长沙市工业增加值竞争力在全国和中部地区都处于前列

从 2015 年全国 35 个城市主要经济社会指标情况中提取工业增加值指标，如表 21-1 所示（本书选取中部地区几个省会城市比较），可以发现，长沙市在全国省会城市工业增加值总量上的排名为第 9 位，在中部省会省市中的排名则为第 2 位，显示出比较强的竞争力。

表 21-1 中部地区几个省会城市工业增加值比较及排名

地区	工业增加值（万元）	在全国省会城市位次	比上年±%	在中部省会城市位次
长沙	4 333.58	9	8.8	2
郑州	3 625.52	14	9.4	3
太原	1 020.14	29	6	6
合肥	3 097.9	17	10.6	4
武汉	4 981.54	6	8.2	1
南昌	2 179.96	22	9.8	5

21.2.4 工业转型与创新发展取得了明显的成效

从长沙市工业发展密切关联的城市环境污染和治理情况来看，如表 21-2 所示，可以看出，工业对环境的污染处于逐年减少的态势，在工业稳中有升的背景下，不仅没有对环境构成更加严重的影响，反而对环境起了一定的改善作用，这说明这些年长沙工业的转型发展，在低碳、循环和可持续发展上下了功夫，取得了明显的成效。

表 21-2 2008—2015 年工业发展与城市环境污染和治理情况

指标 / 年份	工业废水排放总量（万吨）	工业废气排放总量（万 m^3）	工业粉尘排放量（万吨）
2008	4 162	5 278 500	13.48
2009	3 726	5 315 831	13.35
2010	4 336	6 269 499	10.52
2011	4 051	10 219 789	1.59
2012	3 777	5 470 000	1.2
2013	4 049	6 233 559	1.9
2014	4 397	6 486 474	1.73
2015	5 102	4 803 775	1.16

21.2.5　工业行业结构逐步优化

工业行业结构优化调整是工业经济转型升级的关键所在，长沙在力促传统行业转型创新的同时，积极发展新兴产业，努力提升高新产业比重，鼓励发展互联网信息产业、汽车制造业、医药制造业等高附加值的新兴产业，涌现出了楚天科技、圣湘生物、拓维信息、湘投金天钛金等一批具有行业影响力的重点企业。与此同时，烟草制品业、有色金属冶炼和压延加工业等增速走低，工业行业结构呈现出良好的结构。

此外，长沙市致力于园区经济发展，充分利用长株潭自主创新示范区平台，发挥政策先行先试的优势，其工业竞争潜力日益凸显。

21.3　长沙市工业发展的一些不足之处及原因

21.3.1　工业发展的网络关联机制尚未建立

长沙工业发展涉及各行各业，基本上覆盖了 30 多个大类行业，涉及近 200 个细分行业，在当前产业集中度要求不断提高、产业集聚水平不断提升的背景下，如果行业覆盖度相对较高，但关联性较差的话，很难形成产业的整体竞争力。以发展较好的汽车制造业和电子信息设备制造业为例，汽车制造业整车企业主要配套企业均为集团公司合作的省外零部件企业，而长沙本地最大的汽车零部件企业产品主要外销，省内销售份额较低，难以形成完整、高效的产业链条。

21.3.2　经营效益总体不佳的问题仍然存在

经营利润是企业生存、发展以及转型升级的根本动力。但 2015 年长沙市区县市规模以上工业企业主要经济指标显示，全市的主营业务收入为 99 478 355 万元，利润为 6 754 329 万元，利润率仅为 6.8%，有些地区的工业行业利润率则更低，如岳麓区只有 4.3%、长沙县只有 3.7%、望城区只有 2.9%，发展压力相对来说也是比较大的。

21.3.3 县区市发展不平衡的问题比较突出

从2015年长沙市区县市工业总产值来看（见图21-2），各县区市的发展总量比较失衡，雨花区、长沙县、浏阳市、宁乡市工业总产值靠前，而开福区、芙蓉区、天心区因处于市区，工业总产值比较低。

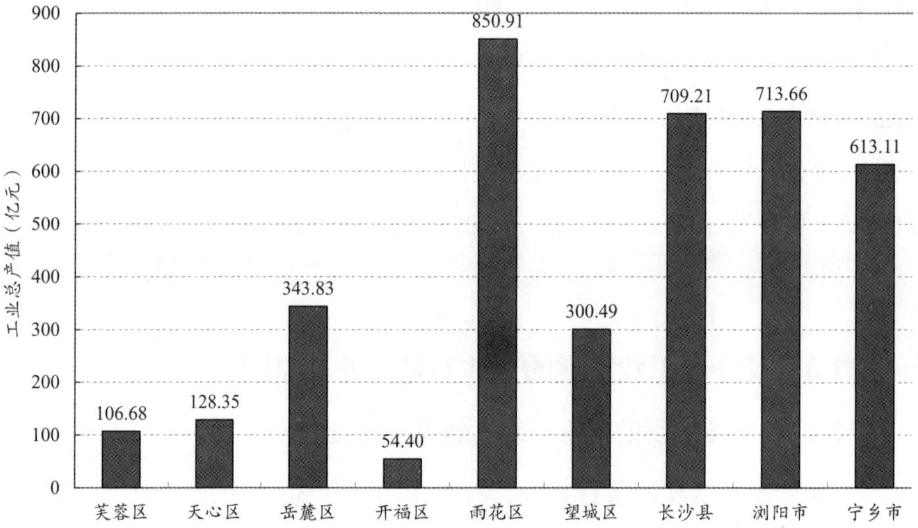

图21–2 长沙市区县市工业总产值比较

21.3.4 转型升级的难度不少

一方面，重点企业的核心优势薄弱，2016年长沙共有主营业务收入过50亿元企业15家，比上年增加3家，但企业核心技术总体不够强。另一方面，支撑性行业仍然偏重传统领域，8家主营业务收入过百亿元的企业中，有5家分布在专用设备、有色金属、烟草制品等传统制造业。此外，在品牌附加值方面也略显不足，缺乏一些有影响力的企业。

21.4 推动长沙市工业转型发展的对策

21.4.1 以转型创新引领工业结构调整

一方面，要充分挖掘长沙的工业优势，巩固提升优势产业。继续壮大工程机械、汽车及零部件、食品烟草、材料四大优势产业。

另一方面，积极培育新兴产业。推动新能源、新材料、生物医药、互联网信息产业的蓬勃发展。以长株潭自主创新示范区为契机，确定数个有基础、有潜力的行业重点发展，完善行业发展大格局，形成分工协作的产业链发展模式。

21.4.2　凝聚推动工业竞争力提升的政企合力

要按照 2017 年长沙发布《关于振兴长沙工业实体经济的若干意见》，积极出台多种灵活的财政补贴、税收减免、融资融贷、进步奖励政策，减轻企业资本压力，完善创新体制，建立产业技术创新联盟，加快研究成果向生产效益转化进度。与此同时，重点企业要围绕技术突破，增强产品核心竞争力，积极树立品牌意识，努力做大做强一批具有行业影响力的企业，全面引领长沙工业转型升级与竞争力提升。

21.4.3　推动区域工业的协调发展

工业的转型发展有利于区域经济的增长，因此，各地区要站在区域发展的战略背景下，引进适合该县区市发展的工业产业，积极培育工业整体竞争力。同时，要优化创新创业环境。以长株潭国家自主创新示范区建设为契机，在工业生产技术研发、相关科技项目产业化落地上全面发力，不断培育具有创新能力和良好发展前景的企业。

21.4.4　加大供给侧改革力度

一方面，要加强本土企业间的密切联系，形成相互关联的产业链网络；另一方面，要让过剩产能及时退出市场，依据产能利用效率、节能减排等环保达标指标，制定严格的准入制度和退出机制，使产能总量与环境承载力、市场需求、资源保障相适应，使空间布局与区域经济发展相协调，促使产能利用率达到合理水平。

第 22 章　湖南着力加强工业实体经济发展的对策研究

22.1　发展新阶段着力加强湖南工业实体经济发展的必要性和可行性

22.1.1　必要性

工业实体经济是一个国家或地区发展的重要组成部分，也是一个国家或地区就业的容纳器和创新驱动器，在建设现代化经济体系、推动地区经济高质量发展、实现经济社会发展战略目标中发挥着中坚作用。

22.1.1.1　着力加强工业实体经济发展是建设现代化经济体系的核心所在

我国高度重视发展实体经济，工业作为实体经济的重要组成部分，对稳定宏观经济、构建现代化经济体系更是起着核心作用。习近平总书记多次就发展工业实体经济作出重要指示。2013 年 7 月，在湖北考察改革发展工作时，习近平总书记强调“工业是我们的立国之本，要大力发扬自力更生精神，研发生产我们自己的品牌产品，形成我们自己的核心竞争力”。2017 年 4 月，习近平总书记在广西考察工作时强调，必须发展实体经济，不断推进工业现代化，提高制造业水平，不能脱实向虚。党的十九大报告中指出：“建设现代化经济体系，必须把发展经济的着力点放在实体经济上，把提高供给体系质量作为主攻方向，显著增强我国经济质量优势。”

可以说，建设现代化经济体系，工业实体经济是其核心支撑要素。大力发展工业实体经济，是筑牢现代化经济体系的“坚石”。这就需要各地区顺应时代潮流，促进工业实体经济结构高级化，为现代化经济体系构筑坚实的支柱。

22.1.1.2　着力加强工业实体经济发展是推动地区高质量发展的重要抓手

当前，我国经济已由高速增长阶段转向高质量发展阶段。党的十九大报告提出“把提高供给体系质量作为主攻方向，显著增强我国经济质量优势”。各地区更是将工业实体经济作为夯实供给体系质量的关键内容，将其作为推动地区经济高质量发展的重要抓手，着力于转变工业发展方式、优化工业经济结构、转换工业增长动力，积极推动工业实体经济实现高质量发展、可持续发展。

22.1.1.3　着力加强工业实体经济发展是发展新阶段湖南发展的战略选择

面对复杂严峻的国际国内经济形势，中央审时度势，明确提出要“牢牢把握发展实体经济这一坚实基础，努力营造鼓励脚踏实地、勤劳创业、实业致富的社会氛围”。作为“一带一部”定位的湖南，将其“十三五”乃至今后一定时期的发展定位为“创新引领和开放崛起”。创新引领离不开工业支撑，开放崛起同样也需要工业支撑，可以说，工业实体经济更是湖南实体经济发展的中流砥柱。以工业为主的实体经济，很大程度上决定了实体经济发展的速度、质量和结构。特别是湖南当前处于工业化中级阶段逐步向高级阶段转化的关键期，发展新阶段的特征决定了这一阶段通常是工业快速增长和转型升级不可多得的发展机遇期。加快工业实体经济发展，对推动湖南经济社会又好又快发展有着重大的现实意义和战略意义。在大力倡导发展工业实体经济的当前，如何着实加强工业实体经济的有效发展，对处于发展新阶段的湖南来说是至关重要的战略选择。

22.1.2　可行性

22.1.2.1　区位优势

湖南处在东部沿海地区和中西部地区过渡带，位于沿海经济带与长江经济带结合部上的区域位置，地理位置十分独特，这种区位特点注定了湖南既有后发达地区资源丰富、环境容量相对较大和生产要素成本较低的优势，又有发达地区的工业基础和交通优势。如今，湖南拥有了海、陆、空完善的立体交通格局，过去只有东部沿海省份能办的事，湖南现在也可以办到。铁路方面，京广、沪昆高铁在省会长沙交汇，渝长厦、黔张常铁路正在施工建设，中欧班列一湘欧快线营运良好，使得湖南成为国内最核心的铁路枢纽之一；公路方面，高速公路通车里程超 6 400 公里，位居全国前列，也使得湖南境内形成了三小时经济圈；民航方面，全省民用通航机场达 7 个，长沙黄花机场正式实行“双航站楼双跑道运行时代”，目前，拥有国际航线 33 条，2017 年机场旅客吞吐量突破 2 300 万人次；内河航运方面，岳阳城陵矶港作为国家一类口岸，可以实现通江达海。可以说，湖南作为“一带一部”的区位优势正不断凸显，这样的区位条件以及交通优势，为促进工业要素聚集和产业承接提供了有利条件。

22.1.2.2 资源优势

湖南素有重视实业的传统，重视发展工业实体经济，素有“有色金属之乡”“非金属矿产之乡”等美誉，这些资源优势既是湖南工业实体经济发展的基础，也是湖南工业实体经济发展的重要支撑。近年来，湖南积极抢抓世界制造业资本向我国转移的机遇，以制造业为主体的工业实体经济得到迅猛发展，为擦亮“湖南制造”品牌作出了积极贡献。如 2017 年“全球工程机械企业 50 强”榜单中，湖南企业占据 4 席。三一重工、中联重科、铁建重工、山河智能、泰富重装等一批龙头企业，已经成为“中国智造”大军中的佼佼者，“工程机械湘军”已经享誉国内外。同时，湖南的先进轨道交通装备也已经成为中国制造的一张闪亮名片。

22.1.2.3 产业基础优势

近年来，湖南加快制造强省建设，注重优化调整工业结构，大力发展工业新兴优势产业，工业领域产值过千亿元的产业达 11 个，形成了工程机械、汽车制造、钢铁冶炼、有色加工、轨道交通、电子信息、新材料等一大批优势工业。制造强省建设领导小组办公室编制的《湖南工业新兴优势产业链行动计划》包含先进轨道交通装备（含磁浮）、工程机械、新型轻合金、化工新材料、碳基材料、显示功能材料、先进陶瓷材料、先进硬质材料、先进储能材料及电动汽车、新能源装备、IGBT 大功率器件、人工智能及传感器、自主可控计算机及信息安全、航空航天（含北斗）、基因技术及应用、中药、空气治理技术及应用、装配式建筑、3D 打印及机器人、农业机械等 20 个工业新兴产业链。这些产业既是湖南制造业竞争优势的集中体现，也是建设制造强省的主阵地，更是湖南经济可持续发展的强大引擎。

22.1.2.4　科技文化优势

湖南工业发展历史悠久。道县玉蟾岩、澧县城头山陶器、宁乡出土的四羊方尊是古代湖南工业发展的重要史证。近代时期，湖南工业更是驰名海内外，宝善成机器局、锡矿山矿务局等企业是中国第一批现代企业。中华人民共和国成立后，“一五”时期便计划了一些重点工业工程项目落户湖南，如 601、331、448 和株洲电厂。“三线建设”期间，更是建设了一大批重大项目。改革开放以来，湖南工业迎来了新的发展，逐步建立起了门类比较齐全、独立完整的现代工业体系。这得益于湖南自古以来都是人才辈出之地，人文优势十分明显，目前，拥有中南大学、湖南大学、长沙理工大学、中南林业科技大学、湖南工业大学等一批拥有工业特色优势学科的科技与教育资源，通过开展产学研结合，建成了国家超算长沙中心等一批创新平台，取得了 C/C 复合材料、“天河一号”超级计算机等一批重大科技成果，对推进工业转型发展是十分有利的，有效地支撑了湖南优势工业的发展，为湖南提升工业竞争力提供了极大的支持。

22.1.2.5　国际化优势

湖南依托“一带一部”区位优势，大力推进工业领域开放合作。成功开展了央企湘企“一带一路”产能合作对接活动。中联重科白俄罗斯工业园开工建设，埃塞俄比亚—湖南工业园、波兰湖南产能合作园建设稳步推进，地铁列车、核电用管等高端产品出口巴基斯坦等“一带一路”沿线国家。工业产品出口大幅增长，2016 年达到 1 176.6 亿元，占全省出口总额比重达 97.6%。全省工业对外投资项目 70 个，对外投资中方合同投资额 25.49 亿美元，占全省对外投资总额的 79.7%。这些国际化发展必然带来新的市场空间和机遇。

因此，湖南的区位、资源、科技文化、产业优势以及人缘优势对湖南工业实体经济发展有着重要的功用，完全可以利用这些优势，通过着力加强湖南工业实体经济发展将其转化为地区的发展优势和竞争优势。

22.2 湖南工业实体经济发展的主要成效、机遇与问题分析

22.2.1 主要成效

22.2.1.1 工业实体经济运行稳中向好

一是工业实体经济总量稳步增长。2017 年，湖南省实现地区生产总值 34 590.56 亿元，同比增长 8.0%，而工业增加值 14 145.49 亿元，增长 6.7%，规模工业增加值同比增长 7.3%，工业生产趋稳回升，总体呈探底回升态势。工业的发展，支撑了全省经济跨越发展，湖南经济总量在全国的排位由 2006 年的第 13 位前移至 2017 年的第 9 位，有力地促进了财政增长、就业增加、居民增收。

二是工业企业经营效益逐步提升。规模以上工业企业实现主营业务收入和利润总额分别增长 11.6% 和 24%，同比增长 4.1 个和 16.5 个百分点，每百元资产实现的主营业务收入同比提高 3 元。

三是工业结构调整逐见成效。代表工业中高端水平的高加工度工业和高技术制造业增加值分别增长 12.2% 和 15.9%；制造业占规模工业的比重达 91.2%。汽车制造业、医药制造业、食品工业、计算机通信和其他电子设备制造业、通用设备制造业都实现了加快发展。

22.2.1.2 工业实体经济的发展新动能加快成长

一是工业科技创新投入力度加大。2017 年，全省研发经费投入 550 亿元以上，其中，高新技术产业投资增长 24.7%。

二是新兴工业加快成长。全省高新技术产业实现增加值8 119.95亿元，增长14.7%，明显快于地区生产总值增速。

三是园区经济效应越来越明显。园区发展是湖南工业经济发展一大特色。全省园区规模工业增加值由2011年的3 150.52亿元，逐步发展到2016年的6 820亿元，占规模工业增加值比重由2011年的38.8%逐步提高到2016年的65.7%。

22.2.1.3 工业实体的供给侧结构性改革深入推进

一是积极推进落后产能清退。2017年，全省原煤、生铁、铁合金、十种有色金属同比分别减产26.1%、0.1%、11.4%和5.2%，且传统产业两型化、低碳化发展态势加速形成。

二是积极推动去杠杆、降成本、补短板。2017年，规模以上工业企业资产负债率同比降低约2.2个百分点，百元主营业务收入中的成本同比下降近0.5元，全省高新技术产业、基础设施、战略性新兴产业投资的增长都超过了10%，明显快于全部投资增速，补短板效应突出。随着工业供给侧改革措施逐步落地，工业企业市场适应能力逐步增强，获利能力与市场竞争力提升明显。

三是工业发展的质量在逐步提高。《2016年生态文明建设年度评价结果公报》显示，湖南绿色发展指数80.48，位居全国第8位，而这得益于湖南这几年不断调整工业投资结构，产能过剩领域投资快速下降，黑色金属和有色金属矿采选业、黑色金属和有色金属冶炼及压延加工业投资得到了较大的下降，比例都超过10%。2017年，全省完成全年能耗总量和强度“双控”目标。

22.2.1.4 工业开放发展步伐加快

一是对外投资的形式多样化。表现在投资的方式、经营的方式等多个方面，如表22-1所示。中联重科、三一集团、中车株机等龙头企业已经开始全球布点。一些企业开始抱团发展，在对外投资方面偏向全产业链投资。

表 22-1 对外投资的形式对比

对比层面	现今	以前
投资方式	跨国并购、独资、增资扩股、战略联盟等多种方式	以新建企业、合资企业为主
投资范围	投资产业链（覆盖生产加工、进出口、销售和售后服务等全产业链）	以投资单个项目为主
经营方式	境外注册经营贸易、境外资产及股权收购、境外建立加工基地、境外上市、采用 BOT 参与港口改扩建项目等	企业管理方式比较单一，负责生产运营和销售管理
合作程度	抱团形成产业联盟（如在东南亚国家投资的装备制造和新材料行业已形成抱团投资兴业态势）	单个企业“走出去”发展

二是工业外向型经济增长迅速，如工程机械产业领域的中联重科、三一集团，轨道交通产业领域的中车株机等。先进制造业和资源勘探开发产业比例较大，已基本形成先进制造业和资源勘探开发业强势出击的态势。这两大类产业占境外投资企业的近三成，成为湖南省当前及今后对外投资最具活力的领域。电子信息、生物医药等产业发展迅速，如蓝思科技、三诺生物、尤特尔生化等。

三是工业“走出去”主体形式多样。具有规模优势的大型国有企业是“走出去”的骨干，如中联重科、中车株机、时代新材、时代电气、株硬集团、湘电集团、华菱集团等。民营企业有的也已成为我省乃至全国“走出去”的典范，如泰富重装、威胜集团、千山药机、科力远、瑞翔新材料、耀恒星电子等。上市企业发展喜人。近年来我省上市的企业如三诺生物、金杯电工、克明面业、永清环保、神农大丰、株洲旗滨、大康牧业等都是今后“走出去”企业的重要组成部分。众多中小企业正在聚能，如新华联矿业、希尔药业、果秀食品、金旺链业、金贵银业、伊斯达、恒远发电、富泰宏、鸿富锦等。

四是工业实体遍布海外。欧美地区、东盟地区、非洲、南美洲以及亚非地区都有湖南工业企业的身影，见表 22-2。

表 22-2　湖南工业实体经济海外发展及主要领域

工业实体“走出去”区域	主要跨国发展领域
欧美地区	实施跨国并购的主战场
东盟地区	民营企业对外投资的重点和热点地区
非洲和南美洲	境外资源勘探开发重点地区
亚非地区	湖南对外工程承包主要集中地

22.2.2　机遇

22.2.2.1　“中国制造2025”试点示范城市群创建

2016 年年底，国家工信部于 11 月 30 日正式批复同意长株潭开展“中国制造2025”试点示范城市群创建。2017 年 4 月，衡阳市纳入长株潭“中国制造 2025”试点示范城市群获工信部正式批复。湖南已全面启动长株潭衡创建“中国制造2025”试点示范城市群工作，加快制造强省建设步伐，为湖南工业实体经济发展注入了强劲动力。四地已明确发展的重点和侧重点，蓄势待发，如表 22-3 所示。

表 22-3　“中国制造 2025”试点示范城市群建设重点

地区	重点	备注
长沙市	智能制造工程，打造工程机械之都、世界领先的新能源汽车、新材料产业集聚产业基地、先进储能材料之都	在全国率先发布了《长沙智能制造三年（2015—2018 年）行动计划》
株洲市	先进轨道交通装备、通用航空、汽车、新材料等 4 个产业	编制了株洲•中国动力谷十年行动方案，出台制造强市五年行动计划并出台实施“创新十条”、万名人才计划、科技领军人才计划等
湘潭市	确定了重点打造“智造谷”，重点发展高端装备创新工程、海洋工程装备生产、高端电力装备产业	《湘潭智造谷建设三年行动计划(2017—2019 年)》和《湘潭市智能化改造三年行动计划(2017—2019 年)》
衡阳市	电力装备、生物医药及高性能医疗器械、精密模具和机器人等重要领域	《贯彻 <中国制造 2025> 建设制造强市行动计划》，并出台了促进工业发展的“一意见三办法”

22.2.2.2 开放型经济发展创造了新的市场空间

湖南工业领域正在如火如荼地推动优势工业产业、优秀工业企业、优质工业产品大规模“走出去”，推动湖南与“一带一路”沿线国家的工业合作迈上新台阶，将湖南打造成中部地区融入全球产业的开放高地。省经济和信息化委员会在对接国家重大战略、立足省内产业优势的基础上，制定出台了《湖南省工业企业“走出去”“十三五”规划》。可以说，开放型经济的发展推动，不仅为湖南工业的发展带来了新的市场机遇，也为湖南工业的发展创造了新的空间。

22.2.2.3 多重战略叠加区域

湖南“一带一部”的战略定位，为湖南的发展指明了方向。湖南地处中部地区，承东启西，在中部崛起中承担着建设“三基地一枢纽”的战略责任。更为重要的是，中部地区和长江经济带承担着中国新一轮经济增长“第四极”的历史使命，而这一使命的实现更离不开湖南的发展支撑。同时，湖南处于国家产业梯度转移和国家支持中西部地区发展的重点区位，是承接工业产业转移以及引导中西部地区转型发展的关键区域，长沙还是“一带一路”战略实施的十个重要节点城市之一。作为多重战略叠加点的湖南，往北可对接长江经济带，往南可融入珠三角，往东则可以承接东部产业转移，往西则可参与西部大开发。这些机遇让湖南工业发展有了更好的战略支撑，如可以把“一带一部”作为推动全省工业发展的战略基点，优化工业发展布局，培育新的增长点和增长极；努力在国家“一带一路”战略实施中成为内陆开放新高地；积极融入长江经济带中，将湖南打造成为中国新一轮经济增长“第四极”的核心增长极；在承接东部产业梯度转移中成为创新转型示范区；在中部崛起中走在前列，加快形成工业结构合理、布局合理、传统产业与新兴产业协同发展的新格局。

22.2.3 问题与障碍

近年来，湖南省各级各部门针对工业实体经济运行中的薄弱环节，精准发力、综合施策，全省主要工业经济指标大多呈现向好势头。但是，在当前全省工业经济运行中仍存在一些困难和挑战，需引起重点关注。

22.2.3.1　工业实体经济发展的短板犹存

湖南省规模工业增加值增速从 2010 年 23% 以上的阶段性高点，逐步下滑至当前的 7% 左右，且从 2015 年至今持续处在地区生产总值增速下方低位徘徊，对经济增长的贡献率由以往的主引擎逐步变为次动力。

22.2.3.2　工业结构仍欠优

当前，湖南传统产业持续下行与高技术产业占比仍然较低的矛盾并存。2017 年，石油、化工、水泥、钢铁、有色、电力等六大高耗能产业占规模工业比重仍高达 30.3%；战略性新兴产业增加值占 GDP 的比重偏低，且增速较慢。主要行业发展后劲不强。近年来，汽车制造和电子信息是拉动湖南规模工业发展的主要引擎，但后续拉动效应能否持续明显仍然不明朗。部分传统重点行业发展低迷。同时，工业投资结构有待优化。湖南省高新技术产业投资占工业投资的比重仍然偏低，比重仅为 20.1%。

22.2.3.3　工业实体经济发展的金融支持面临诸多障碍

一是信息不对称问题突出。一方面，地方政府、工业主管部门对银行信贷政策的变动、规模的调整等情况掌握不够；企业不知道应如何与银行对接并寻求信贷支持，对产业基金、私募入股、上市融资等多种渠道融资缺乏经验。另一方面，银行对政府的经济发展规划、发展的重点行业以及需要解决的重点、难点、热点问题了解不够，对拟支持企业的管理水平、投资运营、经营变化、经济效益等情况掌握不充分，导致银行信贷支持不及时或不敢、不愿支持。

二是部分企业自身融资存在障碍性难题。一方面，一些民营中小企业一定程度上存在财务信息失真、民间借贷信息不透明等问题，银行贷款风险大，影响了其放贷的积极性，成为制约银行向中小微企业贷款的主要瓶颈之一。另一方面，战略新兴产业企业抵押担保难。战略性新兴产业企业多处于种子期、初创期，且大都以知识产权等轻资产为主，缺乏足够的担保抵押物，满足不了现有银行信贷投放条件的要求。

三是部分实体工业企业有效信贷需求不足。当前，因工业去产能和去库存阵痛将长期存在，工业经济增长动力相对不足，部分工业行业产能过剩，工业企业的有效信贷需求减少。

22.2.3.4　工业实体经济的横向比较差距明显

一是与中部省份相比，湖南工业实体经济总体实力不强。如2015年，湖南规模工业增速步伐相对滞后，排全国各省、区（市）第16位，比湖北、河南、安徽和江西分别低1.1个、1.2个、1.9个和2.3个百分点。就中部地区中而言，其速度差距十分明显。

二是与中部省份相比，湖南工业的支柱产业发展欠优，引领作用仍待加强。如以汽车制造业为例（表22-4），湖南汽车制造业快速发展，但生产规模相对偏小，在中部地区排名倒数第2，产量不到湖北的五分之一。

表22-4　2016年中部六省汽车产量情况对比

地区	汽车产量（万辆）	地区	汽车产量（万辆）
山西省	0.66	河南省	58.47
安徽省	139.12	湖北省	243.46
江西省	53.58	湖南省	47.74

三是与中部省份相比，工业企业规模偏小，获利能力相对偏弱。首先是规模工业企业单位个数偏小。湖南位居中部六省第四位。其次是获利能力偏弱。规模工业主营业务收入居中部六省第二，但实现利润总额累计仅增长9.5%，居中部第四（见表22-5）。最后是企业规模偏小、获利能力偏低。这表明工业经济中龙头企业偏少，长此以往不利于工业经济长期健康发展。

22.2.3.5　工业实体经济发展面临一些实际困难

一是工业产品价格持续走低，需求相对不足。工业产品价格是企业能否盈利的关键点，也是反映市场需求状况的晴雨表。但以湖南的风电制造设备为例，近年来盈利的空间越来越少，工程机械制造产品价格总体低位运行的局面仍没有得到根本扭转。

表 22-5　中部省份规模工业企业个数与获利能力比较

地区	规模工业企业单位个数（个）	规模工业主营业务收入（亿元）	地区	规模工业企业单位个数（个）	规模工业主营业务收入（亿元）
山西省	3 731	14 393.7	河南省	21 898	72 381.4
安徽省	17 969	38 364.4	湖北省	15 925	42 470.2
江西省	9 226	32 459.4	湖南省	13 822	35 152.2

注：表中为 2015 年的数据。

二是工业实体经济面临的天花板效应越来越明显。湖南省工程机械、轨道交通、电子信息、汽车制造业等行业正面临天花板效应的影响。如果这些行业的企业融资渠道受阻、内外需求更加趋紧，这些行业的发展必然受到影响，湖南的工业经济势必面临更加严峻的挑战。

三是综合成本提高，企业压力大。我国全面完成经济社会转型发展虽要较长的时间，在此过程中，人工成本、转型发展成本不断攀升，将进一步挤占利润空间，给下一阶段湖南的工业经济带来一定挑战。

22.2.3.6　工业实体经济发展的创新动力不足

一是工业实体经济内部产业链存在脱节。如一些大型制造企业所需的零部件在本土缺乏配套，关键零部件的缺乏导致产业链脱节，丢失掉很多的盈利空间。

二是原创、自主技术少。湖南创新综合实力尽管由 2012 年的全国第 15 位升至目前的第 12 位，但是创新的成果转化速度有待加快，一部分企业仍为代工产品生产企业，缺乏自主创新，利润率不高。

三是工业企业研发投入水平有限。2015 年湖南全社会研发投入为 412.67 亿元，在全国排第 12 位，在中部六省中排第 4 位。其中：规模工业企业 352.55 亿元，规模工业企业研发投入占主营业务收入的比重为 1.0%，远低于发达国家和地区的水平。

22.3 发展新阶段着力加强湖南工业实体经济发展的几点建议

22.3.1 把握好“中国制造 2025”的机遇

“中国制造 2025”是实施制造强国战略的行动纲领和指南。处于发展新阶段的湖南要紧扣制造业转型发展的良好基础，抓住机遇，加快由制造大省向制造强省跨越。

对此，一是要积极对接《中国制造 2025》的具体部署，瞄准国际先进水平，结合自身的优势和潜力，在政府和行业的引导下，加强产业间的合作和开发，不断提高湖南工业的竞争力；二是要夯实湖南特色优势产业和技术基础，加快重化工业与新型工业有机融合，推动先进制造业与现代服务业无缝对接，拓展新的发展空间，培育新的经济增长点；三是要快速抢占智能制造的制高点，支持有条件的企业和科研机构建立生产研发基地和技术中心，将湖南制造的产品、技术、品牌和标准不断推向海内外。

22.3.2 全面推动工业实体经济开放发展

湖南提出“十三五”末全省工业年出口额达 500 亿美元以上。要实现这一目标，需要有重点地推进工业实体经济开放发展，见表 22-6。

在上述重点思路基础上，推动湖南工业实体经济开放发展还需要做好以下几个方面的工作：一是推动优势产业和企业扩大境外生产经营，加强境外经贸合作区和产业集聚区建设，如湖南的工程机械、轨道交通、电子信息、海工装备等新兴优势产业，以及矿产资源开发、钢铁冶金、新材料等重点工业，利用国际资源，拓展新空间。二是鼓励工业企业积极参与“一带一路”及周边国家互联互通、非洲“三网一化”及拉美地区重大基础设施投资建设。三是深化境外能源资源互利合作，推动钢铁有色行业对外产能合作，以带动湖南有色地勘的发展和成套设备出口及产能转移。

表 22-6　湖南工业实体经济开放发展的重点与措施

重点区域	重要机遇	重点推广产品或产业	具体举措
东南亚、非洲	抢抓东南亚、非洲地区基础设施建设和加速工业化进程的良好机遇	推进工程机械、农用机械、农产品加工、汽车及零部件、轻工服装、食品加工等优势富余产能“走出去”	巩固传统战略合作伙伴关系，推动湖南装备制造等优势产业,在印度、马来西亚、埃塞俄比亚、南非等国建立生产基地，带动上下游产业链“走出去”。同时，与巴基斯坦、老挝、安哥拉、刚果（金）、赞比亚、南非、尼日利亚等矿产资源丰富的国家合作
西亚、中亚、中东欧、拉美	充分把握西亚、中亚、中东欧基础设施建设机遇，以及工业品需求的市场空间	促进湖南建材、陶瓷、箱包、五金工具等产品进入西亚、中亚、中东欧地区。以矿产开发、住宅工业和农产品加工为重点领域，推动工程机械、轨道交通、食品加工龙头企业在拉美建立和完善营销平台	积极开拓新兴市场，以阿联酋和巴林为突破口，以哈萨克斯坦和斯洛伐克为中转站，推动工业企业在当地建设营销网络。同时，加强与俄罗斯的工业领域经贸合作。此外，要加强南南（湖南一苏里南）产业园和墨西哥湖南产业园的设立。加快三一集团巴西产业园的建设进度
欧美日韩澳	充分把握发达国家并购的大好机遇，加快通过收购兼并境外企业	打造湖南与韩国合作平台，利用中美省州合作平台，推动湖南的工程机械、轨道交通等优势产业与密歇根州、南卡罗来纳州加强合作，支持在美建立湖南产业园、商品展示交易和配送中心。抓住中国—澳大利亚自由贸易协定达成的契机，重点推动矿产开发、基础设施建设等产业合作。以北欧湖南农业产业园为基地，探索建立农业工业化生产模式	全面提升竞争新优势，在欧美市场建立研发、采购、生产、营销及配件服务网络，拓宽国际市场渠道，增强创新能力和国际竞争力，实现产业转型升级

22.3.3 积极推进工业供给侧改革

一是着力于提升工业企业自主创新能力。深入实施创新驱动发展战略，紧扣湖南工业发展重大战略需求和未来产业发展制高点，引导企业加大关键核心技术攻关，提升原始创新能力，引导“湖南制造”向“湖南智造”转型，形成湖南工业发展的关键技术研发体系和整体创新能力。

二是着力于推进互联网与工业的深度融合。深化互联网在制造领域的应用，推进工业互联网发展，增强工业经济增长内生动力，促进湖南工业经济提质增效。

三是着力于加快工业标志性基地、企业和产品建设。全面推进以标志性产业基地、领军企业和知名品牌创建为主要内容的示范建设，促进产品向高端化、品牌化、绿色化方向升级。

四是着力于推动区域工业的协同发展。着力于优化工业空间布局，一方面，着力发挥长株潭核心增长极的功能，高标准创建长株潭国家自主创新示范区。另一方面，着力积极培育岳阳增长极和郴州增长极，郴州应充分发挥国家级承接产业转移示范区的优势，建设我国中部地区产业承接新平台；岳阳应立足湖区资源优势和产业基础，发展“两型”工业。同时，将京广高铁沿线、沪昆高铁沿线地区打造成为湖南工业新的增长带，促进长株潭、大湘西、大湘南、洞庭湖区四大区域协调发展。

五是着力于促进工业两型绿色发展。以绿色发展理念推动工业改造升级，推进资源高效利用，发展绿色制造体系，全面推行工业企业清洁生产。

22.3.4 优化调整工业结构

优化调整工业结构从两个方面入手，一方面是巩固传统优势产业。通过技术改造，充分利用“互联网 +”的有利优势，巩固和发展传统装备制造业、原材料工业和消费品工业，促进其向智能化、高端化方向转型。另一方面是加快壮大新兴产业。抓住战略性新兴产业发展的大好时机，做大做强新一代信息技术产业、新材料产业、高端装备制造产业以及节能环保产业等，促进产业跨界融合、创新发展，支撑湖南工业新的增长点形成。工业结构调整的重点、方向及领域具体如表 22-7 所示。

表 22-7　工业结构调整的重点和方向及领域

调整重点	发展方向	重点领域
巩固传统优势产业	改造提升装备制造业	工程机械、电工电器、现代特色装备
	提质优化原材料工业	有色金属深加工、石油化工、建材工业、冶金工业
	做精做优消费品工业	食品工业、特色轻工
加快壮大新兴产业	做大做强新一代信息技术产业	智能终端、集成电路、移动互联网、软件及信息业
	积极发展新材料产业	金属新材料、化工新材料、先进复合材料、先进储能材料、先进硬质材料、特种无机非金属材料、前沿新材料
	做强高端装备制造业	先进轨道交通装备、航空航天装备、智能制造装备、海洋工程装备及高技术船舶
	做优节能与新能源汽车	节能与新能源汽车及智能汽车、汽车整车及零部件
	乘势发展节能环保产业	节能环保设备、两型住宅工业、环境治理产品、城市矿产

22.3.5　营造工业发展的良好环境

一是各级政府应高度重视和发展工业。各市州要根据职能职责和本地实际，全面对接“中国制造 2025”建设制造强省行动计划。同时，各级政府和相关部门要加大对工业的财政金融支持力度。

二是强化发展要素保障。在工业用地、用气、用水、用电以及人才引进等方面要给予工业发展必要的支持，引导工业可持续和跨越式发展。

三是优化工业发展环境。一方面，要深化体制机制改革。加大关键领域和重点环节的改革力度，同时要积极推进军民融合改革、推进国有企业改革等。另一方面，要进一步简政放权，形成工业经济增长新动力。大力弘扬工匠精神，积极运用新媒体加大湖南工业发展成果法宣传推介的力度。

主要参考文献

[1] ANDERSON M S. Decoupling environmental pressures and economic growth[J]. Public Policy Research, 2005(6):79-84.

[2] BERGER P, BOLTON R, BOWMAN D, et al. Markteting actions and the value of customer assets:a framework for customer asset management[J]. Journal of Service Research, 2002, 5(1):39.

[3] DAGOUMAS A, BAOKER T. Pathways to a low-carbon economy for the UK with the macro-econometric E3MG model[J]. Energy Policy, 2010, 38(6): 3067-3077.

[4] Department of trade and industry. Energy white paper: Our energy future create low carbon economy[R]. London: SO, 2003.

[5] DOUSSARD M, PECK J, NIK T. After Deindustrialization:uneven growth and economic inequality in "postindustrial" Chicago[J]. Economic Geography, 2009, 85(2):183-207.

[6] DRUCKMAN A, BRADLEY P, PAPATHANASOPOULOU E, et al. Measuring progress towards carbon reduction in the UK[J]. Ecological Economics, 2008, 66(4): 594-604.

[7] FREITAS L C. Decomposing the decoupling of CO_2 emissions and economic growth in Brazi[J]. Ecological Economics, 2011(6):1459-1469.

[8] LEMON K, RUST R, ZEITHAML V. What drives customer equity[J]. Marketing Management, 2001, 10(1):20-25.

[9] LIASKAS K, MAVROTAS G, MANDARAKA M, et al. De composition of industrial CO_2 emissions: the case of European Union[J]. Energy Economics, 2000(22): 383-394.

[10] LIM H J, YOO S H, KWAK S J. Industrial CO_2 emissions from energy use in Korea:a structural decomposition analysis[J]. Energy Policy, 2009(37):686-698.

[11] MUSTAFA H. Focus on low carbon technologies: the positive solution[J]. International Economics, 2005, 65(12): 2331-2340.

[12] OECD. Environmental indicators-development, measurement and use[R]. Paris:OECD, 2003:13.

[13] PARIKH J, et al. CO_2 emissions structure of Indian economy[J]. Energy, 2009(34).

[14] PARIKH J, PANDA M, KUMAR G, et al. CO_2 emissions structure of Indian economy[J]. Energy, 2009, 34(8): 1024-1031.

[15] TAPIO P. Towards a theory of decoupling:degrees of decoupling in the EU and case of road traffic in Finland between 1970 and 2001[J]. Journal of Transport Policy, 2005(12):137-151.

[16] The High-Level Panel of Eminent Persons on the Post 2015 Development Agenda. A New Global Partnership:Eradicate Poverty and Transform Economies through Sustainable Development[R]. 2013.

[17] UNEP. Towards a Green Economy:Pathways to Sustainable Development and Poverty Eradication[R]. 2011.

[18] WIETZE L. Decomposition of CO_2 emissions over 1980-2003 in Turkey[J]. Energy Policy, 2006, 34(14):1841-1852.

[19] [奥]卡尔•艾金格．产业政策“绿色化”：阻力及一种可能的共生关系 [J]. 刘荔，译．中国流通经济，2013（11）: 4-10.

[20] 2014 中国工业发展报告分析 [EB/OL]. 中国投资咨询网，http://www.ocn.com.cn/chanjing/201412/guozhong160859.shtml，2014-12-16.

[21] 边晓娟，张跃军．澳大利亚碳排放交易经验及其对中国的启示 [J]. 中国能源，2014（4）: 29-33.

[22] 曹立．实现工业强国的三大路径 [J]. 理论视野，2012（6）: 1.

[23] 曹孜，彭怀生，鲁芳．工业碳排放状况及减排途径分析 [J]. 生态经济，2011（9）: 40-45.

[24] 查建平，唐方方，傅浩．中国能源消费、碳排放与工业经济增长——一个脱钩理论视角的实证分析 [J]. 当代经济科学，2011（6）: 81-89+125.

[25] 陈劲，郑刚．创新管理：赢得持续竞争优势 [M]. 2 版．北京：北京大学出版社，2013.

[26] 陈勇鸣．瓶颈与突破：上海科技创新研究 [J]. 上海行政学院学报，2005，6（3）: 43-53.

[27] 程会强，陈豹．基于脱钩理论的安徽经济增长与碳排放动态分析 [J]. 西部论坛，2013（7）: 91-97.

[28] 崔功豪，魏清泉，刘科伟．区域分析与区域规划 [M]. 北京：高等教育出版社，2006.

[29] 段淳林，闫济民．“互联网＋”背景下“珠三角”制造业的发展困境与转型策略 [J]. 黑龙江社会科学，2015（6）: 41-44.

[30] 范丹，王维国．中国区域全要素能源效率及节能减排潜力分析——基于非期望产出的 SBM 模型 [J]. 数学的实践与认识，2013（7）: 12-21.

[31] 方玉梅，刘凤朝．我国国家高新区创新能力评价研究 [J]. 大连理工大学学报(社会科学版)，2014（4）: 26-32.

[32] 费宇，关赟，李娟. 区域主导产业选择的定量分析——以云南省为例 [J]. 云南财经大学学报，2009（4）：109-115.

[33] 高广波，侯经川. 工业4.0视角下的中国制造业——困境、动力与导向 [J]. 理论视野，2015（11）：46-48.

[34] 高萍，孙群力. 工业化进程对中国区域经济增长的影响 [J]. 统计研究，2008（8）：40-44.

[35] 龚惠萍，管璇，刘晨明. 武汉市工业经济增长与碳排放脱钩关系的实证分析 [J]. 统计与决策，2013（21）：105-108.

[36] 郭彬，逯雨波. 我国中部六省节能减排效率测评及其影响因素分析——基于超效率 DEA 模型和 Tobit 模型 [J]. 技术经济，2012，31（12）：58-62+76.

[37] 郭勇. 国际金融危机、区域市场分割与工业结构升级——基于 1985—2010 年省际面板数据的实证分析 [J]. 中国工业经济，2013（1）：19-31.

[38] 国家工业和信息化部. 2010 年中国工业经济运行报告 [EB/OL]. 中国网 http://www.china.com.cn，2011-2-28.

[39] 何融，袁露丹，李庭辉. 中国"节能减排"效率空间差异评价与分析 [J]. 中国统计，2014（4）：41-42.

[40] 湖南省统计局. 湖南省 2016 年国民经济和社会发展统计公报 [EB/OL]. http://www.hntj.gov.cn/tjfx/tjgb_3399/hnsgmjjhshfztjgb/201703/t20170307_621755.htm，2017-3-7.

[41] 黄亮雄，王鹤，宋凌云. 我国的产业结构调整是绿色的吗？[J]. 南开经济研究，2012（3）：110-127.

[42] 黄泰岩，王检贵. 工业化新阶段农业基础性地位的转变 [J]. 中国社会科学，2001（3）：47-55+205.

[43] 黄永春. 企业自主知识产权名牌成长的内涵解析——基于品牌竞争力理

论 [J]. 科技与经济，2011，24（3）：35-39.

[44] 季凯文，裴亮，余前广．加快江西产业生态化转型的路径探索 [J]. 宏观经济管理，2014（2）：79-80.

[45] 贾登勋，黄杰．低碳经济发展效率的区域差异及影响因素研究 [J]. 兰州大学学报(社会科学版)，2014（4）：113-119.

[46] 贾云．城镇化、工业化、农业现代化与经济增长关系研究 [J]. 城市发展研究，2012（12）：27-32+71.

[47] 金碚．工业的使命和价值——中国工业转型升级的理论逻辑 [J]. 中国工业经济，2014（9）：51-64.

[48] 蓝海林．企业战略管理理论与技术 [M]. 广州：华南理工大学出版社，1993.

[49] 李江，和金生．区域产业结构优化与战略性产业选择的新方法 [J]. 现代财经(天津财经大学学报)，2008（8）：70-73.

[50] 李静，程丹润．基于 DEA-SBM 模型的中国地区环境效率研究 [J]. 合肥工业大学学报(自然科学版)，2009（8）：1208-1211.

[51] 李凯，任晓艳，向涛．产业集群效应对技术创新能力的贡献——基于国家高新区的实证研究 [J]. 科学学研究，2007（3）：448-452.

[52] 李科．我国省际节能减排效率及其动态特征分析 [J]. 中国软科学，2013（5）：144-157.

[53] 李巧，孔庆书．高新技术产业集群创新能力研究——以部分省会城市高新区为例 [J]. 河北经贸大学学报，2010（6）：42-45.

[54] 李文鹈，李春成．自主品牌发展：技术、市场和知识产权的互动 [J]. 科学学研究，2008，26（1）：119-123.

[55] 李玉璧．知识产权战略与西部产业核心竞争力研究 [J]. 西北师大学报(社会科学版)，2005，42（3）：120-125.

[56] 林火灿 . 2014 年我国规上工业企业劳动生产率首次突破 100 万元 [EB/OL]. 中国经济网，2015-12-29.

[57] 林平凡，刘城，严若谷 . 广东与沿海若干省创新型产业集群的创新能力比较研究——以国家级高新技术开发区为例 [J]. 科技管理研究,2014（8）:1-7.

[58] 刘佳宁 . 传统产业绿色转型路径 [J]. 开放导报，2013（5）：72-74.

[59] 刘井建 . "效率"与"效力"共驱的 R&D 项目绩效评价研究——基于 DEA 方法的我国各地区大中型工业企业的比较分析 [J]. 科学学研究，2009，27（11）：1668-1675+1661.

[60] 刘满凤 . 我国各地区大中型工业企业技术创新绩效比较 [J]. 统计与决策，2006（10）：74-76.

[61] 刘茂松 . 论经济发展新常态与湖南绿色发展战略及其路径 [J]. 湖南社会科学，2015（3）：125-129.

[62] 刘明珍 . 中国企业自主知识产权和知名品牌发展研究 [J]. 中国软科学，2006（3）：123-131.

[63] 刘霞辉 . 论中国经济的长期增长 [J]. 经济研究，2003（5）：41-47+92.

[64] 刘晓磊 . 基于 SBM 模型的中国省际能源效率研究 [D]. 杭州：杭州电子科技大学，2011.

[65] 刘晓玲，熊曦 . 工业企业效益与碳排放的脱钩关系动态比较——基于 ABS 冶炼公司"十一五"以来的数据 [J]. 财政研究，2015（3）：16-21.

[66] 刘学理，王兴元 . 高科技品牌生态系统的技术创新风险评价 [J]. 科技进步与对策，2011，28（8）：115-118.

[67] 刘亚玲 . 关于加强技术创新、推进结构调整的若干思考 [J]. 财经论丛(浙江财经学院学报)，2001（1）：11-15.

[68] 刘友金，冯晓玲 . 制造业成长与地域产业承载系统适配性及空间差异 [J]. 系统工程，2013（10）：34-42.

[69] 刘竹，耿涌，薛冰，等．中国低碳试点省份经济增长与碳排放关系研究 [J]. 资源科学，2011（4）：620-625.

[70] 柳思维，熊曦，方晓萍．科技投入、自主知识产权与工业品牌成长——来自湖南省的实证调查 [J]. 科技进步与对策，2013（3）：72-77.

[71] 柳思维，熊曦，高勇．各地区规模以上工业企业竞争力评价方法及其均衡发展之浅见 [J]. 现代财经(天津财经大学学报)，2011（7）：108-115+121.

[72] 柳思维．省域经济与产业发展 [M]. 北京：中国市场出版社，2004.

[73] 龙如银，杨冉冉，牛源．江苏省节能减排绩效的区域比较研究 [J]. 北京理工大学学报：社会科学版，2014（6）：7-13.

[74] 卢愿清，史军．低碳竞争力评价指标体系的构建 [J]. 统计与决策，2013（1）：63-65.

[75] 陆钟武．工业生态学基础 [M]. 北京：科学出版社，2010.

[76] 罗来武，雷蔚．工业化、高速经济增长与协调分工的制度安排 [J]. 中国工业经济，2006（12）：21-28.

[77] 罗美娟，许文旭．论云南绿色经济与产业再造 [J]. 经济问题探索，2003（9）：103-107.

[78] 罗能生，李佳佳，罗富政．城镇化与生态环境耦合关系研究——以长株潭城市群为例 [J]. 湖湘论坛，2014（1）：47-52.

[79] 马军．基于 DEA 法的内蒙古发展低碳经济的效率评价 [J]. 科学管理研究，2011（3）：84-88.

[80] 马莉，陆长东．基于偏离 — 份额分析法的赤峰市产业结构分析 [J]. 赤峰学院学报(自然科学版)，2010（2）：76-78.

[81] 毛明芳．在更高起点上推进湖南工程机械产业自主创新 [J]. 湖湘论坛，2010（6）：80-84.

[82] 彭觅，吕斌，张纯，等．中国能源碳排放的区域差异及其影响因素分析 [J].

城市发展研究，2010（7）：6-11+44.

[83] 石军伟，谢伟丽．世界大国工业竞争力评价与演进趋势：2000—2010[J]. 产业经济评论(山东大学)，2015，14（3）：1-22.

[84] 孙欣，韩伟伟，宋马林．中国省域节能减排效率评价及其影响因素 [J]. 西北农林科技大学学报(社会科学版)，2014，14（4）：137-143.

[85] 谭谊，彭艺，侯勇．基于创新能力差异的国家高新区发展阶段及发展策略研究 [J]. 湖南社会科学，2012（4）：141-145.

[86] 童有好．"互联网＋制造业服务化"融合发展研究 [J]. 经济纵横，2015（10）：62-67.

[87] 王艾敏．中国地区大中型工业企业市场结构与绩效研究 [J]. 华东经济管理，2011（1）：59-61+78.

[88] 王欢芳，胡振华．中国制造行业发展与碳排放脱钩测度研究 [J]. 科学学研究，2012，30（11）：1671-1675.

[89] 王君．工业化、信息化与经济增长方式转变 [J]. 宏观经济管理，2013（3）：35-37.

[90] 王兴元，王毅．高科技品牌企业等级划分及成长策略模型 [J]. 管理学报，2005，2（3）：307-311.

[91] 魏后凯，吴利学．中国地区工业竞争力评价 [J]. 中国工业经济，2002（11）：54-62.

[92] 魏晓，张琳，许波，等．农村土地承包经营权流转市场化改革研究——以湖南省沅江市草尾镇为例 [J]. 国土资源导刊，2013（10）：13-16.

[93] 吴忠涛，张丹，龚艳．西安高新区战略性新兴产业创新能力评价研究 [J]. 统计与信息论坛，2014（11）：84-90.

[94] 肖翠仙，唐善茂．城市低碳经济评价指标体系研究 [J]. 生态经济，2011（1）：45-48+57.

[95] 肖序，郑玲．低碳经济下企业碳会计体系构建研究 [J]. 中国人口资源与环境，2011（8）：55-60.

[96] 肖永红，张新伟，王其文．基于层次分析法的我国高新区创新能力评价研究 [J]. 经济问题，2012（1）：31-34.

[97] 谢鑫鹏，赵道致．低碳供应链企业减排合作策略研究 [J]. 管理科学，2013（3）：108-119.

[98] 熊曦，刘玲，周平，等．区域低碳效率测度体系构建与实证分析——兼论湖南四大区域板块低碳效率差异 [J]. 生态经济，2015（11）：37-41.

[99] 熊曦，刘晓玲，周平．湖南经济增长与碳排放的脱钩关系动态比较研究——基于湖南省“十一五”以来的情况 [J]. 中国能源，2015（1）：26-30+9.

[100] 熊曦，柳思维．工业品牌成长的风险矩阵研究 [J]. 湖湘论坛，2013（1）：71-74.

[101] 熊曦，王文．湘江源头区域生态文明建设的路径与对策 [J]. 中南林业科技大学学报(社会科学版)，2016（5）：10-14+66.

[102] 熊曦，魏晓．国家自主创新示范区的创新能力评价——以我国 10 个国家自主创新示范区为例 [J]. 经济地理，2016（1）：33-38.

[103] 熊曦，张闻，魏敏等．新型城镇化、工业化与区域经济增长的关系研究——以湖南省为例 [J]. 农业经济，2016（6）：89-91.

[104] 熊曦，张闻，尹少华等．生态文明建设与新型城镇化协调度测度研究——基于全国各省份的数据 [J]. 生态经济，2016（3）：185-188.

[105] 熊曦．区域产业品牌形成机理及其培育策略研究 [M]. 北京：经济科学出版社，2015.

[106] 熊曦．区域工业发展与碳排放的脱钩关系分析——基于 2006—2013 年湖南的实际情况 [J]. 财经理论与实践，2015（6）：120-125.

[107] 徐盈之，魏莎．中国省际节能减排效率的经济增长效应——基于门槛回归模型的研究 [J]. 中国地质大学学报(社会科学版)，2014，14（3）：60-69+139.

[108] 闫敏，张令奇，陈爱玉．美国工业互联网发展启示 [J]. 中国金融,2016（3）：80-81.

[109] 杨莹，张莉．汽车产业自主知识产权与自主品牌 [J]. 科学学与科学技术管理，2007，28（2）：175-176.

[110] 杨颖．四川省低碳经济发展效率评价 [J]. 中国人口•资源与环境,2012（6）：52-56.

[111] 叶懿安，朱继业，李升峰，等．长三角城市工业碳排放及其经济增长关联性分析 [J]. 长江流域资源与环境，2013（3）：257-262.

[112] 易可君．湖南省战略性新兴产业的定位、模式及支撑体系 [J]. 湖湘论坛，2011（4）：86-89.

[113] 尹少华．生态文明建设的制度创新 [N]. 光明日报，2015-01-24.

[114] 尹少华．推进我省生态文明建设：问题破解、路径选择与制度创新 [N]. 湖南日报，2014-12-25.

[115] 于谨凯，于海楠，刘曙光．我国海洋经济区产业布局模型及评价体系分析 [J]. 产业经济研究，2008（2）：60-67.

[116] 于鹏飞，李悦，高义学，等．基于 DEA 模型的国内各地区节能减排效率研究 [J]. 中国人口资源与环境，2010，35（1）：39-42.

[117] 张德芬．知识产权优势：品牌战略的核心 [J]. 河南社会科学,2007,15（4）：68-69.

[118] 张光辉，张蓓．基于价值链理论的农产品品牌科技支撑体系研究 [J]. 华南农业大学学报(社会科学版)，2009，8（2）：32-37.

[119] 张廷海，戴倩雯．城市化与地区经济增长的互动效应——来自广东省的

经验证据 [J]. 学术论坛，2015（2）：52-56.

[120] 张协奎，邬思怡．基于"要素 — 结构 — 功能 — 环境"的城市创新力评价研究——以 17 个国家创新型试点城市为例 [J]. 科技进步与对策，2015（2）：138-144.

[121] 张志元，李兆友．新常态下我国制造业转型升级的动力机制及战略趋向 [J]. 经济问题探索，2015（6）：144-149.

[122] 长沙市统计局．长沙统计年鉴（2016）[M]. 北京：中国统计出版社，2016.

[123] 赵成柏，毛春梅．我国地区节能减排效率的差异及影响因素研究 [J]. 中国科技论坛，2012（6）：102-108.

[124] 赵国栋，易欢欢，糜万军，等．大数据时代的历史机遇：产业变革与数据科学 [M]. 北京：清华大学出版社，2013.

[125] 赵远亮，周寄中，许治．高技术企业自主创新、知识产权与自主品牌的联动关系及启示 [J]. 科学学与科学技术管理，2008，29（1）：58-63.

[126] 中华人民共和国统计局．中国统计年鉴（2009）[M]. 北京：中国统计出版社，2010.

[127] 周海涛．基于灰色关联模型的创新集群识别评价研究——以广州高新区为例 [J]. 暨南学报（哲学社会科学版），2013（7）：25-32.

[128] 周谦，黄胜平．从"中国制造"走向"中国创造"的探索——江苏省无锡新区的实践及其启示 [J]. 求是，2005（11）：57-58+61.

[129] 周元，王维才．我国高新区阶段发展的理论框架——兼论高新区"二次创业"的能力评价 [J]. 经济地理，2003（4）：451-456.

[130] 朱蓉．"互联网＋"时代浙江制造业提升路径研究 [J]. 天津商业大学学报，2016（2）：19-24.

[131] 庄贵阳．低碳经济：气候变化背景下中国的发展之路 [M]. 北京：气象出版社，2007.

[132] 宗刚，马宁．工业企业竞争力的 DEA 评价研究 [J]. 数量经济技术经济研究，2002（11）: 92-95.

[133] 宗兆礼. 转型经济增长方式及影响因素的实证研究——以山东省为例 [D]. 济南：山东大学，2006.

图书在版编目（CIP）数据

工业转型与绿色低碳发展：兼论湖南的实践与思考 / 熊曦著 . — 徐州：中国矿业大学出版社，2019.5

ISBN 978-7-5646-0774-6

I. ①工 … II. ①熊 … III. ①工业经济－转型经济－绿色经济－经济发展－湖南 IV. ① F427.64

中国版本图书馆 CIP 数据核字 (2018) 第 298863 号

书　　名　工业转型与绿色低碳发展：兼论湖南的实践与思考
著　　者　熊　曦
责任编辑　张海平　章　毅
出版发行　中国矿业大学出版社有限责任公司
（江苏省徐州市解放南路　邮编　221008）
营销热线　（0516）83884103　83885105
出版服务　（0516）83995789　83884920
网　　址　http://www.cumtp.com　**E-mail**：cumtpvip@cumtp.com
印　　刷　湖南省众鑫印务有限公司
开　　本　710×1000　1/16　**印张**　19　**字数**　289 千字
版次印次　2019 年 5 月第 1 版　2019 年 5 月第 1 次印刷
定　　价　98.00 元
（图书出现印装质量问题，本社负责调换）